庭師が語るヴェルサイユ

Le Jardinier de Versailles

Alain Baraton
アラン・バラトン❖著
鳥取絹子❖訳

原書房

庭師が語るヴェルサイユ　◉　目次

第1章 暴風雨

庭師にしてはお恥ずかしいが、私は寝るときは石のようにぐっすり眠る。不眠症とはとんと無縁、あまり取り柄のない私の長所の一つでもある。それが、一九九九年十二月二十六日の暴風雨でくつがえされてしまった。その日、私は一度目が覚めている。明け方の四時頃だったと思う。半分眠った頭で、壁が震え、風がひゅーひゅー窓に当たっているのを感じた。ヨットにでも乗っているようだった。何もかもが音を立てて揺れ、唸り、破れている。それから、宮殿は被災するはずがないと、一人でぶつぶつ言いながら、大西洋沿岸のオレロン島にある私の家と、荒れ狂っているに違いない大西洋のことを思った。この考えで落ち着いた私はまた眠りに落ちた。もう寝てなどいられなくなったのは、やっと六時頃だった。

音にならないざわめきが眠りの中に入り込み、目が覚めてしまったのだ。家は眩暈《めまい》にでも襲われたようにぐらぐら揺れ、外はさっきまでの風が轟々と恐ろしい音に変わっていた。今度ばかりはこらえきれずに起きあがる。風の音が強すぎて、動いてもまったく音がしない。枕元の明かりをつけてベッドをきしませても、床に足をつけてドアを開けても、音はすべて外のすさまじい騒音にかき消される。私は上の階に上がった。部屋が音をたててうめき、格闘している光景に言葉を失う。細かい部分にふと目がいった。窓ガラスが風圧に押されて曲がっている。石けんの泡でさえこうは膨らまないだろう。窓に近づこうにも、ガラスに顔を当てると怪我をしそうで思い留まる。最後に思いを馳せたのは、マリー＝アントワネットの楢《なら》の木だった。樹齢三百年の高みからきっと苦しんでいるに違いない。それからは何も考えることができなくなった。ただ見ているしかなかった。

木々が、どれもこれも、ヒステリックな風に抵抗もなく倒れていた。にわかには信じがたい。巨大な木々がどうしてこうもあっけなく倒れるのだろうか？　これまでもいろいろな出来事に耐えてきた、それが木ゆえの不滅の印ではなかったのか？　現実とは思えない印象は、木が倒れる音がまったく聞こえないことからさらに強まる。その光景はまさに無声映画、早すぎる展開がめちゃくちゃで、喜劇のようでもあり、事の重大さにまで考えが及ばない。それでも頭の片隅で、木々が倒れる音が聞こえないのはすさまじい風のせいであることはわかっている。打つ手が何もないことも理解でき、ヴェルサイユの一日が明けるのを、ただただぼーっと立ちすくんで見つめていた。

七時頃、愛犬のシェパード、ピムと一緒に、初めて外へ出ようとする。しかしできない。風が強すぎて、壁をつたって三歩歩くのがやっと、目も開けられない。風のせいで涙まで出る。もちろん、電話も電気も切れていた。なす術がないのだが、しかし何か行動しなければと気ばかり焦り、事務室へ行く。前夜に暴風雨を知らせるファックスが来ていたのではないかと思ったのだ。ファックスは私と同じくらい有能だ。しかし、そこで窓から目にした光景に愕然とする。暴風雨の朝の灰色の光の中、普段は木々に隠れて見えない街の屋根屋根が見えたのだ。木はすべてなぎ倒されていた。前回、一九九〇年の暴風雨のときは、千八百本ほどの木が倒された。損害は厖大だったが、しかし、おかげで古くなった公園の修復に手をつけることができた。今のこれは損害どころではない。私は、愛してやまない庭園、私に第二の人生を与えてくれたこの庭園が、死んでしまったのを理解した。

風が止み、ついに外に出ることができる。これから目にするものが恐かった。私は苛々して外套をはおる。悪い知らせを伝える緊急電話が殺到することを考えた。これは、私だけが関わったことではないにしても、確実に私個人の悲劇だ。身体が熱くなり、観念した私は、なんとか理性で自分を抑えようとする。すべてが最悪の事態を予想させる。私はドアを開けた。

外へ出ると、空気が妙に暖かい。しかし目にした光景はまさに戦場そのものだ。何もかもが逆さになっている。普通なら密生して茂っている木立は丸裸、木の先端が地面にあり、幾何学模様に植えられた柘植《つげ》は、髪を振り乱した女のように乱れている。私が少し前に植えた二本のブナの木は最初に倒れたのだろう、サクランボの木の大きな塊に押しつぶされている。あれほど真っすぐ、整然としていた私の木々が絡み、重なりあって、痛ましいほどの混乱に陥っている。死に瀕し、根を空中にさらして苦しんでいる木々の姿に、衝撃を受けずにいられない。豊かさそのものの自然の法則がすべて、数時間の気候の激動でごちゃごちゃにされ、無に帰されている。これはヴェルサイユへの新たな革命ではないか？　木を臣下にたとえれば、そうとも言えるのではないだろうか？　私の臣下たちはたった一晩で吹き飛ばされ、死にそうになっているのに、私は何もできなかった。城でさえ、保護役だった木々の多くを奪われて頼りなさそうに見える。

心臓が破裂しそうになりながら庭園の植物系の宝物、王妃の村里に向かう。現場のあまりの変わりように、道を見つけるのに苦労する。生き残っていたものは何一つなかった！　庭園を訪れる散策者の道しるべとなっていた木々は、見る影もなく無惨な姿になっている。地面に横たわる木もあれば、風に何メートルも吹き飛ばされた木、仲間に押しつぶされて見えない木もある。道さえない！　一面がぬかるみとなり、長靴がふくらはぎまではまり込む。目印が何もなく、経験したことのない混乱の中、私は必死に前へ進む。「ナポレオンの松」や「王妃の散歩道」などと書かれた標識が滑稽なほどねじ曲がっている。

ヴェルサイユにはすでに王も王妃も皇帝もいなかったが、今は散歩道もない。生き残った何本かの木はまだ立っている。しかし、私にとってこの悲しい光景はどうでもよく、田舎ふうの庭園のことを考えるだけで頭がいっぱいだ。ジュシュー［著名な植物学者の名前から］のレバノン杉は頑張ってくれただろうか？　一九九〇年の暴風雨には耐えてくれたのだが、どうなのだろう。ヴァージニアの大ユリノキは？　とても考える気になれない。ここで走ることができたら！　風とともに村里の入口にぱっと行け、すべてを見ることができたら！　しかし、この長靴は一足飛びで行ける魔法の長靴とはいかず、美しい道は泥のついた倒木であふれ、足取りは一向にはかどらない。私は道をふさぐ幹を罵り、あれほど可愛がっていた木々を罵倒さえしている。しかし、私はこの目で見なければならない、そのためにはまず道をかき分けて進むしかない。

庭師の一人に会う。彼もまた茫然自失でいきり立っている。彼の話によると、城の前の道はすべて荒らされ、状況は一九九〇年とは比較にならず、見る影もない容貌になっていると、庭園を人の顔にたとえて言う。見る影もない容貌、と彼は何度も繰り返す。確かに、私たちにとって庭園は、それを作った人間の誇りと調和を表現しているだけでなく、それ自身が優雅で魅力ある人そのものになっている。そして王妃の村里は？　彼は何も知らない。私たちは一緒に行くことにする。

言葉もなく、私たちは藪の中を進む。プティ・トリアノンへ向かう道は、風で倒れた木でふさがれている。この館はルイ十五世がポンパドール夫人のために建てたのだが、夫人の生前には完成せず、結局、ルイ十六世が戴冠を記念してマリー＝アントワネットに贈った。王は王妃に館を象徴する鍵を渡すときにこう言ったそうだ。「王妃よ、あなたは花がお好きです。そんなあなたにプティ・トリアノンという花束を差し上げよう」。なんとも詩的な言い回しだが、古文書をいくら探してもその痕跡はなく、私は本当かどうかまだ疑っている。この逸話はおそらく間違いだろう。しかし文言自体は優雅で、なにより正しい。男性が美しい女性に贈った贈りもの、それがこの私的で女性的で、人工的でありながらも非常に自然な場所だった。それが今は荒れ放題になっている。

「オーストリア人＝外国人」と呼ばれていたアントワネットは、公の場の豪華さが好きではなく、宮廷での厳しい礼儀作法は大嫌いだった。そんな王妃を満足させるために、ルイ十六世は村里を作らせた。王妃が「農婦遊び」をできるよう、人形の家のような可愛い家が十二軒と、風車、菜園、乳処理場、穀物倉からなっている。堅苦しい儀式を嫌って村里へ逃げた王妃は、おとぎの村のぎこちない百姓女だった。

王妃が釣りをしたというマルボルーの塔が目に入る。雷が落ちたように貧相で黒ずみ、田舎の愛らしい面がなくなっている。王妃の塔が『ノートルダムのせむし男』の黒ずんだ鐘楼になっている。やつれて、ぽつんと立つ姿に笑いそうになると、突然、心臓が止まりそうになる。塔の小さな沼に、巨大なヴァージニアのユリノキがゆったりとはまり込んでいる。どうしてもっと早く気がつかなかったのだろう？　目はまず気になるものを見るはずなのに、私はたぶん、これほどの大災害であって欲しくないと思っていたのだ。巨大な化石獣のようになったユリノキが、くすんだ藻の中に沈んでいる。まるで「タイタニック号」だ。私はぽかんとしたままだ。高さ三十メートル、周囲三メートル以上のこの巨木が、どうして地面から根こそぎにされたのだろう？

この木は大きいだけでなく、歴史的に特別な価値を持っていた。植えられたのは十九世紀初頭で、王室の旧苗畑から持ってきたものだった。旧苗畑には、ルイ十六世がアメリカの独立戦争を支援した時代に、ヴァージニアから運ばれてきたユリノキが三十本ほどあった。ヴェルサイユと米国との絆は多い。「ヴェルサイユ宮殿友の会」や、数多くのメセナに加えて、個人の意志行為にも頼ることができる。暴風雨の数日後、私はアレクシィ・ウィトナー氏から電話をもらった。彼の友人の一人が、ユリノキがなくなったことに心を痛め、昔働いていたアトランタの苗畑で育った新しい木を一本、提供したいと申し出た。事件の反響は大西洋を越えて広がったのだ。こうしてヴェルサイユ宮殿総裁のユベール・アスティエがホワイト・ハウスに招かれ、私が運んできた新しいユリノキは春先の一日、原産地であるアメリカのラファイエット校の生徒たちによって植えられた。

いちばん驚いたのは、そのときの静けさだ。物音一つ、動物一匹現れず、規則正しい水音だけが沈黙を破っていた。倒れたユリノキは安らかに眠っている。私たちは、根こそぎにされた死者たちを埋葬した。暴風雨があったことを思わせるのは、幹が落ちた衝撃で盛り上がった土塊があちこちに醜い堆積を作っていることと、根っこが残した巨大なクレーターだけだ。その根っこは顔をしかめ、強張《こわば》っているように見える。心の中に「死後硬直」という言葉が響く。私は大事なものが壊れても感傷的にはならず、植物にモーツァルトを聞かせるタイプでもないが、しかし、一本一本の木はすべて生きている。三十年の付き合いで、私は植物や園芸の知識以上に、思いやりを身につけた。木の状態がよくないときや、いいとき、苦しんでいるときは、一瞥するだけでわかる。この木はまだ若いのに死んでいる、死にはどんなに些細なものでも醜い部分がある。

暴風雨で息絶えたのはヴァージニアのユリノキだけではない。十九世紀に植えられて、稀にみる高さになっていたコルシカ松も倒れていた。他から離れてぽつんと立っていた木は、長い間みすぼらしく、印象派の画家たちからは、脆弱すぎると見捨てられていた。それでも、この庭園に来て絵を描くのを楽しみにしていたコローやユトリロの思い出を持っていた。夏には、散策者が松ぼっくりを拾い、立派な木になるのを期待して観察していたが、私が知りたかったのは、この木の過去であり、将来ではなかった。松葉の甘い匂いが、湿気と混ざって鼻をつく。匂いが強すぎるのは、すでに腐敗しているからだろう。

アトラス杉もよい状態ではない。力と威厳を象徴する木は特別に丈夫で、古代エジプト人はその樹脂を故人の防腐処置に使っていた……。常緑樹というエリートに属し、他のどの木よりも、死を生き残ると思わせた。切り株だけで十七トンもの重さがあった木を、どうして風は根こそぎにできたのだろう？　杉とともに二百年近くの歴史が消えてしまった。ナポレオンが城を訪問したときに王妃の村里を修復させ、改めて皇后マリー＝ルイーズに贈ることを決めている。それを受けて庭園に手が入り、湖の近くにアトラス杉が植えられた。以来、多くの出来事を目撃し、耐えてきた杉は、一九九九年十二月二十六日の突風で命を落としてしまった。

このような光景の目撃者になろうとは思ってもいなかった。私はつねに、自分はヴェルサイユを通過するだけの人間であり、庭園の木々や木立、散歩道は私のものではなく、私よりも長く生き残ると思っていた。木々は私たちを超える時間の単位で生きている。例えばレバノン杉なら二千年まで生きることもある。私は年輪のつまったどっしりした切り株を見る。年輪一つが一年を示している。この杉は二百歳ぐらいに違いない、まだ子どもだ。

朽ち果てた平原に、生き残りが何本か立っている。結局、それらが光景を不揃いにしている。枝や泥、屋根から落ちた藁葺きなどで、見るも無惨に混乱している中、ここかしこに生き残りが何本か立っている。どんな災害にも生き残りはいるものだ。この現実に当惑する。

なぜあの木ではなくこの木なのだろう？　なぜ、あの威風堂々として貴重なユリノキではなく、ありふれた桜が残ったのだろう？　桜自身、自分だけが耐えて生き残ったことに驚き、思い悩んでいるようだ。それが私にはなぜか、嬉しいより目障りで、不公平に見える。わずかに立っている木々は、どこか滑稽だ。他の木々が藪の中に倒れているのに、裸で立っているのがどうもそぐわない。平服の夜会に、間違ってタキシードや舞踏服で現れた招待客のようだ。

生き残りの中にジュシューのレバノン杉が目に入る。あの柔らかな緑の針葉の大部分を奪われた杉は、誇りなき姿になっているが、衝撃には耐えていた。著名な植物学者のジュシューは、十八世紀に才能を発揮した自由で好奇心旺盛な精神の持ち主の一人だ。私は彼が公園に植えた木々を観察しながら、実際に本人に会いたかったと思うことがよくある。ベルナール・ド・ジュシュー（一六九九－一七七七）は薬剤師になろうと思っていた、現在の医者に近い仕事だ。ところが医学部で、血を見るのに耐えられない自分を発見する。これでは医学などできない、とくに当時は瀉血《しゃけつ》［人体の血液を外部に排出させる医療行為］が万能薬とされていた。現在なら、彼は精神分析学者になっていたことだろう……植物学でいちばんよかったのは、人間を治療しないことだった。学問としては植物の分類と、数を数えるのが主な仕事だった。

一七三四年、イングランドを旅行した彼は、レバノン杉を見つけ、フランスに持ち帰る。当時の旅行は現在と違い、もっと長期で、もっと危険だった。例えば、フランスの県は革命派によって、旅人が「歩いて」一日で行ける距離に境界が定められた。もちろんジュシューは歩いての旅ではなかったが、危険な地方を横断し、帰路はレバノン杉の苗が持つかどうか、さらには自分の命までも心配したのは想像にかたくない。荷物で両手をふさがれ、それでも宝物と離れたくなかった彼は、苗木を帽子に隠して持ち帰る。パリへ帰った彼は、杉を育てることに成功する。現在、この苗は二十メートル以上になり、パリ植物園の迷路でその姿を楽しむことができる。ヴェルサイユのレバノン杉は、この苗の兄弟だ。

「古い木が全部倒れている。これは大惨事だよ、アラン、私たちは元の状態に決して戻れないだろう」。乾いた口調で、言葉少なに私の空想を打ち破ったのは、ヴェルサイユ宮殿総裁のアスティエだ。

私を下の名前で呼んだだけでなく、一緒に試練に立ち向かおうとしていることからして、現下の情勢は深刻だ。彼は総裁という高い立場にいる人間なのだが、いざというときは私たちと一緒に事に当たるのをいとわないタイプである。彼が入手した綿密な調査結果と情報には憂慮すべき点は多々あるが、総裁はいつものようにプロに徹している。彼によると、昨夜の風は風速四十五メートル以上。ニュージーランド沖で発生した暴風雨は、一日足らずで大西洋を横断し、ヨーロッパじゅうを吹き荒れた。死者はフランスにもいるだろう。地域全体が停電し、従って暖房も電気も使えない。温帯地方にあってこれだけ規模の大きい気象現象は、起こりうる限り最大のものだ。

私たちは何をすればいいのだろう？　決断すべきことがありすぎて、どこから始めていいのかわからない。アスティエは、救助が来る前に着手するのは無謀だと判断する。彼は正しい。公園は手がつけられない状態で、おまけに危険。他の木が倒れる恐れがまだあり、近場で緊急援助を求める段階ではない。加えて、道路はすべて寸断され、ここに住んでいる私たちの数もそう多くなく、いずれにしろ効率的に片付けを始めるには足りない。それに、おそらく追加の機材も必要だろう。私は頭の中で簡単なリストを作る。必要になるのはトラクター・ショベル、荷積機械、コンベヤー、たぶんクレーン……絶望的だ。

アスティエは、軍が徴集兵を派遣するはずだと私に言う。国や「ヴェルサイユ宮殿友の会」の援助を期待することはできる。しかし彼によると、庭園を修復する充分なお金がなく、このままだと破産する。私はもっと悲観的だ。もし暴風雨が彼の言うように大規模で、もし死者がいたら、国は木にお金を払うより、もっと他にやることがあるだろう。市も同じだ。ヴェルサイユは今もアンシャン・レジーム［フランス革命前の旧体制］の象徴で、市にとっては邪魔な存在、いずれにしろ妬《ねた》まれている。例えば市庁舎を建設した建築家たちは、城の広場に張り出す唯一の建築物にするために名誉をかけた。それでもそれは一八八六年のことだった。

私はお金のことで頭がいっぱいになって家に帰る。再建に充分なお金は絶対に得られないだろう。一九九〇年の工事の際の鬼気迫る裏工作を思い出す。肥料一袋、種子一つを粘り強く交渉しなければならなかった。言うならば、庭園はヴェルサイユではつねに邪魔物扱いだった。城は権力の場で、それゆえ、統治制度が何であっても、関心を引きつける。そこで条約が調印され、王族や国家元首が迎えられ、元首夫人方が庭園を散歩している間、各国元首は自分の内にルイ十四世の魂を感じている。それに、お金は川が海に流れるように権力に流れていく。それに比べると庭園は私的な場。庭での宣言は愛の告白以外に何があるだろう？　おそらくはその理由で、庭園は予算のわずかしかもらっていない。

しかし、庭園は来訪者が好む一画であるだけではなく、城を救ったことがある。これは知らない人が多いのだが、フランス革命時、ヴェルサイユの地所は、王家の財産すべてがそうであったように売却されるはずだった。そのとき、当時の庭師長リシャールが、庭園を分割して、耕作に適する小区画にすることを提案した。庭園は広大な菜園になり、しばらくは多くの家族を養って、そうして城は売却を免れた。機知に富んだ庭師の名はすぐに忘れられ、庭園には彼の業績を称える標識一つない。暴風雨は多くのものをめちゃくちゃにしたが、アンシャン・レジームから確立された秩序までは変えないだろうと、私は思っている。

伝説では、木の切り株には宝物が隠れているという。私は子どもたちと宝を探しに行く。実際、このように暗い一日のあとは、少し自由な空想や興奮が必要だ。しかし、探検はさらに物悲しいものになる。一緒に宝探しをするには子どもたちは大きすぎ、私は気分が沈みすぎで、根こそぎにされた木を見て苦痛しか感じない。足を滑らせ、横に滑って笑うことはあっても、心ここにあらず。この散策では宝物どころか、逆に被害の大きさを一層実感させられることになる。私たちが発見したのは、暴風雨による惨害だけだった。マリー＝アントワネットの私的な館から数歩のところに生育していた、プティ・トリアノンの誇り高き楢の木は地面に倒れている。子どもたちも私と同じように途方に暮れている。ヴェルサイユで育った彼らが隠れ場所にしていたものがすべて、暴風雨とともに消えてしまったのだ。彼らは子ども時代を、私は人生の素晴らしい二十五年間を失った。お互い貸し借りがなくなって、私たちは家路につく。暴風雨の次の日はこうして終わる。周りの雰囲気に気が滅入り、私は非常に辛い。

翌朝、私を目覚めさせたのは奇妙な歌だった！　けたたましい音を出すヘリコプターが、窓からそう遠くないところに着陸していた。私はまだ眠った頭で重い爆音を聞いている。一瞬、また暴風雨かと思い、それから悪夢かと思い、そしてやっと、この不愉快な騒音の出所を確かめるのに起きていい時間と思うに至る。冬の早朝の灰色の中、プロペラの精巧な形が空に縞模様を描いているのが確認できる。夜明けとともに到着した救援の第一弾だ。アスティエは正しかった、これは軍だ。国の軽量ヘリ「羚羊《れいよう》」のくすんだ色合いは私も知っている。それに時間も間違いない。軍人はつねに異常なほどの朝型だ。その名にふさわしい「作戦」はすべて朝の六時には開始され、お昼前には終了する。対して庭師はもっと賢明、日の光とともに起きるので、冬の一月は七時前には起きないのである。

この日の最初の奇跡は下の階、事務室で突然に鳴った電話の音だ。ついに回線が復旧したのだ！電話はアスティエからで、軍からの派遣部隊の配分を至急決めなければならず、できるだけ早く来るようにということだ。集合地点はグラン・トリアノン。急がなければならない。私が早く行動するかどうかで、割り当てられる兵士の数、つまり庭園用の兵士の数が決まってくる。庭園はどんな危機のときもヴェルサイユでは優先されたことがなかった。私の木より、タイルやガラス、正面が先になるのは間違いない。

私は頭の中で議論の持っていき方を考える。庭園が安全でない限り、観光客は誰も来ないだろう。だから、一刻も早く片付けて、できるだけ多くの木を助けなければならない。暴風雨で弱った多くの木は、公園の建物や住人にとって脅威になる……この最後の考えで、私の気持ちが晴れる。今朝、私が会うことになる管理責任者は全員、私と同じように、ここに家族とともに住んでいる。もし彼らが、頭上に折れそうな枝があって、大切な家や、可愛い子ども、あるいは高級車の上に落ちてくるかもしれないと知ったら、派遣部隊の人手に事欠かないのは確実だ。私は何かを交渉する際に回りくどい言い方をするのは嫌いだ。現在のヴェルサイユも十八世紀の頃とあまり変わらない。毒舌家のサン＝シモン公爵（一六七五－一七五五）が『回想録』で残した当時の宮廷と同じように、嫉妬や策略、滑稽さや悲劇が住みついている……。自分の計略に力を得た私は、急いで着替え、しかし、髭だけは丁寧に剃る時間を取る。アスティエと軍隊と、私の小さな駆け引きには有効だ！

集合場所にたどり着くのに一時間以上もかかった。道は前夜よりさらに危険になっていた。今にも倒れそうな木々が至るところにあり、夜の間に地滑りが発生し、密集した草は明け方のこの時間、夜露で非常に滑りやすくなっている。とくに、暴風雨の前に逃げた動物たちが縄張りに戻ってきた。そこらじゅうから聞こえるのは、落下したのか、滑ったのか、かさかさという音だけだ。大急ぎで逃げるキツネに驚いたのか、雉子《きじ》が飛び立ったのか。周りの自然は私のまったく知らない世界で、前夜と違って少し恐怖を覚える。結局、私の「策略」は現在の公園の現実を反映したにすぎない。危険で不安に満ちた公園へ散歩に来るのは自殺行為に近い。

私は襟まで汚れたコートを着て会議の場所に着く。私の嫌いな粗野で泥だらけの庭師の雰囲気だが、まあ、少なくとも、この格好なら私の主張の後押し役にはなるだろう。庭園に観光客が入ることができない、何週間も閉鎖しなければならない。この話に、出席者の目が皿のように大きくなる。明らかに、数週間分の利益の損失のほうが、王妃の村里の木々の話を持ち出すより脅しになったようだ。ヴェルサイユの主役は全員、出席している。テーブルを囲むのは、まず主任建築家のピエール＝アンドレ・ラブロード。彼なら離れ業で公園を修復してくれるだろう。庭園と木立の責任者ジョエル・コタンは現在の惨状を嘆き、すでに戦闘態勢にいるようだ。少し身を引いて座る美術館学芸部長ピエール・アリゾリ＝クレマンテルは打ちひしがれている。彼は自分の城や庭園、とくにここ数年夢中になっているプティ・トリアノンのことを考えているに違いない。フランスの主要建築物の保護・維持に当たる高級官僚もいる。何人かの官僚は出席を免除されている。庭園を至急に修復し、できるだけ早く再開するには適材適所の人間でなければならない。

私の説明は目的を達した。安全とお金の問題は、行政の扉をこじ開ける新しい鍵だ。私は、今朝方派遣された部隊の三つを簡単に獲得する。

やっと行動に移せる！　人は危機的な状況に置かれると、憔悴しきるタイプと、とにかく動きまわり、手につくことは何でもして不安を紛らわすタイプがいる。私は後者に入り、もう二十四時間も苛々と歯ぎしりし、かつてないほど興奮している。おまけに、やらなければならないことがたくさんある！　私は心臓を高鳴らせてグラン・トリアノンに面した広場へと向かう。そこに軍から派遣された大部隊がいる。装甲車が付属建物に沿って走る光景はなんとも場違いだ。

普通、ヴェルサイユは映画のロケやレセプションに使われ、いちばんよく見かけるのは、コルセットで締めつけられた偽の公爵夫人が公園を散歩する姿や、ヴォルテール［哲学者。一六九四－一七七八］や子爵ヴァルモン［一七八二年発刊の小説の主人公］風に鬘《かつら》をつけた騎士たちだ。ヴェルサイユでの常識が一般では非常識なのは、現代的なものがすべて時代にそぐわなく見えることだ。この城は私の日常の一部になっているにもかかわらず、コーヒーメーカーやテレビがあることにいつも驚き、今日は軍のトラックや迷彩服の兵士に驚いている。

兵士たちを見たときの驚きはいかばかりか。目の前に、群青色の制服の大部隊が、十二月の朝の肌をさす寒さに蒼ざめている。それを見て、私は司令部が適材適所を考えて部隊を派遣していることがわかる。実行部隊はたぶん、土木技術にも優れているはずだ。兵士たちは可哀想にも凍《こご》えて、歯をがちがちさせている。私は何よりも先に、全員に熱いコーヒーを一杯ずつおごる。部隊の士気を高めなければならない！　すぐにでも整地作業を始めたいのだが、まずは苗畑のオレンジ園を喫茶室にしてからだ。飲み終わったところで仕事に取りかかる。

私たちはたくさんのウインチや滑車、ダンプカーを使って落ちた木を集め、比較的被害の少ない公園の奥で燃やす。地面を片付け、残りものはないかと確認する。数日後、はっきり言おう、すべて片が付く。暴風雨の日に倒れた木や、痛みが激しく倒さなければならなかった木も含め、一万八千本以上の木が処分される。兵士たちでさえこの仕事をするのを悲しんでいる。しかし彼らはもっとひどいものを見てきたはずだ。災害を奇跡的に生き延びたマリー＝アントワネットの楢の木や他の木々は別にして、多くの大切な木が死んでしまい、公園の奥に横たわっている。そこは木の倉庫か、巨大な墓場か、どことなく厳《おごそ》かで不思議な雰囲気が漂っている。

ヴェルサイユを閉鎖したあとの週は、今思ってもどこか非現実的だった。まずは、公園が呈する光景だ。秩序と調和の宝庫は、ＳＦ映画に出てくるような機械を操る迷彩服の兵士たちによって大きく切り開かれ、泥で汚れ、傷だらけででこぼこだ。現代的な機械は確かに有能でも、眩暈がするほど醜い。パワーショベルがペンチで椰子の木を切り離している様もそうだ。節くれ立った巨大な手が猛禽類の爪のように地面をがつがつ穿《うが》っているようだ。この機械は頭が痛くなるほどどうるさい。ヴェルサイユがこんなに無様になるとは、一度たりとも思っていなかった。戦争の被害は比較的免れていた公園が「ヒロシマ」になっている。こう言うのはたぶん大げさだろうが、私の落胆はそれほど激しい。

日々、ささやかな楽しみがあれば、そのあとたいていがっかりすることが起こるものだ。私が初めて造成した作品の一つ、クローバーの池も崩壊している。この池は元は古いゴミ捨て場で、金属板やがらくたの山だった。どの公園にもそういうところはあるのだが、それを片付けるようにと私が任された。新米にやらせるような、やりがいのない仕事で、大して期待もされていなかった。私は少し野性的な芝生を生えさせようと思っていた。当時は絨毯のように滑らかな芝生が流行だったのだが、芝生の上を裸足で走りたくなるような、厚くて密生したものにしたかった。芝生から顔を出すひな菊を摘んで、ポケットに入れたまま忘れてしまうような……。私は自分では成功したと思っていた。それからは、「田舎ふう」の芝生のあちこちに花が咲いている。これはほんの一例だ。

私は三十年ほど前にこの庭園に来た。一般には知られていなくても、私が大事にしていた場所がたくさんあったのに、それも被害を受けてしまった。もちろん公園は私の作品ではない。自然は誰のものでもないからだが、しかし、いずれにしろすべてが私の誇りだった。出来の悪い子ども時代を過ごした私が、人生を通して自分を確立したのはこの仕事をしたおかげだ。私の仕事はこの庭園を育てることであり、同時に庭園が私を育ててくれた。私の秘かな夢は、退職する日に、我が愛する散歩道を歩き、私が植えて屈強に成長した木々を最後に見ることだったのに、それがかなわなくなった。もちろん木は植え直すことになる。一九九九年十二月のこの夜以来、二世紀の間に植えた数より多くの木が植えられた。しかし、この決断は私の意志ではない。これらは暴風雨が植えさせた木々であって、私の木々ではない。

激昂していたせいか、本来の内気な自分を忘れた私は、たまたまジャーナリストの取材を受けるように言われたとき、すっかり熱くなっていた。普段は控え目で、動作も言葉もぎこちない私が、明快かつ燃える男になり、言葉が自然と口から出る。声が突然、飛び出したのだ。私は激しい口調で、荒れ果てた公園や、倒れた木々、失われた遺産について語り、それを人が聞いている。私の怒りが相手に届き、マイクが離れない。テレビ取材が次から次へと続き、ヴェルサイユはあっという間にメディアでいっぱいになる。どの局も庭師に会いに来る。私の個人的なドラマがすべての局で流れ、私は首相を訪問する権利まで得る。ジャーナリストはやりすぎだったが、しかし私を鼓舞し、自信を与えてくれた。

とくに覚えているのは「庭師長の涙」というタイトルの記事だ。その媒体はヨーロッパの王室の悲劇を一般大衆に知らせる雑誌の一つだった。チャールズ皇太子のことは記事にしても、庭師など取りあげたことがない。実際には、私は取材では泣かなかったのだが、年老いた祖母から電話があり、私を雑誌で見たと言われたときはとても感動した。私にとっては、庭園が容認された瞬間だった。これはまさに奇跡、というのも、ほどなく寄付が殺到したからだ。ヴェルサイユは救われたのだった。

この狂乱の週を締めくくったのは、予期せぬ出来事だった。庭園が日々迎え入れるのは、名もない多くの観光客だが、限られた人々とはいえ常連もいる。彼らは空想や読書、スポーツをするために来て、私たちとも顔見知りだ。庭園の常連は私たちの仲間でもあり、その他の観光客との間の一種の中間層である。ハンチング帽の初老の二人連れは、黙ってベンチに座っている。ポニーテイルの女の子はジョギングをし、無愛想な少年は文学全集を読みながらタバコを吸っている、あるいはタバコを吸うために読書に来るのか。彼らのことについては無数の話が駆け巡り、少しでも変化があると、みんなからとやかく言われている。例えば初老の二人連れは、「確かな筋によると」兄弟で、同性愛者、社会主義に失望した闘士だったと聞いたことがある（この三つの仮説はどうみても相容れないと、仲間の一人が言っていた！）。ジョギングの女の子は当然のごとく男性陣の妄想を刺激し、女性陣からは嫉妬を買っている。常連は私たちの単調な一日を活気づけてくれるのは確かだ。しかし彼らもまたヴェルサイユが本当に好きなので、閉鎖はちょっとした事件だった。入口に「閉鎖」の掲示があるにもかかわらず、多くの人が毎朝、公園の再開日を聞きにきた。決まった時間に電話をかけてきて、病人の様子を探るように新しいニュースを尋ねる人たちもいた。

これら常連の中に、私が内心「優雅なご夫人」と思う女性がいる。彼女はいつも一人で来て、一見、何の目的もなさそうだった。本も持たず、犬もおらず、編みものをするわけでもなく、そのくせ一時間もの長い間、ベンチで背中を真っすぐにして足を組み、座ったままでいた。瞑想も、考えごとをしているふうでもなく、ただじっとしていた。城の彫像のほうが生き生きしているように見えることもあった。結構きれいな人で、着こなしも非常に優雅だったのだが、お洒落な女性にしてはいつも同じ格好、ショートブーツに、飾り気のないスカート、明るい色のジャケット姿だった。私たちはたまに当たり障りのない言葉を交わし、あるときの会話で、彼女は自分の名前を私に言っている。一度、夫らしき男性を見たこともある。見るからに高齢で金持ちふうの男性が、彼女を探しに来たのだった。

この女性にはどこか陰のあるミステリアスなところがあり、私は好奇心をそそられていた。それだけではない。彼女はすでに、私の内心の小説や映画の登場人物になっていて、四〇年代の推理小説にはうってつけの存在だった。縁の垂れた帽子を目深にかぶる俳優たちが、くわえタバコの煙をくゆらせながら、気の利いた言葉を交わして拳銃を撃ち合う。また、無声映画に出演する彼女も想像していた。彼女にはこの種の映画に登場する亡霊のような雰囲気があり、想像するだけで鳥肌が立った。なぜなら、チャップリンの頃の映画俳優も監督もカメラマンもみんな死んでいるからだ。要するに彼女は、さほど文学に詳しくない私が毎日、頭の中で書いては書き直す「内なる小説」の一部をなしていたのだ。

暴風雨から一週間ほど経った頃、その優雅なご夫人から電話があり、私と話がしたいと言う。正直なところ、非常事態時の心労で、彼女のことは一瞬たりとも頭になかった。彼女に公園の様子を聞かれて初めて、夫が金持ちのあのご夫人が脳裏に蘇ったのだが、その時点では、私の想像の世界の人物を現実の人として思い描くには至っていない。彼女に、もし可能なら公園を訪問させてもらえないかと頼まれる。ほぼ一週間も公園を見ていないので、寂しいと言う。少し困惑した私は、復旧の最新情報を伝えつつ、そんな彼女に感動し、さして悩まずに願いを聞き入れることにする。その気持ちは誠実に思え、それに、金持ちの夫が寛大なら、寄付をしてくれると思ったのだ。私たちは翌日の朝、会うことにする。

彼女は先に来ていて、私はそのすらりと高い姿ですぐわかる。野次馬やジャーナリストが押し寄せる城の鉄柵の前で、少し身体を強張らせ、彼女らしく、じっと動かずに待っている。いつもなら同じ格好、すぐにブルジョワとわかるベージュのジャケット姿なのに、その日は黒の長いコートを着ている。公園の喪に服しているのだろうと私は思う。その装いが過剰な気がして落ち着かなくなった私は、早く終わらせることにする。私たちは車に乗り、もう一度、暴風雨について繰り返し言っていることを言う。私は正直、テレビの取材や行政報告を一週間も続けて喋ることに飽きているのだが、彼女は上の空のようだ。車の中で私と一対一になって神経質になっているのだろうか？ひっきりなしにコートを膝の上に引き上げている。彼女が恥ずかしがっていることに、私は少し驚く。というのも、私の想像の中の「優雅なご夫人」は大胆だったのと、もう一つ、森に住んでいるとはいえ私は好色家ではなく、この状況からいって情事どころではなかったからだ。

結局、私が真面目に話していることで緊張が解けたのか、彼女の要望で、私たちは公園の奥に向かう。私は、その区画は見てもあまり意味がなく、暴風雨にもやられなかったと説明するのだが、彼女は聞き入れない。公園の奥は彼女のお気に入りで、そこで何時間も過ごすのを習慣にしており、連れていってもらえるものと期待している。この機会に、その地区を点検してもいいと思った私は、礼儀正しく従い、私たちは到着する。私は、作業員がきちんと仕事をし、倒壊した木が片付けられているのを確認して満足する。

彼女はいつもの沈黙に浸り、人を寄せ付けない雰囲気で景色を見つめている。私も沈黙したまま十分間ほど待つ。私はその間を利用してタバコを吸うことにする。彼女に背を向け、上着の裏側に頭を入れて風をさえぎり、タバコに火をつける。振り返ったときの驚き！　あの優雅な女性がコートを足元に置き、真っ裸でいたのだ。彼女は何も言わず、私をじっと見つめている。ギュスターヴ・モローの絵の女性のように神秘的で、威嚇的だ。彼女は確かに美しく、誰もここまで邪魔しに来ないのも確かだが、しかし私は、いくら暴風雨のあととはいえ、とてもその気になれない。とくに、私の内なる小説を面倒な色事にしてしまう気はない。いちばん難しいのは、こういう状況で彼女が笑い者になったり、屈辱的になる事態を避けることだ。私は無言のまま、もったいぶって彼女のコートを拾い上げるに止め、丁寧に肩にかけてあげる。彼女は何も言わず、私も無言で、彼女を門まで送り届ける。彼女は何事もなかったかのように私の手を握り、私たちは別れる。後日、彼女の夫がかなりの寄付をしてくれたことを知った。

彼女がなぜああいう行動に出たのか、私はいまだにわけがわからない。空想を実現したかったのだろうか？　退屈な日常に少し刺激を与えたかったのか？　それとも、公園の死が彼女に性欲を抱かせたのか？　わからない。しかしこの話は、私の虚栄心がくすぐられた以上に、この公園は思いがけない、びっくりすることが日常的に起きる場所であることを教えてくれる。

初《うぶ》に思われるかもしれないが、しかし私に言わせると、この庭園には魔法がかかっている。三十年の付き合いで、ここは国の歴史の証人であるだけでなく、内密で快い無数の物語を秘めていることが、私にはわかった。そういう私的で個人的なヴェルサイユを、私は見せたいと思っている。城について書かれたものは多く、庭についてはは少ないが、たいていは一方的な書き方だ。ヴェルサイユを神聖化するか、誹謗する本が多すぎる。それは不公平で間違いが多く、繊細さが圧倒的に欠けている。私は一九七六年から、公園の変化を見てきた。猛暑や凍結、乾燥に苦しみ、年老いて、それから再生し、一九九九年の暴風雨のあとはほとんど死んでいた公園。しかし現在、この暴風雨のおかげで、私は発言権を手に入れた。私の発言が、私を一人前にしてくれ、私が愛するこの公園の役に立つことを願っている。

第2章　詰所

子どもの頃、私のあだ名は……「牛の糞」だった。六人の兄や姉たちにとって、私は「牛の糞」。そんな兄弟がいたおかげで、私は自分の身の守り方を知っていった。最初に想像力を働かせる訓練をしたのは、自分にふさわしいあだ名を探すためだった。もっと深刻なのは、両親にとっても、私は「牛の糞」だったことだ。いつもそう言われていたわけではないが、いい子でも悪い子でもなく、要するに、何の取り柄もない息子だった。だから、私にとっての子ども時代は失われた十五年であり、懐かしんで甘っちょろい話を期待されても話せない。私の人生で、良心の咎めも後悔もなく頁を書き直したい時期があるとしたら、それは子ども時代だ。

七人兄弟の五番目に生まれた私は、いわゆる「幸運児」ではまったくなかった。人生では、両親は長男を可愛がり、物語では末っ子が成功するが、しかし、中間の弟に向けられるのは無関心だけだ。注意も同情も、何も向けられない。私も例外ではない。一番でも最後でもなく、学校の成績もぱっとせず、クラスの一番からも、栄えある劣等生からも遠かった。手先も器用ではなく、頭もよくない私に、両親は困り果てていた。たぶんそれで私は庭師になったのだと思う。仕事の内容より、場所で際だつ職業だ。おまけに、がっかりされるのを承知で白状すると、私はこの仕事を志していたわけではなかった。

少年時代に志していたものは何もなく、現在も、退職後は何をするのだろうと思っている。十六歳のとき、私にはいわゆる趣味があった。写真だ。カメラを買うのは私の小遣いではとても無理で、初めてのレフレックスカメラを買うために始めたのが庭仕事だった。夏の間、私は母の古いモーターバイクに乗って、イヴリーヌ県を走りまわった。モーターバイクというよりは自転車で、坂道になるとエンストした。私は現金と引き換えに、バカンスで留守の近所の芝生を刈り、土を鋤き、雑草を取って、水を撒いていた。私はこの仕事が特別好きではなかったのだが、他に何ができただろう？

その頃の私は内気で未熟者。売り子や給仕はできるはずがなく、お客が、とくに女性だと話しかけることさえできなかっただろう。ベビーシッターに関しては、母から禁止されたと思う……。祖母が決まって私に言った言葉は「おまえはまだ乳臭い」。どんなに男らしくなりたかったことか！　この言葉はもちろん、祖母にとって深い意味はなかったのだが、私には長い間こたえていた。なぜ私は、家族にからかわれてばかりの間抜けなイメージを変えようとしなかったのだろう？　逆に、へまばかりで笑い者になっていた。大人になった証しの運転免許を取得したときも、一枚しかなかった十三歳のときの写真を事務員に差し出して、大笑いされた。反抗さえできない、ただのおどけ者、それが私だった。それゆえ、失望した両親は、私を農業高校に入学させた。私は大声で抗議はしなかったが、しかし、いわゆる目標も何もなかった。

私の両親は、子どもを産む選択などできない時代と、階層に属している。家庭は少し古風なカトリックだったうえ、時代は五〇年代、妊娠するのは「偶然」で、いずれにしろ、いつも時期が悪かった。母はこれほど多くの子どもは欲しくなかったはずだと、私は思っている。いつか、母の若い頃の写真を見つけたことがある。夏服の母は笑顔で、本当に幸せそうで、私のまったく知らない母だった。非常に美人で、現在なら「スーパー美人！」と言っていいくらいだが、たぶんそれは、男の子なら誰でも母親に対して考えることだろう。いずれにしろ、母がまだ若かった私の父と結婚したときは、もっと違う生活に憧れていたはずだ。しかし、我が家の収支決算では早晩、父方の遺産を食いつぶし、月末には大仰なものを支払う余裕はあまりなかった。

母は貧しい家の出で、フェラーリやシャモニーでのバカンスなどは夢見ていなかっただろうが、お金の勘定と、妊娠や年の数を数えるのは止めたかったことだろう。しかしシャンパンと旅行を節約した代わりに、早々に郊外に一軒家を買い、七人の子どもたちと、第一次世界大戦前生まれの夫にまとわりつかれて住むことになった。子育てで若さを奪われ、母親らしさの微塵もなかった母を、どうして恨むことができるだろう？　最近の若い母親が、子どもに愛情をたっぷり注いでいるのを見るにつけ、私がいつも思うのは、自分の母親とはこんな接触をしたことがなく、父が死んだ日でさえ抱きしめなかったことだ。母は自分自身にも、子どもたちにも厳しかった。私は母と違って生活にはあまり困らなかったが、いずれにしろ、母の胎内にいた九ヶ月分の借りだけは永遠に返せないだろう。

私は写真が好きだ。この時代の自分を考えるとき、頭に浮かぶのは映像で、私の家族小説は写真のアルバムだ。そこにいる父はいつも同じ様相をしている。真っすぐで慇懃かつ優雅、俳優のピエール・フレネーとフレッド・アステアを混ぜたような男だった。著名な大学、理工科学校卒業生の息子だった父は、どこか軍人のようなところがあり、家族手当基金の職員として各家庭を訪問に行くときもそうだった。私たち父子は近づいたことがなかった。確かに、客観的にも距離があった。父が生まれたのは一九一二年、結果として、私が生まれたときは四十五歳。私のいちばん遠い思い出の中でも、父はすでに老いていく人だった。それに非常に他人行儀で、どうでもいい社会習慣のために、私に丁寧語で話しかけるように要求した。四〇年代でさえすでに古風、なんとなく馬鹿げていた……。

一九六八年の五月革命から十年経っても、父ジャック・バラトンが家族に従わせていたのはこういう法則だったのだが、私たちが住んでいたのはヴェルサイユ周辺で、学生運動発端の地ナンテールでなかったのも確かである。そういう父だから、成功した「自分の」息子の前では有頂天だった。数学者になった兄は、私や姉をいじめては喜んでいたのだが、しかしそれは長兄の特権だ。全体から見て、私は子ども時代の小さな不満から免れることはなかった。半ズボン、十六歳まで履かされたみっともない靴、無意味で痛いだけの歯の矯正器具。はっきり言って幸せな子ども時代ではなかった。私が本当に生まれたのはヴェルサイユだ。日にちは一九七六年の猛暑の日。そして私の家族は、私が根を下ろしたこの庭園の木陰で、年月とともに築きあげたものである。

子ども時代のさえない思い出の中で、一つの映像と、一つの顔が温かい光に包まれている。ラ・

セル＝サン＝クルーに住む母方の祖父と、祖父の庭だ。そこは子ども時代のエデンの園、私は祖父母の家に行くのが楽しみだった。小さな木の家は、今はもう壊されてぼんやりとしか覚えていないが、祖父が自慢にしていた庭ならはっきり目に浮かぶ。大好きだった金属製の古い門、二個の円形花壇、東屋のクレマティス［キンポウゲ科の花］、そして祖父がポロねぎやハシバミの味のするサラダ菜を育てていた見事な野菜畑。サクランボの木も、大きなプラムの木もあった。このプラムの木のおかげで、私の初恋がうまくいった。夏、ガールフレンドに「プラムを採りに行こう」と、無邪気に誘ったのだ。もちろん、彼女が味わったのは私のキスだった。

公園は愛を語るにはうってつけの場所だ。この仕事に三十年以上携わっている私は、それが園芸ではよい公園と見なされる規準の一つだと確信さえしている。公園が恋人たちを引きつければ、それで成功だ。恋を告白するのに誰がテュイルリー公園へ行くだろう？　面白みがなく、単調で色彩に乏しく、必ずどこかで見られている感じがする。そんなところで恋を告白するのは離れ業だ。私にとって、それは美しい公園の対極にある。

ヴェルサイユは木立に隠れて何事か企むカップルであふれている。それを見て私は、微笑ましい気持ちより、庭師としての満足感でいっぱいになる。私にとっては、仕事が認められ、成功した証しに近い。公園が長い間、背徳的な出会いの場だったからなおさらだ。警備員は意地悪をして彼らを追い払うのだが、ある意味、かつての狩猟に取って代わったのが恋人狩り。私は個人的には後者のほうが好きだ。ときどき、警備員が獲物を見せるために私を呼ぶことがある。そういう場合はいつも現場へ行く。まずは状況が危険か、悲惨でないかを確認するためだが、笑ってしまうこともよくある。

　数年前のこと、警備員が私を呼び出し、グラン・トリアノンの裏の芝生を「掃除」に行くと言う。私たちは目立たないように現場に行く。十八歳にはいかない若者が二人、明らかに初めての体験と思われることに精を出している。中央の散歩道の真後ろ、ガリー農園に続く芝生にいる彼らは、本当に場所の選択が悪かった。少年は、少女が大きく広げた両足の間で夢中で何やらがぶがぶしている。そこへ警笛一発。怯えた少女が、咄嗟に両足を閉じたときに少年が頭を上げたものだから、彼女の下着に絡まって、危うく窒息死するところだった。少年は息を詰まらせ、私は吹き出しそうになるのをこらえるのに苦労した。警備員はもちろん、彼らを立ち退かせたのだが、私はこの公園が彼らの最初のエデンの園になったのが自慢だった。

　さて、私にとっていろいろなことの基礎となった庭、いや、おかげで今の私がいる庭の作り手に話を戻そう。私の祖父だ。心理学的な理由はわからないので専門家に任せるしかないが、一般的にいって、もし相性の悪い両親が嫌いなら、子どもは世代を一つ飛びこすのが普通ではないだろうか。祖父のイメージが両親と逆なら逆であるほど、孫は祖父に限りない愛着を抱くようになる。私の祖父はどの点に於いても期待以上だった。洟《はな》をたらし、長靴を履いて、青い前掛けに麦わら帽子、手には剪定バサミ。その格好は典型的な庭師だった。たぶん尊敬の念から、そして、笑われるのが嫌で、私は祖父と同じ格好をしたくないのだ。

　しかし、祖父エミール・クロシャールの人生は大変だった。両親を知らずに生まれて、ベルギー人の露天商に引き取られ、読み書きも知らない頃から縁日で香辛料入りパンを売っていた。毎晩、サーカスで働いていたのだが、私は縁日のようなお祭りは、うら寂しくて俗っぽくて嫌いである。一九三九年から一九四五年の第二次世界大戦で手の腱を切り、ドイツ人を憎むようになった。右手が枯れた小枝のように内側に軽く曲がっていたのを覚えている。祖父はどうして弦楽器職人になったのだろう？　それはともかく、年を取りすぎて仕事ができなくなったとき、退職金代わりに一日分の給料を与えられて終わりにされたことだけは事実である。典型的な庭が生まれたのは、文字通り、老後の食料を確保するためだった。木立の花やクレマティスはあとから植えたものだ。

一方、ヴェルサイユの庭園は楽しむための庭園、いわゆる現代庭園で、外部に追加部分が建てられており、その意味でヴェルサイユは先駆者である。また現在は、家具やデッキチェア、バーベキューセットを加えることもあり、さらにはプール、菜園などがあれば、マリー＝アントワネットのような女主人が買い物遊びをすることもできる。しかし、マリー＝アントワネットが、現在のチェリートマトの元であるジャガイモの苗木や、ニンジンの生育を気遣ったのは、家族を養うためよりは、女友だちに対しての見栄からだった！　ある人は、パリの狭い部屋に「キーウイ」を植えたと自慢し、対して、ジロンド県のある市は、スペインから樹齢千年以上のオリーヴの木を持ってくることに成功している。もしパリでキーウイが持ち主より長生きしたら、首をかけてもいい！　これは非難でも、残念なことでもなく、私は誰に対しても食料が欠乏することを望んでいない。庭いじりは必要に迫られての永遠の慰みごとで、よい庭師はこの点を決して忘れない。奇抜な植物を取り扱うのは、知識があり、自然の法則を尊重してのみ可能だ。

こうしてルイ十四世お抱えの園芸家の一人ラ・カンティニ（一六二六－一六八八）は、ヴェルサイユで露地にオレンジの木を育てるという離れ業をやってのけた。パリではオレンジの木は鉢植えにして温室に入れないと、普通は冬を越せない。それらを寒さから守るため、ラ・カンティニは周りを木とガラスの小屋で囲み、成長に欠かせない太陽光を当てるようにした。小型の温室を作ったのだ。王の気まぐれに応えるために、自然の法則に挑戦したのだが、それはまさに自然を知らないわけではなかったからだ。

私は祖父のクレマティスを長い間探したが、見つけられなかった。祖父も早くに亡くなり、私がどんなに尊敬し、どんなに恩があるかを伝えることができなかった。祖父は私を「牛の糞」などと呼ばず、いろいろと教えてくれる前に亡くなったのだが、のちに私の仕事となる庭仕事には本当に情熱を注いでいた。祖父には私を誇りにして欲しかった。なぜなら私には祖父が誇りだったからだ。穏やかな人間で、祖母が大声を上げて鶏の首を絞め、ウサギの内臓を取る前で、声を荒げることなく威厳を示していた。祖母は私と姉にヒヨコをくれ、私たちはフィフィと名づけてペットのように可愛がった。六ヶ月後、フィフィは祖母の手にかかって煮込まれ、私たちの皿の上で命を終えた。祖母はいかにも農民らしく粗野で、一方の祖父は、私が思うに、いかにも庭師らしく温和だった。優しかった祖父は、私に間接的に自分の好きだったことを伝え、私にこの道に進むよう口では言わなかったものの、庭師のなんたるかを示してくれた。つまるところ、祖父は私のことを本人がわかる以前に理解していたということで、現在、私がこの仕事を誇りに思うときがあるとしたら、それは祖父に対してである。

暴風雨のあと、私はあらゆる種類の勲章を授かることになった。農事功労章のシュヴァリエと、次いでオフィシエ、国家功労章のシュヴァリエ、芸術文化勲章のシュヴァリエ、科学協会奨励賞の銀賞、今の私はクリスマスツリー以上に飾り立てられている。フランス共和国の歴史ある伝統を授けられたのだ。授賞式のたびに、私は祖父エミール・クロシャールのことを考える。フランスのために闘い、苦しんだ祖父こそ勲章をもらうべきだっただろう。私にとってこれらの勲章はたまたま授かったもので、大半は私個人の力ではなく、周りのおかげである。それでも、欲しい勲章が一つある。レジオン・ドヌールだ。理由は一つ、演説ができることである。その場で私は、祖父をはじめ、正直で才能がありながら、正当に評価されなかった庭師すべての記念にふさわしい話ができるだろう。祖父が亡くなったとき、私は農業高校を卒業したばかりだった。祖父には庭師の私をどうしても知って欲しかった。この頁はそんな祖父への唯一の敬意の表れである。

トランブレイ＝シュール＝モールドル高校の時代は、解放されたどころか、その逆だった。それまでの私は臆病で内気で、少し遅れていたと思う。寄宿学校で私は不幸になった。授業は、植物のラテン語の名前を丸暗記させられたカゾ先生の講義以外は聞いていなかった。金曜日になった途端、両親に会うと思うと気が滅入り、そのくせ家では物知り顔をしていた。月曜日の朝はとくに辛かった。級友たちは全員熱く過ごした週末の話をし、あとになって全部がでっち上げとわかったのだが、その間私は、家と母を連想させる清潔な匂いのするシャツをこそこそと片付けていた。

三百人の男子生徒との共同生活は、とくにひ弱な者にとっては生易しいものではない。現在の私はそうではないが、十七歳の頃は小柄で痩せており、担任の教師にさえよく「バラトン君は体格がいいとは言えないね」と言われ、みんなから笑われていた。そんなことがあって、どうして担任を好きになれるだろう？　寄宿学校時代はたぶん、私の人生の中でももっとも自分らしくないときだ。ある人にとっては羽目を外した時代だろうが、私にとっては無の時代だった。

もちろん、思春期に欠かせない儀式もあり、それは私も全部した。寮長から鍵を盗んで夜更けに出かけることから、ＳＭ（スペシャル・マスターベーション）と名付けた汚れたハンカチを、鼻を拭きながら母に渡して洗ってもらったことまで……。母は私が風邪だと信じていたか、振りをしていた。ティッシュペーパーの発明のおかげで、良心の呵責を感じていた少年たちはきっとほっとしたことだろう。この時代はそれなりに重要なのだろうが、私にとってはまったく無意味で平坦、自分自身にも関心がなかった。

三年間の高校を卒業したとき、私ははからずも、農業見習い修了証と農業教育上級免状の二つの免状を獲得した。しかし、大学入学資格は取得しなかった。当時は、大学入試資格がなくても何の不思議もなく、ないほうが普通だった！　もちろん、私が若い頃も屈辱的なことはあったが、正直なところ、有名人が子ども時代の苦労話で大学入試資格がないことを後悔していると告白するのを聞くと、不愉快になる。当時はまだ、教育を受けながら公共機関などに研修に行き、昇進する可能性があった。大学入試資格があってもなくても、やる気さえあればさほど苦労せずにキャリアを積むことができた。現在は、仕事で本当の実力を発揮する前に、制度上の煩雑で仰々しい条件を受け入れ、大げさな免状も取得しなければならない。これでは普通の学校ではなく、忍耐の学校だ。ともかく、私が七〇年代終わりに果たしたキャリアは、わずか三十年後では完全に不可能なのが現実だ。今は学術的な作業の主任になるには、もっとはっきり言うと、私の今の地位になるためには、「私の与《あずか》り知らない高等教育」の資格を持っていなければならない。

さて、時は一九七六年。その日の天気は快晴で、しかも滅多にない暑さ、私は早く自立したい一心でうずうずしてモーターバイクに乗る。これがあれば簡単に家から離れられる。そのためには仕事を見つけなければならない。ヴェルサイユは県庁所在地で庭園が有名だが、ここラ・セル＝サン＝クルーからは高所にあり、私のソレックスは息絶え絶えだ。アンドレ・ジッドは「つねに坂道をたどらなければ登り坂にはならない」と書いている。私はこのぼろスクーターでどんな道でも登ってやろう！　坂道をたどり、城に向かう大通りを通って、意気揚々と大広場に着く。新大陸を発見したほどには感動しなかったと思う。なぜなら私は庭園を知っているからで、子どもの頃、トリアノンの高低差でつまずいたこともあったのだが（庭師長になったとき、この高低差をいちはやくなくした）、その日は大人になった最初の日、私は素晴らしい気分に酔っていた。

どこをどう迷って、学芸部長の部屋まで行けたのだろう？　中には運命の導きと言う人もいるだろうが、私は、警備員に行き方を聞いたのを覚えている。その説明がひどいコルシカ訛りで私にはちんぷんかんぷん、迷宮のような城の廊下でゆうに一時間近く迷い、汗だくで不安になりながら、他に比べて立派な飾りがあって、なぜか開けっ放しのドアにたどり着く。部屋は光輝き、夏にしては涼しく、外見からして華麗。壁にかかる巨匠たちの絵、豪華本の並んだ棚、身体が沈みそうな肘掛け椅子、金色の飾りのある重そうなクリスタルのシャンデリアなど、豪華の極みが誇示されていたのだが、当の私は、目の前に座る男性の視線に射すくめられ、周りはほとんど目に入らない。銀髪を後ろになで付け、鋭い目、杖と印章付きの金の指輪。ヴェルサイユの救世主と言われるジェラール・ヴァン・デル・ケンプだった。

その姿はまさに君主、泰然と動じない様子は彫刻と見まごうほどで、私には名前だけで威嚇的だ。ヴァン・デル・ケンプ、通称VDK、実力者のみに授けられる略称だ。当時の私はまだよく知らないが、世界的に認められた権威者である。第二次世界大戦後にヴェルサイユに着任した彼は、衰退の一途をたどっていた城にフランス革命以前の輝きを取り戻すため、ド・ゴールやマルロー、ロックフェラーなど、時の大物たちとともに働いた。ヴェルサイユの歴史を知っている者なら誰しも、王妃の部屋の修復や、王の書斎の家具類の復元は、彼の力によることが大きいのを知っている。しかも、十八世紀の高級家具の傑作と言われる家具類は、革命直後、共和派や革命派の一存であちこちの省庁に分散していた。城に往時の華やかさを取り戻すことは、現在なら当たり前のようだが、ヴァン・デル・ケンプが一生を懸けた仕事だった。

国王と王妃の部屋の二枚の絹織物を同じように織り直すのに、王妃の部屋は二十五年、王の部屋は三十年もかかった。複雑で、豪華な材料を使うことから、この仕事に携わったリヨンの職工たちは一日に三センチも織れなかった。予算を獲得するために、彼は絶えず闘わなければならなかった。というのも、当初は文化遺産の概念がまだ形になっていなかったからである。しかし、そんなことなどまったく知らなかった私は、その場で彼に何の用事かと聞かれて、すっかり上がって赤くなり、口ごもりながら今の状況を説明する。数分間、私の頭は空っぽ、それからヴァン・デル・ケンプが立ち上がり、私に季節労働者を探しているヴェルサイユの警備長のところへ行くように言う。

彼は私を彫刻の飾りのある立派な大理石の階段のところまで送ってくれる。守衛がびっくりしていたのはもちろんだ。普通なら、ヴァン・デル・ケンプの部屋へ直接行くことなどできない。何人もの秘書を通し、詮索好きな警備員の目もくぐり抜けなければならないだろう。私は今でも、どうしてあれほどの警備をごまかせたのか、不思議でならない！　たまたま私は運がよかったのか、いずれにしろ、何も考えていなかったのは確かだ。

私は中庭を横切る。燃えるような太陽が照りつけ、人気もない。猛暑で草はしおれ、観光客もいなかった。私は暗く汚い部屋に入っていく、さっきまでの部屋とは正反対だ。天井の低い、裏寂れた小部屋はカビ臭くて埃っぽい。しみったれた壁には何の飾りもなく、ものすごい数の空き瓶と、雑然と置かれたものが目につくだけで、汚れて、使いものにならないものしかない。ヴェルサイユの庭園は城とは正反対、それを確認したのは初めてだった。そこで会ったのが、奇妙で形容のしがたい、私にとってはかけがえのないショックさんだ。ここでの上司の肩書きは軍隊ふうで、ショックさんも自分で上級特務曹長だと言って自慢する。背が高くて控え目だったＶＤＫに比べ、丸々してお人好しふうの彼に、私はすぐに打ち解ける。ショック曹長がつるっぱげの大きな頭に小さなケピ帽をちょこんと乗せ、がっしりした肩と突き出た腹で窮屈そうな制服を着たとき、私は吹き出しそうになる。ケピ帽とタバコのしけもく対、印章付きの金の指輪と丸い握りの杖、私はこの日、二つのタイプの男、二つのフランスを見たのだった。

ショック曹長は私を現金出納係として雇い入れ、翌日の朝から私の職場となるところへ案内してくれる。ずんぐりむっくりの彼と私は滑稽なコンビになる。彼が乗るモビレットは体重でつぶれそうで、その後ろを、私が一向にエンジンのかからないソレックスのペダルをこいで付いていく。暑さにもめげず繰り出した数人の観光客は、野暮な私たちになかなか道を空けてくれない。ショック曹長は日本人観光客のグループに突っ込みそうになり、その場では笑いながら「どいて、どいて！」と叫んでいたくせに、あとでたっぷりと罵声を吐いている。観光そのものも違っていた。当初、観光客はこれほど多くなかった。というのも、当時はまだヴィザが必要で、飛行機代も目の玉が飛び出るような値段だったからだ。外国人観光客も珍しく、今より金持ちで、もっと「異国情緒」があった。グローバル化になる前は、アメリカ人はみんなロックフェラーに見え、日本人は「円」とカメラを誇らしげに持っていた。小型ラジオとサンドイッチを持って庭園の芝生にピクニックに来た、ヴェルサイユの「中流」フランス人家族となんと対照的だったこと！

私たちは、薄汚い詰所に着く。行政はこんな古臭いものをどうして黙認できるのだろう？　どこかの大使館から回収して、国旗の青白赤に塗られていたのを大急ぎで緑の色調に塗り直したに違いない。これらぼろぼろの詰所は庭園の入口に設置され、園内を自由に往来できる車の通行料金徴収所となっていた。こんなものを宮殿の玄関に置くのをどうして受け入れたのだろう？　数年前に設置した、非常にきれいな詰所は確かに、ひどく高かった！　とにかくヴェルサイユではいろいろなことが変わった。現在の庭園が昔より手入れされているように見えるのは、なによりまず、維持費に当てられる予算が十五年もしないうちにほぼ十倍になったからである。

詰所の小さな世界はちぐはぐな人種の集まりだった。札付きのアルコール中毒のスペイン人は、小銭を持ち合わせない観光客に悪態をつく。毎朝、モーターバイクで出勤し、車体に飼っているオウムの籠を付けてくる。そのオウム相手に宗教的な感情を吐露し、限りない優しさを示す。外見はごつごつしている彼の、それが本当の性格なのだと思う。小汚いオウムは、安っぽいワインで悪臭を放つ詰所で一日じゅう喋りまくっている。その手下は、つねにびしっとした制服を着ている。いかにも警備員らしく、極めて軍人ふうなのだが、わずか一週間で詐欺師だとわかる。彼は、その手強そうな格好から、車に通行券を渡す役を担っていたのだが、ある日、通行券の控えが彼の手から落ちた。それをしゃがんで拾い集めた私は、番号が続きでないのに気づく。すると彼は直立不動の姿勢で、通行券にもシャツと一緒にいつもアイロンをかけていると、抑揚のない声で説明する。アイロンで古い通行券が「新品」のようになり、儲けは上着のポケットに入ったというわけだ！　私はつくづく自分は正直者だと思った。

他には、退役した元保安機動隊員もいて、彼はオウムの相手をしてはかつての権限を懐かしみ、さらには大酒飲みもいた。目はどんよりして赤ら顔、私は少し恐かった。彼がどんな声だったのか言えないのは、妻にぶつぶつ文句を言っているだけで、まともな話をしているのを聞いたことがなかったからだ。妻もぐでんぐでんに酔っぱらっていた。彼は妻をぶち、妻は妻で激しく反抗していた。聞いた話では、彼はアルコールと引き換えに妻を貸していた。誰がこんな女を欲しがったのだろう？　その頃の私は若く、恋愛にもいくらか幻想を抱いていたのだが、この二人にひっくり返されてしまった。まさにエミール・ゾラの小説のような夫婦だ。

彼の妻は私にとって堕落した人間そのものだった。たぶん彼女は美しかったのだろうが、アルコールでずたずたにされた姿には、その面影もなかった。どうしてここまで落ちぶれて生きられるのだろう？　私は禁酒派ではなく、逆にヴェルサイユにぶどうの木を植えたほどだが、アルコール中毒が庭師に多い病気の一つであることが、恐い。庭師もゾラの世界だから、私はゾラが嫌いである。いや、自分の文学的センスうんぬんではなく、ただ、彼の文学スタイルが私には重すぎるようなのだ。たぶん私は、すべてに於いて規則的で合理的なのだろう。ヴェルサイユ人気質だろうか？

大酒飲みの男はほどなく消えることになる。ある朝、彼の車がグラン・カナルで見つかった。いつものように酔っぱらい、水面にまっしぐらに飛び込んだのだ。同僚は、「水じゃあ酔えなかっただろうに」と冗談を言ったが、悲しむ者もいて、みんな少し罪悪感を抱いていたと思う。私はこの馬鹿げた事件にぞっとしていた。恐いのは、愚かに死ぬことではなく、無駄に死ぬことだ。インターネットでは毎年、もっとも愚かな行為で死亡した者にダーウィン賞を授与している。いつかこの賞を受賞するのではないかというのが、私の大きな心配の一つである。最近のこと、私はある激しい暴風雨の日に中国から帰ってきた。ロワシー空港は雷光で縞模様、飛行機はものすごい音で振動していた。私は運よくファーストクラスでの旅で、客室乗務員は十一時間の飛行に耐えられるよう快適な白のスリッパをくれた。飛行機が着陸を試みたので、私は靴を履く。長距離飛行に慣れている隣席の乗客は、この気象条件なら三十分は着陸できないだろうと、自信たっぷりに私に合図する。私が最初に考えたのは、飛行機が墜落した場合、白いスリッパを履いた死体で雑誌に載りたくないということだった。

これらは三十年前の話だが、しかしもう一つのフランスであり、また、もう一つのヴェルサイユである。当時はまだ戦後の混乱期だったのだ。最初に紹介した警備員たちは全員、一九四五年に採用され、そのままヴェルサイユに留まり、そこで古風なキャリアを終えた。ヴェルサイユは田舎で、それに、なんといっても過去のノスタルジーに生きる街である。パリと比べて、また時代と比べても、つねにずれがあったのは自然ではないだろうか？　そこには別の時代の名残りがまだ細々と息づいていた。現在、礼儀正しくなってしまった職員や、息の詰まりそうな規則や指示の数々を見るにつけ、私は驚きと少々の懐かしさをもって昔のヴェルサイユを思ってしまう。

ジャック・タチの映画のような古き良き時代だった。車があちこちでクラクションを鳴らし、秩序を保つために巡回していた軍のオートバイ二台は、夜ともなると、庭園の道でスピード競争をしていた。うち一人はヒンドゥー教徒で、ターバンを外すのはバイクのヘルメットをかぶるときだけだった。拳銃で遊ぶことが好きで、立ち入り禁止の芝生からどこうとしない観光客を立ち退かせるのに、いつも空に向けて撃っていた。おそらく彼は、銃は空に撃っても危険なので、警笛のほうがいいと言われたのだろう。結果、遠くで警笛の音がすると、私たち仲間は、怯えて逃げ出す観光客と勝ち誇った彼の顔を見るために駆けつけたものだった。今、管理当局は厳しくなった。オートバイはなくなり、警備員は武器を取りあげられた。

残りの職員も有能だった。とくに覚えているのはアレクサンドルだ。元もとが庭師で、ヘラクレスのように怪力の持ち主だった彼は、私たちが二、三人で運ぶケースを一人で持ち上げた。彼と少し話をするだけで気に障ることをしてはいけないことがすぐにわかった。ある日、彼が六十歳ぐらいのときだったか、来訪者の一人がやってしまった。男の子がボールで遊んでいたのだが、見るからにぎこちない動きで、ボールを巨漢アレクサンドルの向こうずねに投げてしまったのだ。そのまま何事もなければ彼も笑って見逃したのだろうが、何を勘違いしたのか、父親がしゃしゃり出て、あろうことか謝罪を求めた。怒りで興奮した父親が「旦那、あんたがそんな老いぼれじゃなけりゃあ、一発食らわしたいところだ」と切り出したものだから、返事の代わりに右手のパンチを受け、地面に倒れてしまった。息子はそれを見て大喜びしていたのだが。

勝手気ままなヴェルサイユの小さな世界で、私は王様の気分だった。夏は猛暑なりに輝かしく、イギリス生まれの人気グループ「ビージーズ」が海を越えてやってきて「ホリディ」を歌い、巷《ちまた》ではアラン・ドロンやジャン＝ポール・ベルモンドが自由の象徴として君臨し、私も自由を味わっていた。周りには気楽な雰囲気が漂い、苦しいことはすべて、死刑さえ廃止された。テロで心配なのはブルターニュの独立主義者のみ、そんな時代だった。南翼で爆発騒ぎがあり、その二週間前に大統領によって開館された領事館の三部屋が破壊されたが、死者はおらず、守衛が一人怪我をしただけだった。しかし当時は、現在のようなテロはなく、テロリストという言葉もなかった。

私は母のソレックスからやっと解放され、新しいバイクのプジョー一〇三に乗って、苦労もせず、誇らしげに坂道を登っていた。帰りは毎晩、ヴェルサイユの高みからラ・セル＝サン＝クルーまで、集金したお金でいっぱいのカバンを肩に掛けて走った。それもまた昔になった。現在、集金したお金は現金輸送車が扱い、毎晩、金庫に納められる。一九七六年は、お金を運ぶのはこの私の役で、カバンの中で小銭がけたたましい音を立てれば立てるほど幸せだった。近くのショッピングセンターで雑誌を買うとき、札束を出して売り子をびっくりさせたこともある。その夏、私は絶好調、フランスの王になったように幸せだった。

私が集金係だったのは三ヶ月間だけだった。庭師長のコロンは定期的に私たちを見張りに来た。

庭園に関することでコロンが見逃すものは何一つなく、何か偶発事件があると五分以内には必ず現れ、「ゾロ」というあだ名がついたほどだった。コロンは最高に優しい人間で、ベレー帽姿はまさに陽気なフランス人、しかし、全身から悲しみがにじみ出ていた。戦争で手足を切断し、片目は義眼、子どもを持つことができず、それで私を可愛がってくれたのだと思う。庭園に一生を捧げた彼は、退職して二年後、首をくくって死んだ。私たちの間には無言でわかり合えるものがあり、私は彼に会うと素直に嬉しかった。いろいろな会話をした中で（五分以上続くことは滅多になかった）、私が農業高校を出ていることを知ったコロンは、数日後、バカンス明けの九月からヴェルサイユの庭師にならないかと言った。本当のところ、いい話とは思わなかった。私は自分が嫌いで、自分がほとんど存在せず、いわゆる「無気力世代」に属していた。コロンにも「ふ〜ん」と、やる気がなさそうに答えると、彼に庭園内での住居をちらつかせられ、私の目は輝いた。ついに両親の支配から離れられる。わざと遅く帰って、こそこそせずにすむのだった。私は受け入れ、そして人生が始まることになる。

第3章 宮殿への道

この職業を始めた日のことはあまりよく覚えていないが、いくつか「庭師の初仕事」として記憶に残る出来事はあった。当時の庭園は現在とは非常に違い、技術も違っていた。古かった。木は昔に植えられたので非常に高く、従って暗い。切り倒すのは手作業で、定期的ではなく、散歩道は踏み固められただけの地面、お金も人手もなく、放ったらかしにされていた印象だった。機材も、現在のセンスのいいものとは違い、農業省や軍に保管されていたものだった。再利用という言葉はまだ当たり前で、エンジンのかかりの悪い古いクランク・ハンドルのトラックや、巨大で制御不能な小型トラクターをまだ使っていた。これら農耕用機材には安全規準などないも同然だが、しかし当時は、誰もそんなことは心配せず、というより事故もなかった。花壇は単純で、決まりきったようにベゴニアやサルビア、くまつづらが植えられていた。全体が驚くほど静かで、古き良き時代の魅力にあふれていた。私は庭師長コロンの指導のもと、庭師の基本を学ぶ。ときどき様子を見にくるコロンは本当に律儀な男だった。私を育ててくれた後見人たちの神殿には、祖父の他、あのヴァン・

デル・ケンプ、そして義眼のコロンがいる。

しかし、私を本当の意味で指導してくれたのはジャン＝ルイ・サロモンだろう。青い作業服に、クラーク・ゲーブルのようなちょび髭と肉付きのいい腹で、庭師よりは料理人のようだった。いずれにしろ、ヴェルサイユのような広大な庭園では、彼の仕事は現場監督の部類に入る。彼はベゴニアやバラ園と同じように土木工事や荷扱いの話をしてくれ、問題の決着のためなら右パンチを一発食らわせることもためらわなかった。

初対面のときは面白かった。コロンにトラクターを運転できるかと聞かれた私は、図々しくも嘘をつき、その前にサロモンから差し出された手も握らなかった。目の前で煙を吐いて騒音を立てる巨大な機械が、私を嘘つき呼ばわりしているようだ。私は経験不足を引き合いにし、それでも重量車免許はちゃんと持っていると言うと、思った通り、サロモンが笑った。というより、彼がいつも口にくわえていたタバコが上を向いたのが見えた。彼はわかってくれたのだと思う。

その日から、私は彼にとっての「新米」になり、彼は嫌な顔一つせず、喜んで私を教育してくれた。根っこの切り方から、水のやり方、地下水や植える木を考慮しての地面の選び方まで、すべてを教えてくれた。仕事の小さな「コツ」から規律、とくに計画性はかなり必要だった。なにしろ、毎年、一つの花壇だけで三千本もの花の植え替えを決めなければならない！　それに加えて、この仕事はいかにチームワークが大切かを教えてくれたのもサロモンだった。統率力があり、威張ることなく指示を与え、恩着せがましくなく仕事を任せていた。

私は、自分がこの仕事に向いていないどころか、好きになっていることに気づいて驚いた。初めて植え替えた木のことはよく覚えている。苗畑の木が何本か大きくなりすぎて、それらを引き抜き、一キロ先のジランドールの木立に植え替えなければならなかった。私は地上四メートルの高さのトラクターのゴンドラの中で、母親が子どもを抱きしめるように巨木の幹を締めつける。これは私にとって一つの勝利だった。数年前の農業高校時代の私なら、幹を動かすことさえできなかっただろう。

それを機に、私は生まれ変わった。私の数ある欠陥の中には、生まれつきの若はげや歯並びの悪さ、猫背、やや反応の悪い脳がある。両親はさぞや悩んだことだろう。おかげで私は歯科矯正器具をつけさせられて、ひどく痛い思いをした。また、外股で歩くのも癖だった。兄や姉たちは私の歩き方を馬鹿にしたのだが、サロモンは私に「露の蓋」というあだ名をつける。私の歩き方は、露で湿っている草を平らにするからだという。家では「牛の糞」だった私が、ヴェルサイユでは「露の蓋」だ。ヴェルサイユが私を変え、私を魅了し、そして私は好きになった。場所が人を作るのだ。

見習い時代と切り離せない出来事が一つある。ロマンチックで個人的なことだが、私の仕事には欠かせない。当時の私は恋愛面で悩んでいた。コンプレックスがあったうえに非常な恥ずかしがり屋だった私は、それでも女の子を誘惑したいと思うようになったのだが、奥手なので悶々としていた。そんな私だったから、九月のある朝、城を背に右側にある北の花壇で、二十歳ぐらいの若い女性を見たときに興奮してしまう。髪は褐色で軽くカールしたセミロング、マロン色のティーシャツを着ていたのだが、なんと下はノーブラ、私のような若い男にとってはこれ以上刺激的なことはない。七〇年代はなんといい時代だったのだろう！　女性たちは解放の印にブラジャーを捨て、男たちはその主義主張に賛同した！　その後、この流行は過去のものになり、残念がっている者もいる……。私は女神を見つめ、私たちの視線が交叉する、この体験で私は何年もヴェルサイユに居着くことになる。

いや、彼女にまた会いたいと思ったのではない、奇妙なことに、彼女と目と目が合ったとき、私は初めてヴェルサイユの庭師として自分の居場所を見つけた気がしたのだ。その視線が私を何年にもわたってこの場所に固定させた、女性が初めて私を見つめてくれた。それだけで、私は自分を認めることができた。ヴェルサイユが私に欠けていたものを与えてくれた瞬間だった。この女性のことはずっと記憶にあり、現在でも、三百枚の写真の中からでも彼女をすぐに見分けることができる。

その頃の私は、秘かに進行する病気、ヴェルサイユ症候群の初期段階にかかっていた。ヴェルサイユに住むのは特権の一つであり、加えて、従業員用住居の中には大臣も真っ青になるほど立派な宿舎もある。フランス人は特典が好きで、宮殿の家に住め、おまけに家賃を払わなくていいとなれば、それだけで羨望の的になる。時代がかった壁や蛇口を見て職を受け入れた者も知っている。しかし、すぐに場所の魅力にはまり、興味は情熱に変わる。場所への情熱から歴史への情熱が芽生え、次いで威光への情熱、さらには権力への情熱になる。ここで病気が始まる。

患者はまず物理的な規準を失い、ヴェルサイユは世界の中心だと思うようになる。貴族の住む理想的な区域に住み、自分は運よくエリートに属していると思う。やがて病気が進行すると、患者は自己肥大妄想に陥って、自分は救世主の使命を授かっていると思い込み、そのうち威厳という言葉を濫用するようになる。現在形で王、とくにルイ十四世のことを話すようになり（女性の場合はマリー＝アントワネット）、こうなると深刻な精神異常に苛《さいな》まれ、王家の象徴であるユリの花を身に付け、女性の場合は首にスカーフを巻くようになる。そのあとの症状で多いのが、たとえ高貴な生まれでなくとも、君主時代の栄光を懐かしみ、自殺に走りそうなほど落胆する患者である。この病気は長い間発症しないケースも、症状が軽いこともあるが、患者が一旦正常心を欠くと、すべてを失うことになる。

一九七六年の秋は、私もそうなるところだった。私はただの庭師ではなく、ヴェルサイユの庭師だ。あの父でさえ、王党主義だったせいもあるが、初めて私を誇りにしているのを知り、嬉しかった。ラ・セル＝サン＝クルーの自動車修理工に、私がヴェルサイユで仕事をしているのは本当かと聞かれたときの勝利感！　公人が訪問する際のきらびやかな式典にも参加したが、そういうことには感動しなかった。そして女の子たちの変わったこと！　それまでは自分でもさえないと思い、彼女たちもそう思っていただろうが、それからは彼女たちを振り向かせるに足る決定打があった。私の仕事は彼女たちを感動させ、給料も充分、そしてとくに彼女たちの憧れの庭園があった。何という強み！　「さあお嬢さん、バラの花を見に行こう……」は使い古された作戦だが、私の場合、バラを植えたのは私だった。

思春期の間じゅうずっと期待していたこの視線、私へのこの注目を、ヴェルサイユのおかげでついに、山のように浴びるようになったのだ。それは私の身に余るものだった。当時の私は、庭園を美しくするために大それたことはしていなかった。上司の決定に従って管理していただけだったのだが、毎日公園にいるのは私で、観光客が写真を撮ったのも私、迷った人に道を教え、スカンジナヴィアの観光バスで来た人全員とポーズを取ったのも私、まさに「私、私、私」だった。

しかし私はただの見習いの庭師助手にすぎず、私の一日は王とは何の関係もなかった。起きるのは早朝で、七時十五分頃にコーヒーを飲みにオランジュリーの横の小さなビストロに行くと、そこには臨時雇いの監視員で大酒飲みの二人がのさばっていた。私たちはみんな、朝の時間を知る手がかりといったものを持っている。私の場合の目安は、この二人が飲み干す白ワインのグラスの数だった。彼らの一杯目で私はコーヒーを注文し、二杯目でコーヒーを飲み、三杯目で仕事に遅れないように急いで時間を調整した。七時半には大急ぎで仕事着をはおり、寒いときは母からもらった手袋のミトンをはめた。十時になるともう眠くなり、いつも自分から進んで葉っぱを公園の奥に運び、トラクターのハンドルにうつ伏せになって十五分ほど仮眠し、額にくっきり跡がついたものだった。

その頃の庭師はくたくたに疲れる仕事で、花屋よりは土方……男の仕事とされても驚くにあたらず、力仕事だった。熊手で枯葉を集めたあと、トラクターまで持ち上げなければならず、それが九月から三月までの毎日だった。木が倒れると、切り倒すのは私たちで、運ぶのも私たち、現在はトラクター・ショベルがやってくれる。庭師の世界は長い間男の世界だったのだが、その代わり、壁にはきれいな女性のヌードカレンダーが飾られていた。もう一つの大きな進歩は、ヌードカレンダーから女性が消え、職場に現れたことだ。一九七六年は、私たちは男だけでせっせと働き、一日が終わり、とくに、同僚が私に手ほどきをすると言ってサン＝ラザール駅の映画館シネヴォグへ連れ出された夜は、疲れ果てていた。

そのあとは早すぎた。五年もしないうちに、私は男としての人生の階段をすべて上った。キャシィに、私が住むオランジュリーの住居の素晴らしさを吹聴して憧れさせると、彼女はすぐに私のところに来た。若気の至り！　両親の足枷から解放されたと思ったら、すぐに結婚生活の束縛に締め付けられるようになる。私の部屋は、ヴェルサイユにあってもヴェルサイユと言うにはほど遠く、寝室兼居間の一部屋は一人でさえ狭いのに、二人には狭すぎ、家族が増えるとなおさらだ。セバスチャンが生まれたのは、私が二十三歳になったばかりの頃、ジュスティーヌは五年後だ。悩める思春期を抜け出したばかりの私が、一家の長だ。あとになって、何も考えずに行動した私たちの無謀さにはあきれるのだが、裏を返すと、それだけ責任というものに憧れていたのだろう。

同時期に、いろいろな競技試験を受け始め、まずはモザイク模様の庭師になる。柘植の枝を刈り込んでデザインし、ルイ十四世お抱えの著名な庭師でヴェルサイユの庭園を作ったル・ノートル（一六一三－一七〇〇）が考案した唐草模様の形にするのだ。現場の職長になった私は大喜び、作業員全員を知るのもさることながら、一部の区画をデザインできるのが何より嬉しかった。私は北花壇を任される。ヴェルサイユに来て二年が経ち、何の変哲もないここの芝生にはうんざりしていた。短く刈られた芝と短いベゴニアがだらだら続くだけで、この公園にふさわしくないように思えた。少しずつ、私は野原に咲くような新しい花を持ってくる。私にとって公園は生きている場所、花がただそこに咲いているだけでは駄目なのだ。

幸いにも兵役を回避できた私は、一九八一年、勢いに乗って庭師補佐の試験に通り、しかも一番で受かったことから、わけなくヴェルサイユに配属されることになる。それも不思議な縁で、公職の試験だった。国が、もっと正確にいうと文化省が、退職者による欠員や必要に応じてポストを割り当てるのだ。その後あまり間を置かずに、もっとも若いヴェルサイユの庭師長になったことから、私はすぐに嫉妬や羨望の的になり、今まで以上に妨害されることになる。

ヴェルサイユ庭園の管理運営は中小企業と比較できる。八百五十ヘクタールの敷地で百人以上が働くのだから、本当の国有財産だ。多くの手入れが要求され、そのぶん心配も多い！　毎日、新しい工事を決断し、各地から来る多くの作業員の仕事を割り振りしなければならない。職長、庭師、見習い、労働を命じられた受刑者、一般企業の従業員などだ。私には庭園をきちんとして人様に見せる義務がある。つまり、観光客と庭園の魅力の双方を尊重しなければならない。

危険なのは、この場所を宮殿の付属物にして、庭園に「ガラスをかぶせ」、座ることも、ピクニックも、草一本にも触れさせないようにすることだ。私は逆に、この庭園を生活の場にし、人々が歴史を求めて来るのと同じように外の空気を吸い、スポーツや散歩のために来られるようにしたい。それに、ヴェルサイユはつねに首都パリの「緑地」だった。かつてはルイ十三世が狩猟に訪れ、現在も都会人が自然に触れるためにやってくる。

私がいちばん自慢したいのは、この場所の本当の美しさを保てるようになったことだ。庭園を訪れた人たちは、野原のように高く生い茂った芝生の上を歩きながら、この美しさを保つのにどれほど大変な手入れがされているかに気づいていない。トリアノン周辺の芝生が一般に開放されたのも、私が勝ち取った大きな改革の一つだ。そこを訪れた人が、次の日に草の匂いや映像を感動的に思い出すとしたら、私の使命は成功したことになる。

私はここで三十年も働いているが、それでもすべての植物の状態をつねに頭に入れておくには広すぎる。花は毎年、何千本と植えられ、他に並木の木が一万八千本、木立の木に至っては約三十五万本もある。私たちは、帽子に髭と前掛け姿で、毎朝、自分で植えたバラの花束を摘みに行くような、風情のある庭師とはほど遠い。この仕事もすっかり変わった。例えば私の先任者はもっと現場に出ていた。現在はより名誉職の様相を呈し、ファックスのあとにパソコンが登場し、秘書や公用車をあてがわれ、つまりすっかり現代的になったのだが、その代わり私に言わせると、行政の手続き上の仕事が異常なほど増えている。

現代の庭園にも、旧約聖書『出エジプト記』にある「七つの災い」はあり、例えば私たちはつねにあらゆる種類の昆虫と闘わなければならない。私は最大限に自然の方法で解決し、鳥が死ぬような駆除剤や殺虫剤は使わないようにしている。環境保護は私たちの中心問題だ。宮殿の人たちが美術館、つまり「静止」した場所を守るのが使命なら、私たち庭園のスタッフの仕事は庭園の健康状態や魂を生きたものにしておくことである。木々の保存は最優先事項になった。数年前までは、樹齢三百年の木の伐採はまだ普通に行われていた。現在は逆で、私たちは古い大木の保護に目を光らせている。

現在、最年長樹齢を誇る三本は、グラン・トリアノンの近くにある樹齢約三百六十一年の巨大な楢の木と、ルイ十五世の治世の終盤に植えられた日本のエンジュ、そして王妃の村里にある「革命のプラタナス」だ。これらに加えて、ルイ十四世時代の木が二、三本、ルイ十五世時代が四、五本、ルイ十六世時代の木が十本ほどある。私の先任者たちが伐採していなかったら、この数字は二倍になっただろう……が、私は考えないようにしている。時勢に合わせただけの人を恨んでも仕方がない。当時は無駄と「近代化」の時代だった。

同じように、私たちは数年前から、見かけで負けてもより本物の花を植え直すようにしている。花の中でもとくにバラは改良に次ぐ改良で、匂いをすっかり失った。絵に描いたような花ではあるが、感動はどこかへ去ってしまった。見かけはコンパスでデザインしたように完璧だが、香りがしない。私にとって匂いのない庭は忘れられる運命にある。それゆえ私たちは、これら味気ないバラの代わりに、野の花を思わせる薄紅色の小バラを選んだ。その意味で、私の仕事は昔とは根本的に違っている。ルイ十六世の庭師リシャールは、ヴェルサイユで初めて育てたシネラリアを王妃に見せ、それから約二百五十年後、私は宮殿管理責任者のクリスティーヌ・アルバネル文化大臣に、バラ栽培会社メイアン［フランスの国際的な園芸育種会社］が創作した新しい品種のバラを見せて自慢する。プティ・トリアノンにちなんで愛をテーマに着想されたもので、甘美な香りを放つ。ついに匂いのするバラが戻ってきたのである。

もう一つの現代の「災い」で、しかしもっとも悩ましいのは、観光バスである。芝生を踏みつける子どもがいれば、もっと信じられないことに、植物を盗むおばあさんたちがいる。しかし私は高齢者の観光バスが大好きだ。妻業を卒業したご夫人たちは着飾って、髪を派手に染め、顔には白粉を塗りたくっている。彼女たちはぺちゃくちゃお喋りしながら列を引っぱり、後尾を何人かの男性が歩き、たいていは妻を亡くして元気がない。陽気な未亡人たちは略奪の女王だ。植物の匂いを嗅ぎ、あれこれ言ってうっとりし、最後に一瞥して、苗を丸ごと乱暴に引っこ抜く。しかし何が言えるだろう？　二度の戦争を体験したと言われたら、何ができるだろう？　八十八歳のおばあさんに、とてもお説教などはできない。私にはそんな勇気はない。小さな子どもが公園で摘んだ花束を、嬉しそうに母親に持っていくのを見るときもそうだ。

最後に、もちろん「その日の問題」がある。私の好きな仕事の部類だ。日々つねに何かしら修理や救助、きれいにしなければならないことがある。水もれや、金網の修理、花壇の補充などである。これらは小さなことだが、公園の状態や美しさがかかっている。それに、小さな事件が日常的にある。恋人同士の密会はもちろん、事件性のある密売や、盗みもよくある。こういった見回りは私の義務ではないのだが、庭園のことなら熟知しているし、私には冒険のセンスがある。子どもが迷子になった？　私は助けに行く。公園には迷ったり、隠れたりできる場所はそれほどなく、三十年間のヴェルサイユ生活で、私は知り尽くしている。

滅多に対応を間違わないのは、たぶん経験だろうが、いちばんは好奇心だ。私はつねに目を光らせている。よい庭師は、公園からの無言のサインをすべて分析するのが習慣だ。私の事務室は大きなガラス窓に面しており、他にやらなければいけないことがあっても見張っている。これが二〇〇六年現在の、ヴェルサイユの庭師の生活だ。

私の一日は、悲しいかな、企業主に似ている。本当は花壇をデザインしたり、古い木の世話をしたり、植え付けの計画を立てることのほうが好きなのだが、しかし、注文して管理し、数十万ユーロの予算を運用することが最重要課題で、私の日程表は決まってしまう。朝早く起きる私は、まずは温室を担当する庭師のところへ顔を出すのが日課である。もちろん励ますためだが、情報も得るためだ。私は彼らのほうが、外部のさまざまな専門家より事情に通じていると思っている。後者はくだらない報告書を提出して大金をむしり取ることしか考えていない。午前中は、これらの報告書を読むことと、それに付随した面倒な仕事に費やす。行政上必要な書類は年々異常なほど厚くなってきた。私たちに課せられた安全上の馬鹿げた規律の他に、申請書一通が大河小説のように長くなった。臨時職員を一人雇うのに四十頁も書かなければならない。

行政側とはつねに喧嘩だ。ヴェルサイユは他の国有庭園と同じように、文化省の管轄である。ところがこの文化省は、稀な例外を除き、サーカスや劇場のほうにウエイトを置いて、責任者しか募集しない！　それが証拠に、八〇年代後半、役職の肩書きがすべて変わり、何にでも「アート」という言葉をつけなければならなくなった！　ル・ノートルは庭師長だったが、その才能を疑う者は誰もいなかった。庭は最近でこそ注目されてきたが、文化としてはもちろんそれほど「粋」ではない。文化省のお役人はついに園芸の才能を持つに至ったようだ。私はこの仕事がアートの分野に入るかどうかの確信はない。私に言わせると、アートというよりは生活術、よりよく生きるための術である。その結果、私をはじめ多くの職員が義務的に再試験を受け、めでたく「アート技能者」になった。そして現在、ヴェルサイユには庭師は一人もいない。

午後は少し変化がある。私は事務室を出てさまざまな工事の進行具合を見に行く。中には年単位の大工事ももちろんある。九月には花壇を見に行き、花の咲いていない植物はどれで、逆にまだ咲いているのは何かを確認し、共同事業者とともに翌年のデザインを決定する。一月に計画を見直し、四月にすべてが決まる。数年前から、ルイ十四世時代からオレンジの木以外は使われていなかった鉢植えを再び始めた。このアイデアは私の自慢で、公園での車両通行を禁止にしたアイデアもそうだ。確かに、最終的に決定するのは私ではないが、この件に関しては十五年以上、上司に口うるさく言ってきたと思っている。以来、歩行者のみになった公園はきれいに、より安全になり、動物たちも戻り始めた。車による公害は多岐にわたっていた。動物の死、事故、露出狂、そしてドラッグの密売は、今やほとんどが過去のものになった。夜は、愛犬のシェパードと一緒に最後の巡回に出る。その日や翌日の仕事を念頭に、日によって見て回るところはさまざまだ。そして夜の十時頃に再び事務室に戻り、大きなガラス窓から眠りについた公園を眺めながら、書きものなどの自分の仕事に取りかかる。ヴェルサイユに住んでいると、自分の仕事と人生を混同しがちになる。この仕事を天職とは思っていなかった私だが、しかし現在は情熱を抱いている。

第4章　過去への旅

「好奇心に満ち、学識豊かな大地の民よ、あなた方が招かれたのは魅力あふれる王の家、そこであなた方は古代と新しいローマをご覧になるだろう。かつて世界が持っていた美と驚きのすべてをご覧になるだろう」とは、ルイ十四世の修史官としてジャン・ラシーヌの先任だったルイ・モレの言葉である。十七世紀は「大世紀」と言われているが、確かに、この仰々しい表現がそれを証明している。自信に満ちたこの世紀は、言葉も過激さも恐れてはいなかった。世界の中心はヴェルサイユだった。

威光に満ちた古典的なスタイルは、私の性格にもこの仕事にもそぐわない。ラ・フォンテーヌの寓話に、牛のように大きくなろうとして腹を破裂させたカエルの話があるが、私はカエルにだけはなりたくないと思っている。皆さんはどうだろう？　庭師はどう見てもラ・フォンテーヌ側、自然相手の小さい人間にしかなれない。過去の作家で誰と知り合いになりたかったかを考えると、大世紀で気が合うとしたら『寓話集』のラ・フォンテーヌだろう、劇作家のモリエールもそうかもしれない。私が見せたいヴェルサイユは、偉大でも気取ってもおらず、そちらは歴史家や学芸員に喜んでお任せする。私がこの本で話したいのは、シンプルで私的で、おそらくは誰も知らない、一人の庭師のヴェルサイユである。

この場所は元もと、豪華絢爛さとはほど遠いところだった。すべてはやはり庭、いやむしろ林から始まる。時は一六〇七年、ルイ十三世は六歳で、父王とともに獲物が多いと言われるこの地へ初めて狩猟に来る。林とヒースが生える地は領主が所有する部外者禁猟区、あらゆる種類の動物たちがいた。当時、狩猟は技術であると同時に必要なもの、王自身も例外ではなかった。もちろん、君主は生活の心配などないのだが、狩猟は完成された男性、つまり貴族なら誰でも精通すべき才能の一つだった。というのも、狩猟をするのは貴族で、平民がするのは密猟だったから。ともかく十七世紀の初頭は、ヴェルサイユの狭い路地で犬笛が響き、獲物が追われ、狩り出されていた。

私は狩猟をする人をまったく評価していない。とくに現代の狩猟は哀れな動物を一方的に虐殺するもので、野蛮な趣味だと思っている。かつては生き残りの問題だったとしても、現在は「残忍な」と形容したほうがよさそうだ。とはいっても、狩猟用語には時代を感じさせるものがあり、心が動かされる。姫野雁《ひめのがん》、小紋鵪鴣《こもんしゃこ》、野雁《のがん》、砂鼠《すなねずみ》などという呼び名は、もちろん動物の名前だが、ヴェルサイユが生まれた中世の田舎、失われた世界を思い起こさせてくれる。

その頃のヴェルサイユはどこにでもある大きな村の一つで、領主の館と小修道院、ごく普通のパン焼き釜と粉挽き場、そして裁判を行う場として楡《にれ》の木があるだけだった。特別に素晴らしい場所ではまったくなかったのだが、たぶん、立地がよかったのだろう。ブルターニュやノルマンディーからの道程に位置し、旅人にとってはパリの前の最後の宿場、五軒あった宿屋は満員のことが多かった。さらに当時からすでに、パリの住人にとっては自然が楽しめる場所でもあった。とくにパリの左岸からは林まで簡単に来られた。

ここで初めて狩りをしたのはアンリ四世（一五五三－一六一〇）で、定期的に狩猟に来ている。この王は宮廷での取り決めなど気にしない自由な精神の持ち主で、礼儀作法も後のルイ十四世時代ほど重いものではなかった。それもあってアンリ四世は伴も連れず、お忍びでヴェルサイユへ行き、宿屋で夕食を取った。城を建てたところで何になる？　フランソワ一世（一四九四－一五四七）はロワール河沿いに無駄な城をいくつも建てたが、パリには古いルーヴル宮があれば充分だ。私はいろいろと調べて確認したのだが、君主制は絶えず人心を惑わせ、ある人民の恨みを掻き立てれば、別の人民からは熱烈に信奉された。

いずれにしろ、これまでのすべての王朝の中で、現在もフランス人が一致して認めているのは、私の考えではアンリ四世だけだ。「良王アンリ」は、どんな時代にあっても学校の授業では必ず取りあげられ、今なお「フランスとナヴァール王国［この王国の王子として生まれる］」の人民の心をとらえている。ド・ゴールやナポレオンでさえ、これほどの偉業は成しえなかった。後者の二人の偉人には敵対者がおり、少なくとも妬みを抱く者がいるのだが、アンリ四世にはいない。フランスの歴史で誹謗中傷されない人物は、人気のあるこの王だけだ。嫌っていたのは、王を暗殺したラヴァイヤックしかいなかったようだ。

それほど評判のいい王だったにも関わらず、良王アンリは建築狂ではなく、宿屋のほうを好んだ。

王はここへ一人で、狩りをするために来たのだが、私の想像ではまた、女性を誘惑するために来たとも思っている。「女たらしの老人」というあだ名もあった良王にとって、田舎の保養地ほどいい場所があっただろうか？　そこでなら王は、愛しいと思った獲物は人間の女も含めてすべて味わえる……。息子は父を見習うというが、数年後、ヴェルサイユの女たちがすれ違うのが若き王ルイ十三世だ。ヴェルサイユの神話は林の中にひっそりとうずくまっている！

私はあまりにもヴェルサイユは恵まれない場所だったという話を読み、聞きもした。人間は矛盾する愛が好きだ。何もないところから最高の愛が生まれることを望み、世界でもっとも美しい場所の一つがかつては砂漠だったという話が魅力的なのは、私も理解できる。しかし、それは間違いだ！ルイ十四世は城の創造主だったかもしれないが、先任の王たちはそうではなかった。川に恵まれていなかったのは本当としても（そこから巨大なグラン・カナルが建設され、噴水への供給の問題も説明できる）、何より獲物が多く、耕地に適した豊かな土地で（当時の耕作は人工的な灌漑をまったく使わなかった）、そしてパリに近かった。私の考えでは、狩猟とパリに近かったことが決定的な要因だったと思う。

私は、現在とは比べものにならない野性的なヴェルサイユを想像しては楽しんでいる。暴風雨の際に伐採した木々の置き場になった庭園の奥では、この野性的なヴェルサイユを感じることがある。林が生い茂って湿気のある林が、少し不気味な未知の音でざわざわし、乾いた音を立てている。林が生きて、魂を持ち、そこに存在しているようだ。私は林を保存し、その場所の魂を感じられるよう、できる限りのことをしている。車の往来を禁止したことで、動物たちが戻ってきた。現在では、散策者が注意して音を立てないでいると、雉子を見たり、怯えたウサギと目と目が合ったりする。王妃の村里の職員は、暴風雨の少しあとに二羽目の白鳥が飛来し、ここが気に入っているようだと得意になっている。

かつての野性的なヴェルサイユを私はいたく気に入っているのだが、束の間だったのも確かである。ほどなく、時の賢者たちは王が宿屋で寝るのはふさわしくないと判断したのである。狩猟遊びだけは絶対に諦めたくなかったルイ十三世は、土地を「買う」決心をする。とはいえ、その頃の王の我が儘はいたって謙虚、まずは領主の大きめの部外者禁猟区を一区画購入し、小さな城を建てさせる。その中庭は現在の大理石の中庭に当たる。ルイ十三世は、動物にたとえるとリスのような小食タイプで、隣接する区画を少しずつ、齧《かじ》るように購入し、一六三二年までに領主の諸権利を取得する。

王は支配的な地位とはいえ、地方の領主との関係では必ずしも力のある地位ではない。フロンドの乱［貴族の反乱。一六四八－一六五三］が起こる前のこの時代、貴族にも発言力があり、王の権力は絶対的なものではなかった。領主の諸権利の取得は封建制ではとくに重要で、というのも以降、地所は王家のものになるからだ。例えば裁判は、ただの裁判官ではなく、国王代官によって直々に行われる。さらに、開封特許状によって領土が解放され、週一回の市や、年三回の定期市に税金はかからない。厳しい（そして吝嗇《りんしょく》家《か》の）宰相リシュリューが睨みをきかせる時代にあっては稀な特権である。

村は豊かになり、住民は七千人近くになる。そのうえ、城の拡張によって繁栄も維持される。今や青味を帯びたスレート屋根とピンクのレンガの建物が建ち、側面を長い翼棟が固め、後尾に小館が建っている。庭園が整備され、元の領主の館が壊されて王室菜園になる。最後に犬舎とポーム場［ポームはテニスの前身の競技］、離れたところに王室の鹿を飼育する囲いが設けられる。ただし、菜園と狩猟場はあっても全体でわずか三ヘクタール、華やかなところはまったくない。ヴェルサイユは王にとって快適に息抜きできる場所であればよく、現在の不動産広告なら「パリ近郊の快適な田舎家」というところだろうか……。

領地は公式なものではなく、たぶんそれがルイ十三世の心をとらえたのだろう。王の主な住まいは、ルーヴル宮は当然として、ヴァンセーヌの敷地内と、サン＝ジェルマン＝アン＝レイ城もあり、王はそこで一六四三年に亡くなっている。私的な生活と自由を愛した王は、フランス王の城ではない自分の城でくつろぎを見いだしていたのである。この私的な生活の探求こそ、私の考えでは、ヴェルサイユの鍵である。私的さと豪華さ、この相反する二つの面がヴェルサイユの基本となる個性であり、他では見られないものだ。

すべては見ればわかる。王たちがヴェルサイユへ来るのは自己の姿を示すため、あるいは隠すためである。ルイ十四世は自分の偉大さを城に反映させ、絶えず追加して、変えている。ルイ十五世の治世になると、城の中の住居部分は狭められ、より私的な空間に戻っている。瀟洒《しょうしゃ》な部屋が整備され、例えば鏡の間は、鏡をはめ込んだ引き戸式の仕切りが光の反射をさまざまに変化させせながら、外部とは完全に隔離できるようになっている。

同じくルイ十五世は地下網を使って、欲望の赴くまま現れては消えている。王は不躾な視線から逃げることも、挑発することもできたのだ。数年後、マリー＝アントワネットはここで孤独を守る方法を探している。確かに、太陽王に代表される豪華さは一面の闇の中に埋もれ、現在はほとんど忘れられている。そしておそらく私が好きなのは、隠れ家としての、余暇や孤独の場としてのヴェルサイユで、これもまたヴェルサイユなのだった。

さてルイ十三世に戻ろう。十三世の死で、ヴェルサイユは最初の眠りに落ちる。村も城も忘れられてしまうのだ。摂政となった母后アンヌ・ドートリッシュと相談役のマザランはパリしか好きになれず、権力の中枢部は豪華で洗練されたテュブッフ邸［現在の国立図書館］や、のちのパレ・ロワイヤルに置かれる。ヴェルサイユは例外的な場所であり、しかし中途半端ということはまったくなく、すべてか、でなければ無。ルイ十三世の死から、ルイ十四世が「大工事」を始めるまで二十年もの年月がある。その間、ヴェルサイユが眠りから覚めることはなく、フロンドの乱の噂さえ届かない。しかし、若きルイ十四世は貴族たちの反乱で首都に嫌気がさし、絶えず距離を置こうとする。ルイ十四世が選んだのが、父王が足繁く狩猟に通った小さな城だった。

ルイ十四世の性格についてはあまり知られていない。たぶん、偉大な君主や偉人に限っては、心理的な部分で非難するのは避けるものなのだろう。王はけちで食いしん坊で怠慢だったと言う言葉ほど王を貶めるものはない。当時の宮廷生活を辛辣かつ鋭く書き留めたルイ・シモン公爵でさえ、偉大な王の側面を切り込むには至っていない。私はルイ十四世の肖像画を時間をかけて見つめ、観察してみたのだが、何も訴えてこない。大きな鬘《かつら》と、片足を前に出したポーズで何を言いたいのだろう？　謎である！　何一つ透けてこない。誇大妄想であるようにも見えない。いずれにしろ、乳母のピエレット・デュフールが毎晩、王の額にキスをしたという話を想像するのは難しい。

ルイ十四世のことがやっと少し理解できるようになったのは、ヴェルサイユの石や、庭園の影像からである。あまりに早く父を奪われたこの王は（ルイ十四世五歳のとき）、子ども時代から父の城で面影を探したはずだと、私は想像する。それで城を好きになり始め、変えたいと思うようになったのだ。

ルイ十四世が城の改修を決めたとき、最初から壮大な計画を抱いていたのだろうか？　私はそうは思わない。十四世は初めての勝利を味わったところだ。財務官フーケに対して激怒した話はよく知られている。ヴォー＝ル＝ヴィコント城で君主のために豪華な祝典を開いたフーケは、その驕りと卑屈な態度の代償として財産を没収され、終身刑になっている。このときルイ十四世が取った行動は、一般には暴君の怒りと解釈されているが、私はそうではなく、政府が機能していなかったからだと思っている。

王の独裁を否定するつもりは毛頭ないが、一六六一年のルイ十四世は二十五歳にもなっていない。ただの若気の怒り、それだけだ。面白いのは、この一件で王が初めて服従されたことだ。王が初めて裁判の決定に直接口を出したのである。実質的な宰相だったマザランが死んだばかりで、財務官をいとも簡単に投獄できたことに、若きルイ十四世は驚いたに違いない。おそらくその瞬間、権力が好きになったはずだ……。

いずれにしろ、こうしてフーケの厖大な財産を手に入れただけでなく、ヴォー＝ル＝ヴィコント城の建設に携わった偉大なトリオ、庭師のル・ノートル、建築家のル・ヴォー、画家のル・ブランをも従えることになる。王はこの三人に、サン＝ジェルマン城やテュイルリー城に執拗なほどの工事をしたい放題にさせる。当初のヴェルサイユは王にとっては隠れ家で、その頃の愛人、ルイーズ・ド・ラ・ヴァリエールと、青と赤の仕着せを着た数人のお伴を連れて避難するところだった。ヴェルサイユは私的な場として復活したのである。

その頃に行われた工事を見るとよくわかる。ル・ノートルは庭園を整備し、ル・ヴォーは最初のオランジュリー［オレンジの温室］と動物園の工事に取りかかる。王の秘かな愛をかくまうための豪華さはないが、砂糖とオレンジの甘味、乳があって、動物がいれば、まさにノアの箱船だ！　パリの住民の辛辣さ、貴族たちの皮肉、財務総監コルベールの重苦しい忠告に直面して、ルイ十四世は想像の世界を形にするように、夢の場としてのヴェルサイユを建設させる。古典文化にどっぷり浸り、ダンスとイタリア絵画を愛した王は、教え込まれたこれらの美に命を与えたいと思う。それゆえ、王が選んだのはまず何よりも神話のシーン、古い伝説の舞台となったのは木立や庭で、役者は彫像だ。私も子どもの頃、祖父の庭を死の谷の舞台にして、五百人のインディアン、コマンチ族と闘って勝利の雄叫びをあげたものだった。幼いルイは、ギリシャ神話でケンタウロス族を一刀両断にしたヘラクレスになったつもりでいたに違いない……。

しかし、君主は強い意志と、とくに想像の世界に現実をもたらす可能性を持ち合わせていた。こうしてルイーズ・ド・ラ・ヴァリエールへの愛がテティスのグロット［洞窟ふうの東屋］になった。ここではアポロンがニンフの群や海の精ガラティアに仕えられているのだが、王の想いをこれ以上に表現したものがあるだろうか？　そこから誇大妄想が始まる。王は唯美主義から創造主になるのである。王の空想が素晴らしい現実となり、静かな隠れ家だったヴェルサイユは、私たちの知る堂々とした宮殿になった。

　ヴェルサイユでならばすべてが可能な時代が始まる。地所に小さな川が流れている？　王の城ともなれば橋も水も噴水もなければならない！　ルイ十四世の治世下、ヴェルサイユの工事現場は巨人と呼ぶにふさわしいものだった。五年もたたずに着工したグラン・カナルの建設は、自然に挑戦し、支配しようとする王の意志の絶頂期だ。三万六千人以上の季節労働者がグラン・カナルと庭園、城の建設現場で働いた。毎日、警戒怠りない王の目の前で、病気や墜落、疲労で男たちが亡くなっている。王は自分の作品群を見つめながら「朕は己と宇宙の支配者である」と、誇らかに考えたことだろう。このうぬぼれは何があっても揺らぐことはなく、ある日、前日に運河で息子を亡くした哀れな女性が王を罵りに来ても動じない。その女性が見返りに受けたのは棒でのめった打ち、ルイ十四世ができうる限りの慈悲だった。いずれにせよ、フーケに課せられた懲罰に比べると、棒で殴られるのは最小限の痛みか……。

　事業はファラオ並みだ。トリアノンのあと、クラニー、グラティニィ、ショワジィ＝オー＝ブフの村々が王によって買収され、村全体、農家も小修道院も壊された。最後に、城を取り囲む林、鹿の園が購入されたのが一六九四年。王の所有地の建設は国外制覇並みの規模で行われ、拡張に継ぐ拡張、村の住民たちは王の軍隊や、工事の労働者や職人によって追い払われ、やむなく村を後にする。労働者たちは、北はベル＝エールの狭い宿にすし詰め状態、南は働き手の出身地の名から取ったリモージュ・ホテルに泊まった。彼らは飢饉が猛威をふるったリムーザン地方から逃れてヴェルサイユへ来たのだった。

工事で多くの命が失われたのは確かだが、結局はより多くの人に生きる手だてを与えた。粉挽き場や、石膏や石灰のパン焼き釜がどんどん作られて増え、その結果、地域は目に見えて豊かになり、人口も顕著に増加する。この種の数値にはばらつきがあるのを考慮しても、住人の数は一七八〇年代まで増え続けていることは確認できる。大革命の前夜、狩猟の宿場にいた人の数は七万人。この数字は、比較する要素として挙げると、一九一四年になるまで達していない。さらに言うと、どの地方も工事の恩恵を受ける。ピレネー地方の大理石、ゴブラン地方のタペストリー、タンプルの工場のガラス、国家の才がすべてヴェルサイユに請われて駆り出され、そこで最高の技を発揮する。大聖堂の建設以来、フランスでこれほどの工事が行われたことはなかった。経済的な視点からも、ヴェルサイユはすでに成功している。

政治もほどなく追従し、城は徐々に権力の場になっていく。国務卿たちは二棟の閣僚の翼棟に居を定め、一六七九年に完成したグラン・カナルの上を王の船団のミニチュア軍艦が行き交う。こうして王は海戦で男たちが死ぬのを見物できるというわけだ。君主が国家と混同されるのと同じように、ヴェルサイユは王国と混同され、おのずと国の活力がすべて集中され、いや少なくともそのように見せなければならない。王の熱狂的な振る舞いから街は王都になり、権力もそこに集中する。勅許状によって、街で建設する者すべてに税制面で多大な優遇が図られる。

こうなると、王の行政府は近郊に設置するに限るとなり、のちにワシントンを建設したフランス生まれのアメリカ人建築家ランファンが、前代未聞の工事をやってのけ、街全体を建設する。さらに勅許状は建築物の形状まで統制する。低い建物（城より高いのも、景観を損なうのも駄目）にする、外装面はレンガにする、屋根はスレートのマンサード屋根［屋根裏がある］にする。歴史家はこれを絶対君主と言うが、私は個人的には、旧態依然とした言葉にしても、全体主義まで行くと思う。君主は人民の心の奥底までは探りえないにしても、しかし他のすべてを支配している。

とはいえ治世の当初は、自分の権力を神の権威と同じくするのにかなり苦労した。結果、城を建設するために神との境界は取り壊され、城にも礼拝所はずっとなかった。地所内に教会ではなく、小さな礼拝所が建設されるのはやっと最晩年になってからだ。王のこの決断は、その頃の愛妾で信心深いマントノン夫人の影響と、自身が病気で死が近いことを感じていたから、と考えても不思議ではない。

世界はヴェルサイユゆえ、王が支配するのは世界であり、地球上のあちこちから珍しい植物や動物が取り寄せられる。時あたかも凝りに凝った洗練さと色事の世紀、調和と美が、庭師ル・ノートルと助手たちの描く設計図の指針となる。宮廷の心をとらえるには、この凝りに凝った洗練さで仕えるのがいちばんだ！　美学による支配、ルイ十四世治世下のもっとも大きな業績の一つは、おそらくこれだろう。

それを示しているのが、書簡作家として有名なセヴィニエ侯爵夫人（一六二六－一六九六）の姿勢である。勇敢な夫人は、とくに未亡人の立場を楽しむようになってから、従順とは言いがたいタイプになった。グラン・カナルの建設に際しては、歯に衣着せずに言及する。夫人は従兄ビュシィ＝ラビュタン伯爵（一六一八－一六九三）への書簡の中で、「労働者たちの異常なほどの死亡率、毎晩、オテル＝デューなどから、死者でいっぱいの荷車が運ばれています。一六七八年十月十二日」と書き、王の強情さと工事の遅れを引き合いに、ヴェルサイユの地所を「価値のないお気に入り」と名づけている。自慢の従兄はその返信に、皮肉ではなく「ヴェルサイユに莫大なお金を注ぎ込んで、もし人が住めなくなったら、それこそ不思議な不幸でしょう。一六七八年十月十四日」と答えている。貴族にはまだ発言力があり、王の常軌を逸した行動や、おとぎ話のような城を嘲り続け、どうせ失敗すると思っていた。ところが五年後になると違ってくる。セヴィニエ夫人はギトー伯爵への手紙にこう書いているのだ。

「ヴェルサイユから戻ってきたところでございます。向こうで美しい住居を見て、魅了されております。もし小説で読んだのなら、スペインの城だと思ったことでございましょう。私はこの目で見て、手で触れてまいりました。この上ない喜びでございます。まさに自由で、私が考えておりましたものとはまったく違います。すべてが大きく、すべてが素晴らしく、音楽とダンスはこの上なく見事でございました。私が専念いたしましたのはこの二つでございまして、おかげさまで宮廷参上でのお覚えめでたく、どちらにも私には少し適性があるようでございます。中でも、私がこの上なく気に入りましたのは、君主とたっぷり四時間ご一緒でき、ともに喜びに浸れたことでございます。主君を情熱的に愛する王国全体を満足させるには、それで充分でございましょう。どなたにこの考えが浮かんだのかはわかりませぬが、しかし、この方に神のご加護がありますように！　一六八三年二月十二日」

庭園は権力を行使するのに最高の手段である。この庭園で誰が声を荒げたいと思うだろう？　あまりの美しさに沈黙し、敬意を表さずにはいられない。自分の庭園を愛するルイ十四世が絶えず美しくさせているからなおさらだ。最初の作業はル・ノートルで、王を称え、その時代の憧れを自然の中に刻みつける。当時は何が憧れだったのだろう？　明らかに古代である。アポロンと、四人のニンフ、海の精のガラティアとテティスが王に仕え、同じく光と植物、花火など、いわゆる四大元素が、王のお出ましのたび、そして一六七四年から一六八四年の大祝宴のたびに呼び出される。工事は絶えず行われ、終了するかしないうちに、テティスのグロットの装飾が修正される。

そのときの王は、新しいニンフ、モンテスパン夫人の考えに動かされており、ガラティアの像はもう登場しない。またもや、地所は隅々に至るまで王のイメージを反映することになる。ル・ノートルが亡くなってもこの拡張に歯止めはかからない。後任の建築家アルドゥアン・マンサール（一六四六－一七〇八）があとを引き継ぎ、城のイメージそのままに庭園を建設する。植物からなる庭園は石の城とうり二つ、都会ふうになる。散歩道に代わって階段が作られ、その代表が、オランジュリーとスイス人の池へと導く有名な百段の階段だ。木立も都会、踊りの間の木立やコロナードの列柱は城の部屋を思わせる。庭園は城と同じように理想的な都市、線と幾何学の法則に従って建設される。そこに王が世界じゅうから取り寄せた珍しい動物や植物が加わり、腕のある庭師ラ・カンティニが維持管理に骨を折る。コリントのイチジクやぶどう、イル＝ド＝フランスにオレンジの木を育てたのは奇跡だ！　自然に打ち勝ったことに全員が大喜びをする。

そして一六八二年、宮廷がヴェルサイユに定着したことで、自分で自分の首を絞めることになる。称賛や賛辞の言葉は王の死まで引きも切らず、国王が通るだけでオーラがすべてをさらっていくようだ。才能もしかり、あのラシーヌは王の修史官になるために愛する女性を捨てる。一世紀で、田舎の村は世界の中心になった。つねにもっと上が求められ、何事も誰一人、国王に抵抗できなくなった。この尊大さ、身の程知らずには当然のごとく代償があり、少しあと、王は最初の痛風の発作に襲われ、フランスは極度の財政困難に陥る。どの悲劇でもそうだが、転落は早い。一七一五年、足腰の達者な踊り手だった太陽王は、夜、病気で寝たきりの麻痺状態で亡くなり、国は崩壊する。

ヴェルサイユがしばらく闇に包まれる間、パリでは啓蒙思想が芽吹き始める。王が死ぬとすぐ、摂政はたちどころにパレ・ロワイヤルに戻る。ルイ十四世の曾孫である幼いルイ十五世はテュイルリーで育てられ、パリは自由思想で沸き返り、厳格な自由思想家はあっという間に放蕩支持者に立場を追われる。摂政のオルレアン公フィリップ自身、熱心な放蕩の伝道者だった。その間、ヴェルサイユはがら空きで、輝かしいルイ十四世の住居はまた眠れる森の美女になる。

しかし、つねに美女を眠りから起こす覚悟でいたルイ十五世は、一七二二年、成人になる前年にヴェルサイユに落ち着く。宮廷はそのままフランス革命の起きた一七八九年十月まで続く。この間の六十七年間に、ヴェルサイユは現在私たちが知っている顔になるのである。実際、今のヴェルサイユは大部分がルイ十五世とルイ十六世の様式だ。時代の特徴だろう、大広間よりは私的な部屋に重きが置かれ、そこにアンリ四世の血を引く色男ルイ十五世が多くの愛人を住まわせている。ヴェルサイユは再び私的な場となり、それを証明するのがフランス館や、言わずと知れたプティ・トリアノンの建設だ。マリー＝アントワネットの気まぐれが最後の修正を施し、庭園はぐっとよくなる。孤独と自然を心から愛したオーストリア人の若き王妃は、ドイツで芽生え始めた初期のロマン主義を持ち込み、洞窟や村里、愛の殿堂をヴェルサイユに作らせる。

これらの建設はいずれも顰蹙《ひんしゅく》を買う。確かに、ルイ十四世の美学を侮辱しているとも見える。戦争の間に対して愛の殿堂、鏡の間のきらめく反射に対して洞窟の秘密っぽい影、ル・ノートルやアルドゥアン・マンサールの植物の城塞に対して村里の簡素な緑、まさに対極だ。ルイ十六世も負けてはいない。熱心に庭園を植え替えさせ、お気に入りの建築家、リシャール・ミック（一七二八－一七九四）の建造物で飾る。こうして城の形は完成し、一七八九年以降、大きな改修を受けることはないのである。

一八三三年、ルイ・フィリップ王（一七七三－一八五〇。オルレアン朝のフランス王）のもとで、ヴェルサイユがフランス歴史博物館になるまで、歴史はさまざまな事実を積み重ねて続いたのだが、それを語るのは歴史家に任せることにする。年月日や、断絶や継続、時代の細かな背景などを知るにはそれなりの道具が必要で、それは庭師の定めではない。私たちにとって時間は重要だが、しかし、歴史の教科書にある数字を羅列した年代順列とは何の関係もないのではないかと案じている。

私はヴェルサイユを扱った書籍はかなりの数を読んだ。博学の著者、総合的なもの、盛りだくさんな本から簡単なもの、マルクス主義、構造主義、王党主義、変わり種、逸話的なもの、理論的なもの、ヴェルサイユの歴史に関する本はほとんど読破した。どれも美しくて面白い本が多く、一部は真実を展開し、場所に特有な性格の特徴に行きついていた。個人的に好きなのは古い本で、歴史家でヴェルサイユの学芸員だったピエール・ド・ノラック（一八五九－一九三六）の『ヴェルサイユの復活』、『マリー＝アントワネットのヴェルサイユ』、『知られざるヴェルサイユ』だ。けれどもしかし、場所の真髄《しんずい》まで伝えてくれる本は一冊もなかった。ある意味では当然だ、歴史家は証人ではないからだ。ある人は知識を構築し、ある人は一つの経験を伝えている。

私は今や三十年以上もヴェルサイユに住んでいる、立派な証人ではないだろうか？　私の経験、人生はここの石たちなくしてはありえず、それらは蔦のように絡みついている。あまりに密接なので、現在、場所と私とどちらがどちらを作ったのかわからないほどだ。ここの石たちは何も言わないが、確かな現実の知識を伝え、その知識は歴史書で学ぶこととはまったく違っている。私は今この机上のものではない、個人的な経験に基づいた知識を伝えたいと思っている。本を読んだのは確かだが、しかし、それより何より私は生きてきた。忍耐強く見つめ、耳を傾け、私に多くのものを与えてくれたこの場所を愛した、そして愛は好奇心を生みだす……。さらに、おそらく家族に背を向けているからだろう、私に興味があるのはつねに起源。例えば、我が家のあるオレロン島でも、私は村の名前がどこから来たのかを探り続けた。この混ざり合った情報から生まれたのが、私のヴェルサイユ物語、頭だけで構成したのではない知識である。

例えば、マリー＝アントワネットというと妄想による突飛な行動がついてまわる。しかし、これはもう現代の歴史家による仕事ではなく、革命下に書かれた王妃に対する攻撃文が元である。哀れなマリー＝アントワネットは、人からは見えない庭園の秘密の場で悪徳の限りをつくしたという汚名を着せられていた。ところで、この庭園を知っている者は誰でも、人の目は避けられないのを知っている。木立は隠れるのに理想的なら、観察するにも理想的で、王妃は不躾な視線の対象になっていたはずだ。こんな状態では、庭園は革命派が仕組んだ舞台として使われたとしか考えられない。

露出狂や覗き見屋を追い払う警備員たちと一緒に一日回ってみるだけで、それは不可能だということがわかる。

一方、「交霊術の部屋」と呼ばれた部屋は、革命派の噂を裏づけるにはもっとも都合がいいのだが、その場所は残念ながら覗くことができない。音楽の間と寝室の間にあり、ガラス戸で庭園に面している。他より明るいのは確かで、庭園を通る人を見ることができれば、見られもする。国王がいることを見せるのにこれ以上の部屋はない。そこで王妃が霊感を頼りにしたいと思ったら？　幕のようなもので暗くしなければならず、そのために二枚の引き戸式の壁が溝の上を滑って窓がふさがれる。これ見よがしに人の目に見えた王妃は一転、あからさまに見えなくなる。部屋にはいるのだが、見られたくないと願っている。壁に囲まれたところで何が起きているのか？　建築家はこの部屋を、君主が「束縛から距離を置ける」ように作っている。また、王妃は死者に祈って助けを求めたとも言われている……確かに、部屋には蠟燭があるが、引き戸式の四面の壁には鏡もあり、その鏡は霊でも生身でも、人の身体を確認するためのものとはどうしても考えられない……。

ここに三十年もいると、生き字引のようになってくる。庭園と私の人生が錯綜し、イタリア人の画家ジュゼッペ・アルチンボルドが描く珍奇な肖像画のように、自分が果物や野菜でできた人物になったように感じることがある。それほど私は植物の成長に一生をかけてきた。つまりは庭師の運命だ。とはいえ、それでいちばん得をしたのは庭である。私が持ち歩く情報全体のおかげで、パズルを再現することができた。数年前、かつてペピニエール［苗木仕立て場］に睡蓮が植えられていたのを読んだ。それを受けて、古文書を掘り起こしたのだが、池のあった跡を示す図面は何も見つからなかった。事実はそのまま死文になるところだったのだが、暴風雨でペピニエールの一部が壊され、工事をしなければならなくなった。部下たちが地面を掘っていると、鋳物の管にぶつかった。縁石はなくなっていたが、ついに探していた池が見つかったのだ！　私の探求は重要なものではまったくないが、しかしおかげで、植物の歴史と同時に庭園の歴史もよくわかるようになった。

樹齢二百年以上の西洋さんざしも救われた。かなりの樹齢の西洋さんざしが育ちすぎ、近くの樹木を脅かすようになっていた。そこで伐採が決まったのだが、木の色と、とくに私が見ていた一枚の版画が心に引っかかった。版画は明らかに同じ場所を描いたもので、前景にはすでに立派な西洋さんざしがあり、制作年は十八世紀だった。確かに、同じ場所に同じ木が植えられるのは珍しくなく、とくに西洋さんざしのようなありふれた木はそうだったのだが、念のため、国立森林局にこの区画の木についての正確な調査を依頼した。結果、その西洋さんざしは樹齢二百五十年で、ルイ十五世も知っていたことがわかり、切り倒されずにすんだのである。

観察して、聞く耳を持っているといいことばかりである。私は学芸員のお墨付きも、警備員の話も、庭師やレジ係のエピソードももらさず聞いて集めている。トリアノンの職員のチーフ、マルセル・ベルトンは私にとって情報の宝庫だった。彼はヴェルサイユの庭園で四十年以上も働いていた。ある日、私たちはトリアノンの入口に植えられた古木、マリー＝アントワネットの楢の木の根元で談笑していた。彼は根っこを指で軽く叩き、この木に伝わる伝統の言葉を言い始める。彼がヴェルサイユに赴任したときにすでに古木だった木は、彼が去ろうとしている今も、ほとんど加齢していないに等しい。時間は人間にとってときに残酷だ。バラなら庭師が死ぬのを見たことがないだろうが、それが木になると、庭師が成長するのを見ている、それも三、四世代にわたってだ……。

私は「庭師の仕事は永遠なり」と言ってチーフを力づける。安心した彼は私に、一九六〇年から楢の木を見守っていると話し、「先任者たち」から聞いた話として、この木は昔、低い石垣で囲まれていたと言った。彼はこの話がどこから来たのか知らず、確認するには庭園の至宝を引き抜かなければならないとあって、真偽のほどは不明だった。数年後、楢の木は干ばつの犠牲になった。マルセル・ベルトンの言葉を思い出した私は、庭師に注意してショベルカーを操作するように頼む。すると、根っこに散らかった石の裏側の残りが見つかった。石垣は実在していたのだ。最後の最後に、庭園の歴史書には書かれていなくても、マルセル・ベルトンの言葉が正しいことが証明されたのである。マルセル・ベルトンは本を一冊も書かなかったが、一つの発見をさせてくれた。彼のおかげで、歴史の小さな一角が明るみに出たことになる。

私にとって、どんな書物にも出ていない何かを見つけるほど嬉しいことはない。その意味でベルトンはかけがえのない助けになったのだが、彼一人だけではなかった。私はいろいろなことを教えてもらったさまざまな人たちにも大変お世話になっている。ヴェルサイユで私が揺るがぬ愛を捧げる場所はどこかと言われたら、それは間違いなくマリー＝アントワネットの劇場だ。小さくて感じのよい、王妃の個人的な上演に使われた場所である。王妃は自分の意志で役者を呼んだだけでなく、自分自身でも舞台に立ったようだ。女優の感性を持ち、歌うことが大好きだったのだ。王女の頃は羊飼いに憧れていたというのは興味深い！　王妃には才能があったようで、私はよい指導者と、多くの追従者がいたと考えたい。確かなのは、王妃には美的感覚があったということだ。

というのも、ここは人形の家のように愛らしいからである。六十席ほどの肘掛け椅子と、百平方メートルほどの舞台、庭の葉むらを描いた装飾と、上には金色の大文字で、この美しい玩具の所有者を連想させる「M.A.」。残念ながら一般公開はされておらず、最近修復された。この小劇場がどうなるのか心配だった私は、工事の情報を収集するためによく顔を出した。そのとき、建築責任者が私に建物の歴史を話してくれた。建築以来、変えられたところはなく、唯一の例外が有名な「M.A.」だという。君主の宝石箱と信じていたものの中に貴重品が何も見つからず、失望した改革派によって引き剝がされたということだった。

私は困惑する。目の前に、私にはここ何年もおなじみの「M」と「A」が輝いているのに、建築家は気にもしていないようだからなおさらだ。私の驚きを確認した彼は、事のいきさつを話してくれる。唯一変えられたところは、この劇場に夢中になったルイ=フィリップ王によるもので、王妃マリー=アメリーに贈ったということだった。

ある日、暴風雨で一本の木の根元が浮き上がり、根っこがむき出しになったとき、私と同僚はトリアノンの基礎部分を通る地下道を発見することになる。私はさまざまな図面と、私が所有するか、地所の古文書として整理されている版画を見比べる。そうして何世紀も眠っていた神秘的な採光窓の年月日を確定するに至る。それはおそらく、人に見られずに庭園を歩きまわるための種々さまざまな策略の一つだったのだ。革命時か、たぶんその前に、機密は消滅したに違いなかった。ヴェルサイユで私と同じくらい長く働いている者は少なく、現在までのところ、私はこの秘密のトンネルの存在を知っている数少ない人間の一人である。

三十年間、公園を見て得た知識は、私の仕事を補足する武器である。私は散歩道のシャクナゲがいつ花を咲かせ、状態が悪くなりそうな散歩道はどこで、観客が動きやすい、または動きにくいのはどこかを正確に知っている。私のやり方は、何よりもまず、公園を元の姿にすることだ。修復の試みは、園芸の分野では非常に新しく、庭園は長い間、何の変哲もない広大な芝生のようだった。私たちが庭園に歴史の色合いを戻そうとし始めたのは、ほんの最近だ。そうして初めて、絵画がもっとも貴重な証拠品であることがわかる。城の壁を飾る無数の風景画に、私が真剣に興味を抱くことになるなど、誰が想像しただろう！

グラン・トリアノンのコテルの回廊はまさに情報の宝庫である。王たちはこの庭園をいたく愛していたので、壁を飾るのに、それを表す作品を画家に頼んだのだ。回廊の名前の由来になった画家ジャン・コテルの作品は、私から見ると、芸術的というよりは装飾的な価値のほうが大きい。それに加えて、当時の園芸に関する厖大な情報を与えてくれる。コテルは、神話を舞台にしたヴェルサイユの木立を描くのに本領を発揮する。ニンフやヴィーナス、水の精などは抽象的に描かれているが、風景はほとんど写真と言っていいほど正確だ。こうして私はどんな道具が使われていたかを特定することができた。

私にとって重要なのは、羊飼いがセラドン［五世紀ローマの恋愛物語に登場する羊飼い］かティテュルス［ウェルギリウスの牧歌に登場する羊飼い］かではなく、鉄ではなく木の熊手を持っていることだ。金属製の道具はまだ珍しかった。前景のイチイは球形に刈られ、私たちが現在しているような円錐形ではない。オレンジの木はまだ鉢で栽培されている。背景には花壇があり、同じ花が咲いている。支配しているのは四つの色、青と赤、ピンクと少しの白だ。これらの情報に支えられ、古文書として保存されている花の注文書に没頭する。コテルの確証が取れる。同じく、大噴水の風景を描いた『水の山』は公園の動物の情報を与えてくれる。馬も四輪馬車もない代わり、多くの犬がいる。植生は濃い緑で、このことから木は高く生い茂り、従ってかなり樹齢が古いと推測できる。

これらを警察の捜査のように突き合わせることで、庭園の歴史のあらましがわかっただけでなく、当時により近づけることができた。もちろん、庭園をジャン・コテルの絵そのままに復元するのではなく、そこに見られる美学を尊重するということだ。こうして、トリアノンの花壇はほぼ毎年修正されるが、しかしつねに四色のルールは守っている。

こうして口伝てに聞いた話や討論、観察、そして書籍によって、私はヴェルサイユの生きた歴史を作り上げた。公園の古くからの常連が子どもの頃はどうだったかを話してくれる一方、静物画からは各時代の花の開花期から、さらには画家の癖までわかった。シャクヤクとナスタチウムが同じ絵にある？　このような花束は実際には存在しなかったのはほぼ確実だから、この画家は何週間もかけて絵を描いたはずだ。というのも、最後のシャクヤクが花開くのはナスタチウムが開き始める五週間前だからだ。

ここは何度も大きな出来事の舞台となった。多くはフランスに関わることだが、無数の小さな出来事もやはり公園の個性を形作るのに貢献している。庭師が木を植えるとき、縁起をかつぐ者はメッセージを入れた瓶を土に埋める。私たちにとっては作品の署名のようなものだ。私はこの習慣には滅多に追従しないが、メッセージを見つけるのは好きだ。とはいっても、瓶の中にあるのは何の変哲もないことだ。日付け、名前、ときに献辞が書かれていることもあるが、これも大したことではない。しかし、これに感動する。大したことではないからだ。これらの証言は歴史を揺るがすものではないが、しかし、城と人生をともにしている。書籍が一つの真実を示すものだとしたら、噂や石、木立にもそれぞれの真実がある。

私はヴェルサイユについて書かれたものはすべて読むよう努力している。まさに努力。自分は専門家だというぬぼれはないが、間違いのない本や記事は滅多になく、それらは些細なことが多いにしても、私は悲しくなり、不愉快になることもある。最悪なのは、そうやって私の大嫌いな紙っぺらだけのヴェルサイユが作られていくことだ。プティ・トリアノンで列を作って進むグループがそうだった。知識を詰め込むマラソンのようなことをさせられて、なんと気の毒なことか! 「ご覧下さい、これがプティ・トリアノンで、一七六八年にポンパドール夫人のために建設され、即座にルイ十五世お気に入りの住居になりました。左に見えるのが、一七二二年に植えられた日本のクララです」。知識はもらったとしても、何か感じるのだろうか? 味も素っ気もない言葉に熱気は感じられない。

私は観光客たちが何か情報を得るために来ているとは思わない。観光バスで来る日本人や初老のご夫人たちは、王妃の部屋のベッドの天蓋の様式や、木の素材を知るために来るのではない。フランスの王妃の人生の一端に触れるために来る。ならばこう説明できるはずだ。「ベッドが短いのは、人が小さかったからだけではなく、座って寝たからです。というのも、横になる姿勢には意味が一つしかなかった、死です」。同様に、出産は公開で行われたという話をする。そうするとすぐに、日本人観光客も王妃の立場を理解できるだろう。もちろん、観光客にはヴェルサイユで生活する権利はなく、不要になった家具の列にさわることもできず、ただ遠くから見るだけだ。保存には大変な労力がいる。そうしてグラン・トリアノンの彫刻はしまい込まれた。あまりに貴重だったからである。

疲れたガイドは無愛想に単調な言葉を述べ、聞き手にガイドもまた退屈していることをわからせる。こういう輩の前では、すぐにあくびや背伸びが始まるだろう。観光客グループを軍隊のように指揮する威圧的なガイドもいる。彼の目的は、一刻も早く回廊の端に行くことで、結果、訪問はムッソリーニの行進のようになる。さらには食に目のないガイドもいる。細かいことの説明に無上の喜びを覚えるタイプだ。「時は一七七五年十月十二日、ルイ十五世からデュ・バリー夫人に贈られたどっしりした青銅の大時計の針は三時近くを差しています。フランスの若き王妃はまだ二十歳、けれどもすでに非常に美しい女性です。ピクニックをして、かの有名なサヴォアのワインを味わってきたところです。このワインが初めて輸入されたのは……」。観光客はすでに他のことを考えている。たぶんこれらの訪問は、「心地よい子守唄」を提供するだけでいいのだろう。

いずれにしろ、間違いが多いのは残念だ。その犠牲になっているのがトリアノンの花壇で、これが毎日、数カ国語で説明されている。十年ほど前までの花壇は密で、花は二十センチ間隔で植えるのが流行だった。そこから「トリアノンの四万本の花」という表現が来ている。ところが現在、私たちはより背の高い、大きめの花を選び、もっと間隔を置いて植えている。トリアノンの花は一万本もない。ガイドにとってはどうでもいいことで、大花壇の花はいまだに四万本……。幸いなことに、ヴェルサイユはこういう些細なことを言わなくても素晴らしい！

ガイドたちには太陽王の経歴を尊重する態度もない。私はかの輝かしいルイ十四世にはまったく好意を持っておらず、性格が私には窺い知れないので、何の感情も抱かない。しかし、王が自分の庭園に本当の情熱を傾けていたことは認めなければならない。比類のない、変わらぬ愛を捧げ、いずれにしろ、数多くの愛人より庭園には忠実だった。

国王が残した言葉は、行政上の資料以外、少ししかない。ルイ十四世は本の中ではなく、ヴェルサイユの石に自分の印を残したかったのだ。王が書いた珍しい文の一つに、庭園に関するものがある。晩年、痛風に蝕まれて、自分の足で自由に案内できなくなった王は、『ヴェルサイユ庭園を見せる方法』を書き、手書きの六版が保存されていた。私は復刻版を持っているのだが、四版目は自筆なのでとくに感動する。筆跡を見ると、この大理石のように冷たい王が人間らしく思え、国王の綴りの間違いを見つけて楽しんでいる。当時は多かったようだ。とくに面白いのが「ラトーヌの木立」の Latone の n が一つでいいところが二つになって「Latonne」、国王を意味するロワイヤル royale も、最後の l が一つでいいところが二つで「royalle」になっている、などだ。綴りを気にしない王には優しい気持ちになるほどで、「好色家」と書かなければいけないときはいつもためらってしまう。

王が書いたのは文学的な目的ではなく、留守にするときの訪問を管理するためだ。それが最初の版で、イングランド女王、メアリー＝ベアトリス・デステ［メアリー二世］がヴェルサイユを訪問した機会に書かれた。王は簡潔な、もっと言うと軍隊ふうの文体で、道順を一点一点指示している。

偶然に任せることはいっさいなく、訪問の日にちや時間も、七月十九日夕方六時と、庭園の影が伸びて、幾何学的な形にさらに面積が加わる時間にしている。また「小休止」も決められている。「大理石の中庭の玄関から城を出て、テラスに行き、階段の高い地点で止まり、閣僚の翼棟の泉水の花壇と噴水の立地状況を見つめる」。

気の毒なことに、動きは拘束されても視線は自由だったはずの女王は、視線まで不自由になる。「ラトーヌの泉水の高みに真っすぐ向かい、立ち止まってラトーヌとトカゲ、傾斜路、彫刻、王の散歩道、アポロン、運河を見つめ、それから振り返って花壇と城を見る」。

もし女王が彫像を嫌いで、花壇の装飾的な剪定術を見たいと言ったらどうなったのだろう？　冷ややかな時代、散策といえども、重苦しい儀礼や礼儀作法で堅苦しく、楽しむものではなかった。城の中でも礼儀作法、外でも礼儀作法！

とはいっても、王が思い描いた道順は効果抜群であることは認めなければならず、庭園の美しさを称えるには完璧で調和の取れた一周である。この軍隊ふうの戦略には宣伝活動の意味があるのは明らかだ、なにしろ舞台を演出するのが大好きな国王だ。『ヴェルサイユ庭園を見せる方法』の他の版は、大部分が庭園を修正したところに応えている。つまり、新しく作ったところを訪問箇所に組み入れているのだが、例えばコロナードに加えられた彫刻『プロセルピナの誘惑』や、何度も入れ替えられたテティスのグロットの彫刻などである。

他の修正は王の病気と結びついている。晩年はオランジュリーに行くのに、辛い百段の階段を避け、先にジランドールの木立と舞踏場の木立へ行き、ラトーヌのU字形の傾斜路を利用してオランジュリーに行くようになっている。老いて身体が不自由になった王が、車輪の付いた豪華な輿の中で左右に揺れているのを想像すると寂しい！

さて、私がルイ王で、理想的な訪問順を作成しなければならないとしたら、最初に行くのはジランドールでも、大理石の中庭でもない。始まりは朝、それも庭園が開園する前で、観光客がおらず、まだ朝露に覆われている時間にする。少し肌寒く、たぶん前の晩に雨が降ったのだろうが、日中はいい天気になるだろう。花壇からは刈られた草の匂いがする。庭園に入るのは横の門からで、そうすると来訪者は現代的な建物を目にしなくてすむ。この門から入ると、ルイ十四世やルイ十五世が見ていたはずの光景が見られる。

季節を忘れていた。それは四月の終わりで、来訪者に求められる唯一の条件は、私と一緒に歩くのが好きなことだ。私たちは城に向かうが、中央の大散歩道は通らない。まずはさまざまな木立を散策し、祝宴が開かれた場所や、陰謀が謀られた暗い道を案内する。首飾り事件［マリー＝アントワネットが利用された詐欺事件］の舞台になった王妃の木立や、ルイ十四世が美女たちをからかった場所などだ。城内には少ししか留まらない。ここの長い回廊は、人々がすれ違い、好奇心をそそって陰口をたたき、さらには見られるために作られている。宮廷のない現在は廃退したも同然で、私の連れにはここを無理に歩いてもらうことはしない。へとへとに疲れ、首が痛くなって出るのが落ちだ。

実際、ヴェルサイユを訪れる平均的な観光客の境遇は、うらやましくもなんともない。観光バスにしろ、電車にしろ、公共の交通機関を使うことからして王家とはまったく違い、到着した途端、列に並ぶように言われ、一様に苛々してため息をつき、子どもの叫び声にも悩まされる。割り込みがあるかと思えば、最近は、不審な小荷物やテロを警戒する保安官にじろじろ見られることになる。この試練を乗りこえると、人でごった返す城に入れるのだが、そこでは天井しか見えない（そこで首が痛くなる）。もちろん、何一つさわることができず、座ってゆっくりすることもできない。次のグループがもう来ているからだ。

城を保存することしか考えていない学芸員にとっては、どんな存在も邪魔で、城を痛めることになり、その意味で、観光客は誰よりも迷惑な存在である。それでも入場料を払ってくる見学者は大目に見られているのだが、少なくとも言えることは、また来てもらうための接待らしきことは何も受けていない。というのも、彼らはこの聖所では歓迎されていないからである。一般的には、見学者が息切れしたときに、少しの休息を求めて庭園に来る。無料で開かれ、座ることも、花にさわることも、ピクニックさえできる。私としては、そういう人たちを制止する魅力的な方法がないのが残念だ。

城については、私にとってヴェルサイユを象徴する二人の「スター」の部屋しか案内しない。ルイ十四世とマリー＝アントワネットである。この二人が伝説であるのは疑う余地もない。私たちは平和の間か戦争の間を通って、直接、鏡の間に入る、いずれもルイ十四世の時代のものだ。それから王妃の部屋を訪れる。部屋の見事な装飾を素早く見てから、私は私的な部屋に通じる小さな隠し戸を開ける。そこは君主たちが本当に生活し、笑い、心配し、またくつろいだところだ。実際、大部屋は儀式や、王や王妃が内々に宮廷人を迎えてもいいときの日常的な演出の場に使われ、しかし王たちの本当の私生活はその後ろ、君主たちが用心深く閉める扉の裏側で繰り広げられていた。

私がヴェルサイユへ来てから、もっとも成功した展覧会は「王家の食卓」だった。ルイ十四世の政治的な視点を知るのは非常にためになるが、しかし、王がデザートに洋梨を食べるのが好きだったという話のほうがもっと面白い。これは私に言わせると「歴史の隅をつつく」ことで、王のこういう態度には寛大であらねばならぬと思っている。本当に人間的だ！

けれども、この秘密の小部屋への侵入は長居をしてはいけない。私と理想の連れは庭園に出て、グラン・カナルと大芝生、花壇の展望を楽しみ、それから右に曲がってトリアノンに向かう。私が連れに、展望をより広く見せるル・ノートルの計略を説明するのは確実だ。連れが私の好きな老婦人だったら、北花壇の花について正確に説明すると約束し、私は上機嫌で一、二本の花のさし穂をするだろう。グラン・トリアノンは通り過ぎるだけで、それよりはプティ・トリアノンの贅を尽くした客間でゆっくりし、家具調度品や各部屋の心地よさを堪能する。

最後は私がいちばん楽しめる場所、マリー＝アントワネットの緑あふれる庭で終える。私は「秘密の花園」の表現はここから来ているに違いないと思っている。絶対にそうだ。静けさと親密さのすべてがここに息づいている。誰にも邪魔されないと感じられる、ヴェルサイユでも珍しい場所の一つ。中国式庭園で立体感が強調された、密で心を虜にされる自然に囲まれている。王妃はこの庭園で宮廷の息苦しい儀礼から逃れ、ここでは自分自身で作法を定めていた。緩やかで、くつろげる、真心の込もった作法は、相対する共和派の空想を掻き立て、風刺的な文がばらまかれることになる。アンシャン・レジーム末期を穏やかに生きる王妃について、タレーラン司教（一七五四－一八三八）

が語ったこと以上の中傷を、私は知らない。

　そんな清教徒主義者のことは忘れ、再びトリアノンの庭に出よう……。長く垂れ下がるしだれ柳と、プロヴァンスのサトウキビに隠れて、カエルたちが鳴いている。私たちは安逸をむさぼりつつ、足は洞窟から東屋、フランス館を経て、愛の殿堂へと向かう。このくつろげる、魅惑的な場所で、私と客はたぶん心を打ち明け合うだろう。そして、もしこの客が女性なら、私は王妃の村里で彼女にキスをするだろう。マリー＝アントワネット・ジョセファ＝ジャンヌ・ド・ハプスブール＝ロレーヌ、フランスとナヴァール、ヴェルサイユの王妃を讃えて……。

第5章

庭園の歴史

フランスの歴史と並行して、表に出ない小さな歴史がある。私はそのいくつかを述べたいと思っている。歴史の流れを変えたものではなく、人によっては感動的でも人間的でもなく、ヴェルサイユ庭園の未知の事実が明らかになるものでもない、忘れられた歴史だ。

最初は庭園の永遠の支配者、ルイ大王への敬意である。私がいるのは城のちょうど前にある北花壇、いくかの彫像が木立から浮かび上がっているように見える。その中の一つ、奥の隅に見えるのが『雄弁』という名の彫像だ。もっと近寄ると、ルイ十四世を表していることがわかる。まだ若い頃で、高慢で厳格な様子からすぐにルイ十四世とわかるのだが、私には少し笑える。足を前に、首をぴんと伸ばして、顔を四分の三正面に斜めにしたお気に入りの姿勢だ。この彫像からすぐにわかるのは、王が自分の横顔を好きではなかったことだろう……。

当時の流行は寓話と神話で、ギリシャ神話の英雄と、この時代の英雄である高名な人物をまぜるのが作法にかなっていた。私は庭園の散歩道を歩きながら、このクレオパトラやヘラクレスの彫像の顔の下に隠れているのは誰かと、推察するのも面白い遊びではないかと考えている。一種の「紳士録」か、趣向の変わったところで「石の仮面舞踏会」か。当時は、謎に満ちた実話小説が人気をさらい、恋文は恋の告白ではなく、求婚か返答だった。王の彫像の周りには他の寓話がいくつかあり、例えば正面にあるのは、狩猟の守護神ディアーナのすらりと高い姿だ。二つの彫像は見つめ合っているのがはっきりとわかって、これはかなり珍しい。雄弁の彫像と荒々しい女神は目と目で何を言い合っているのだろう？　美しい狩猟の守護神は誰なのだろう？　数多い愛妾の一人なのは間違いないのだが、二人の関係を誇示するだけでなく、永遠のものにしているのは面白い。それは私たちにもわかるが、しかし、彼女は誰だったのか……？

神話では、ディアーヌを見つめてはいけないことになっている。アクテオン［アポロンの孫］は裸で水浴びをするディアーヌを見たことで、自分の犬にかみ殺され、エンディミオン［美男子の羊飼い］は永遠に眠らされている。雄弁の彫像は運がいい、醜聞をまき散らしただけだった。ヴェルサイユで重要なのは見るか、見られるかのみ。石とはいえ、王の視線に意味がないことはない。

実際、ルイ十四世はイメージで支配しようとしており、その意味では非常に現代的である。多くを語らず、書くことはもっと少なく、しかし、目で見させている。王の人生も人物も舞踏のようだ。それもある一つの行動ではなく、より日常的なもの、起床や就寝も演出され、さらには音楽がつけられて、王が愛してやまなかったバレエのようだった。その意味で庭園は、この力を発揮するには最高の舞台だった。

太陽王の王妃マリー＝テレーズは人の話題にのぼることがいっさいなく、影の存在でしかなかった。王の数知れない愛人に耐えられたのだから、妥協的だったに違いない！　いずれにしろうるさ型ではなかった。次々と増える愛人たちが目立たなかったのならともかく、大王には恋を隠す趣味はなく、愛人たちを近くに住まわせ、そこには庶子たちも一緒だった。王はモンテスパン夫人のために建築家アルデゥアン＝マンサールに領地を造成させ、クラニィ城全体が夫人と子どもたちにあてがわれた。おっとりしたマリー＝テレーズは何も口出ししなかった。それほど従順で目立たなかったので、一六八三年に四十四歳で亡くなったとき、ルイ十四世は「妃が朕を悲しませたのは今回だけだ」と言ったという。

しかし言い伝えによると、そんな王妃でもディアーヌの彫像と雄弁像の事件には怒り狂い、視線が交叉しないよう間にイチイを植えさせている。現在、そのイチイは伐採され、ルイ十四世は再び美しいディアーヌに雄弁な流し目を送ることができている。私はこの話が大好きだ。近づきがたいルイ大王のイメージが和らぎ、人間的でユーモアを感じさせる。私は王が厳めしい雰囲気で彫像を注文しながら、内心ではこの悪戯に喜んでいた姿を想像する。王は秘密を守り通したのだろうか、それとも、恋文の代筆を頼んでいた律儀者のダンジュー侯爵には打ち明けていたのだろうか？

いずれにしろ、彫像の除幕式は王にとって至福の時だったに違いない。事の次第を理解して驚く顔、がっかりした女たち、わけがわからない男たち、疑心暗鬼で心配そうな顔、確信の持てない顔……を見ることは何という幸せか！　おそらく王は城の窓から、不実を公表した影響や、彫像のカップルの前でお喋りする宮廷人を観察していたのではないだろうか。老いて信心深くなってからは、たぶん、マントノン夫人と散歩に来て、若き日のディアーヌに悪戯っぽい視線を投げかけたことだろう。

王はこれら誘惑した愛妾たちに対して何を感じていたのだろう？　それぞれに城を与え、夢中な相手ほど領地は美しかった。モンテスパン夫人はヴェルサイユの一部を受け継ぎ、マントノン夫人はサン＝シール城、そして若きフォンタンジュ夫人は、もし急逝しなかったらマルリー城をもらうはずだった。しかし、これらの贈りもの以外は？　それは推測するしかない。こうして私は石の彫刻の中に少し人間らしさを見いだしたのだが、この人物の人生そのものが大理石のように冷たいことが理解できたようだった。モラリストのラ・ブリュイエール（一六四五－一六九六）は著書『カラクテール――当世風俗誌』の中で、宮廷について次のように書いている。「宮廷は大理石の建物のようだ。私が言いたいのは、非常に無情で、しかし非常に礼儀正しい男たちで構成されているということだ」。

ルイ十四世の曾孫ルイ十五世はこの特性を受け継いだ。肖像画を見るだけで、ルイ十五世のことがわかった気になる。悪戯っぽくて官能的で穏やかな顔つきから、すぐに身近に、親しみさえ感じるのは……私だけか。というのもルイ十五世は、敬愛されたあと、あっという間にフランスでもっとも嫌われる王の一人になったからだ。王を暗殺しようとする者はどの時代にもいる。ルイ十五世を狙ったのはダミアンという名の男で、ある日、王が庭園に出ているときに短刀で殺そうとした。暗殺は失敗したが、そのことで王は神経発作を起こした。君主が大衆の前で涙を流すとは、とても見られたものではない……。暗殺行為に加え、王を侮辱したかどで、ダミアンは四十五日間の拷問の果て、傷口に煮えたぎった鉛を流し込まれた。ルイ十五世は自ら拷問に立ち会い、何回にもわたって拷問の期間を延長させていた。だから、神経も図太くなったのだろう。

私は、ルイ十五世がどんなタイプの人物だったのかをよく想像する。無頓着で食い道楽で高慢、そしてもちろん、並外れた女たらし。当時、王が追いかけ回した女がたくさんいることは誰もが知っていた。話によると、ある枢機卿が王に異常な性行為を咎め、批判めいた口調でうんざりとして「陛下、王妃、王妃」と絶えず言っていた。結局、王は枢機卿の非難を気にかけるようになった。いかに王とはいえ、噂になるのはよろしくなかった。それに私が思うに、合理一辺倒の啓蒙思想の時代とはいえ、王権神授の王であっても地獄を免れることができるはずもなく、王はそれが恐かったのだ。


ルイ十五世は鹿の園を一種の野外の娼館に変え、話によると、母親たちが自分たちの娘を王に捧げに来たという。王に選ばれることは名誉なはずで、しかも若きルイは王にふさわしく風采が立派なことで知られていた。公妾だったポンパドール夫人はそれを見て観念し、王の手に落ちた女性たちを教育させることに心を砕いた。若い娘たちは、城からそう遠くないサン＝メデリック通りの小さな家に収容され、世話を受けた。彼女たちが母親になると、持参金を与えられ、結婚させられた……。これに「取り引き」という言葉を当てるのはあまりふさわしくない。

ルイ十五世には贔屓の味見係もいた。侍従の一人が娘たちを「試す」役を負わされ、それぞれの特徴を正確にメモに綴っている。悪くはない仕事だが、梅毒のこの時代、リスクはある。二週間後に腫瘍や膿疱《のうほう》が現れなければ、王はその女性と性関係を持った。このやり方は、王の最期まで効果を発揮した……王は天然痘で亡くなったからである。数年後、鹿の園は淫売屋に変えられ、母親たちは女将になった。

私としては、王が植物学に真の情熱を傾けていただけにそれが気に入らない。その点では有名なルイ十四世と同じように、ルイ十五世は誠実かつ経験も豊かな庭園愛好家である。この王は、とくに庭園で犂を押すのを楽しみとし、そのおかげで田舎ふうの庭園様式が普及したのである。自然を愛したあまり、飼っていた子鹿の墓を建てさせたほどだ。ローマ皇帝のカリグラ（一二―四一）は馬に話しかけ、ルイ十五世は子鹿に話しかけていた！　王は一七四九年から、トリアノンの北東部を整備させ、一七六八年には魅力に満ちたプティ・トリアノンを、これまた魅力に満ちたデティオール夫人、のちのポンパドール侯爵夫人（一七二一―一七六四）に贈るつもりだった。新しい動物園を建てたあと、素晴らしいフランス庭園をつけ加え、その中央に小さなフランス館を建設することになる。

私はこの場所が大好きだ。すべてが魅力的で、春や天使を連想させ、建築家の名前までガブリエル。もっと東のほうに、ルイ十五世は植物学者のベルナール・ド・ジュシューに頼んで植物学の学校を創設している。そこに、庭師のクロード・リシャール（一七五四―一八二一）がイチゴやゼラニウムを育て、フランスで最初のコーヒーの木も植えている！　もうおわかりだろう、私はトリアノンとフランス庭園の生みの親とも言える女性にいくら敬愛と感謝の念を注いでも惜しまない！教養があり繊細なポンパドール夫人が、ルイ十五世の自然への情熱を育てたのだ。

フランス館は、この自然への趣向を見事に表している。平屋造りの館は、多くのガラス戸があって開放的、王はどんな時間でも庭園を眺めることができた。装飾もすべて自然と調和している。どれも田舎を題材とするモチーフの飾りや壁の上塗り、壁掛けで、ヴェルサイユにある裸のキューピットや筋肉隆々のムーア人の代わりに、黄金の蜜蜂と花や麦の穂の花飾りがある。天井は勝利の寓意画に代わって（ルイ十五世のもとでは多くなかったのは確かである）、四季を表す絵だ。

フランス館にはもう一つ、私にとっては重要な特徴がある。ポンパドール夫人と、さらにはその後釜で体力旺盛なデュ・バリー夫人が、王のために催した多くの夜会の舞台となっていたことだ。どのドアの一角にも豊穣の女神ケレスと、花の女神フロールが出会う家具があるなど、装飾からも豊かな自然を彷彿させる館では、食べものがないことなど考えられなかった。とくにデュ・バリー夫人が開いたトランプの会では、体調が万全でなければならなかった。賭けられたのは生身の肉体で、デュ・バリー夫人は疲れ知らずの手強い相手！　若々しい肉体を保っていなければならなかった。そこで……を要求することもあったのだが、それは無理なこと……別の機会となり、色事はフランス館では行われなかった。

特筆すべきは、立食の食卓がつねに山盛りで、食べても食べても魔法のようにまた山盛りになっていたことだ。このからくりはどう説明できるのだろう？　私は次の仮説でうまくいったはずだと確信している……。ルイ十五世は繊細な性格だった。召し使いたちが食卓を片付け、皿を空にして、グラスを集める光景は見て気持ちのいいものではなかったはずだ。そしてそれを他人の目にも触れないようにした。王はとりわけ私生活に思い入れがあり、宮廷から離れるためにトリアノンを整備させ、何人かの親しい者だけに囲まれていた。宮廷は当然、それを快く思っていなかった。王の反対派には、王や愛妾たちが主催する豪華な宴に招かれなかった貴族たちがいることも心しておかなければならない。そのような夜会で絶えず奉仕されるのを面倒に思った王は、迫《せ》りの上に食卓を置き、それをウインチと滑車で下に下げる装置を考案した。下では侍従や女中たちがせっせと働き、一方、上のトリアノンでは招待客たちが最高の料理と最高級のワインを楽しんでいた。

庭園の下を循環する地下道は、王が自分の好きなときに現れたり、消えたりするための手段でもある。庭園で真夜中に逢い引き？　退屈な会話？　それとも陰謀？　王は喉の渇きを口実に地下道に逃げ込み、晴れて自由になって、適当なときに戻る。誰から見ても、王は宴に参加していた。招待されなかった者たちにも、館の大きなガラス窓越しにその姿は見えていた。もう一度言おう、ヴェルサイユの庭園では、王たちは視線をもてあそぶ。ルイ十四世は、ディアーヌの彫像の視線で秘密の情事を公にし、曾孫のルイ十五世は自分の視線を隠そうとする。二人の王の、二つの姿勢、完全主義者と操作する者の違いである。

マリー＝アントワネットは、おそらくはルイ十五世以上に庭園に愛着を持ち、とりわけトリアノンの英国—中国ふう庭園に建築家ミックに建てさせた洞窟に執着していた。私はこの庭園についてすでに多くの逸話を語ってきた。ここで一旦現実から離れ、夢想するには最高のこの場所での架空の散歩にご招待しよう。時は一七七九年、私は「高貴な生まれ」、空想の中での私は貧しいことは滅多にない……。貴族で、白粉と香水をつけ、鬘《かつら》をつけて小さなハンカチを持っており、庭園に入ることのできる称号も持っている。実際、城と庭園へ出入りできるのは、帽子と剣を持っていることからわかる貴族に限られている。貧乏人は庭園の近くで剣を借りて入ったそうだ。

私は六ヶ月前からC侯爵夫人に言いよっている（この時代、近づきになるまでの誇示期間は今より長かった）。私はまずは朝、夫人が散歩するのを長い間観察してから、初めて挨拶している。私の想像では、夫人はトランプの会や目隠し鬼遊びのときに、女友だちの周りで私の身分や、政治的、経済的状況を調べたはずだ。全体として悪くなかったと思われるのは、私のお辞儀には応えてくれないのに、朝の散歩の道順を変えず、しかも、頬のつけぼくろ［当時の女性の流行］や白粉が以前より目立つようになっているのがわかるからだ。そこで私は、彼女の輝くような美しさを詠ったソネット［十四行詩］を夫人のもとに届けさせた。しかし返歌はなかった！

ある夜食のとき、私はついに憧れの侯爵夫人に紹介され、私の褒め言葉を好意的に聞いてもらう。私たちは自然科学に対して共通の情熱を持っているのを発見する。私は夫人に王妃の庭園を案内すると言って誘う、噂では高名な植物学者のジュシュー殿が気に入ってよく訪れている庭園だ。

ついに私たちは二人だけになる。なぜなら王妃の庭園のもう一つの素晴らしい特徴は、お伴の者を必要としないところだからだ。それはマリー＝アントワネットの望みでもあった。ヴェルサイユのしきたりに疲れた王妃は、自分の庭園に、王室の礼儀を否定するような以下の規則を定めた。挨拶の必要なし、王室の者に道を譲る必要なし（しかし、それでも譲るのがたぶん作法にかなうだろう）、目隠し鬼遊びを中断する必要なし、お伴を連れてくる必要なし。私は憧れの夫人に、アメリカから来た木々が育つ小牧草地を見て楽しんでもらう。老庭師のリシャールが我らイル・ド・フランスの地にうまく順応させたのだ。素晴らしい国アメリカ！　フランスはこのときアメリカがイギリスの保護から解放されるのを助けている。

この十八世紀後半、貴族階級の女性たちには教養があり、植物学に夢中で、我が侯爵夫人を口説き落とすには、その美しさより知性に話しかけるほうがより賢明である。私は、これから訪れるのは地上の楽園で、リラや梅花空木《ばいかうつぎ》など、たくさんの珍しい木があると話す。科学的な興味以上に、これらの木々は開花が素晴らしく、得も言えぬ芳香を放つ。簡素さを愛した王妃は、すべてを自然のようにと望んだ。草は刈られず、そこには羊たちもいる。

私たちは歩を進め、オランジュリーの前にいる。王妃はそこで喜劇に耳を傾け、ときには演じることが好きだ。自分のために劇場を建てさせ、劇作家ボーマルシェ［『フィガロの結婚』で有名。一七三二－一七九九］を上演するつもりでいる。侯爵夫人は知識を鼻にかけた厳《いか》めしい雰囲気で、王妃は喜劇に夢中になるには人柄が良すぎると私に断言する。

「王妃の自由気ままな傾向について広まる噂の数々は、許しがたい中傷です。本当の王妃は人民を愛するのと同じように、芸術を愛してらっしゃいます、それだけですわ。まだ若い王太子妃だったときは、品のない悪い冗談しか言えないデュ・バリー夫人の冷やかしのもとで、オペラ・ロワイヤルの観劇に参列する勇気がなかったのです！　あのくだらない女性は王妃のことを勝手に『赤毛の女』と呼んでいませんでした？　王妃は週に一日、庭園の一部を人民に解放しませんでしたか？芸術家は女性といえども支援しませんでしたか？　例えば女性画家ヴィジェ・ルブランには、胸がえぐられるような肖像画を描きに来てもらってらっしゃいます。華麗な装飾はいっさいなく、バラ一本で、はじけんばかりに美しい王妃の肖像画！」

我が侯爵夫人の賛辞の言葉はとめどがない。聞いていると、王妃にはあらゆる美質が備わっている。歌を歌い、ダンスをし、料理までできる。侯爵夫人は空を見上げ、王妃が自分で作ってくれた「マリー＝アントワネットふう」鯉料理をいただいてとても光栄でしたわと、うっとりして言う。

私は何も言わず、ただ心の中で、「オーストリア人の」王妃についてあらぬことをいろいろ耳に挟んだのを考えている。いわく、首飾り一本で貞操を捧げた。いわく、ルイ十六世がかかった麻疹《はしか》にうつらないためにを口実に、何日間も、お伴も侍女も伴わず、三、四人の侯爵とトリアノンに「引きこもった」！　この隔離行動が大スキャンダルを巻き起こしたのは言わずもがな、二人の夫が出した「熱」についてきつい言葉が飛び交った（口の悪い一部の者たちは、王の吹き出物は王妃の不貞によるものだという噂を流していた）。

私たちはニワトコや月桂樹、ハナズオウの木の下を通る。私は我が侯爵夫人に、美しいドレスが木イチゴの木に引っかからないよう気をつけるように言い、腕を差し出す。たどり着いたのは洞窟で、そこで涼むことにする。なぜなら、こうして歩いてきたのは、コルセットを着けた侯爵夫人の身体を熱くするためだったから。ここは理想的だ。木陰になって涼しく、洞窟の中は自然と人工のものが程よく調和している。腰掛けは石にそのまま彫られたようだが、苔で覆われており、王妃がここへ来て長時間読書をしても冷たさを気にせずにすむようになっている。いや、私はマリー＝アントワネットの読書の質を疑うわけではないが、ここではどんな本も読めないように思える、ただただ暗すぎるのだ！　それに、王妃はむしろ人に読んでもらうほうで、ここへはお伴なしで来ている。

私が思うに、ここは王妃が一人になるための場所なのは明らかだ。洞窟の奥にある泉のざわめく水音が、会話の音も消してくれる……。さらに洞窟には入口が二つあり、それも突き出た岩の狭間に隠れている。王妃は人に見られずに誰かが訪れるのを待ちうかがい、もし必要なら、訪問者を秘かに出ていかせることもできる。庭園は視線が飛び交う場所である。次いで、想像以上に美しい我が侯爵夫人に、私が黙ってしたことを誰も驚かないだろう。マリー＝アントワネットの洞窟を出る前にもうひと言。王妃が革命の勃発を知ったのは、お気に入りの「小さな苔の家」の腰掛けに座っているときだった。

マリー＝アントワネットは、ルイ十四世とともに、ヴェルサイユの神話の一つである。私はフランス人の心の中でその名声を凌げるのは故ダイアナ妃だけだと思っている。二人の女性には共通点がなくはない。二人とも人民のプリンセス神話を体現し、あまりに早く命を奪われている……人民に愛された悲劇の王妃を三人挙げるとしたら、もう一人はシシィの愛称で知られたオーストリア皇后エリザベートだろう。

私にとってマリー＝アントワネットは、庭園の中にある女性的な特徴の象徴である。女性画家ヴィジェ・ルブランによる肖像画から発散される究極の優しさを見ると、この女性は愛されるのと同じくらい、憎まれたのだと思う。それは王妃と親しかった者たち、とくに女性たちが彼女のことをどう話しているかを見るだけでいい。その場合は確かに、へつらいや愛惜の念は排除しなければならず、さらに、革命から十五年、二十年も経つと、君主を語るのに儀礼上の崇拝を示す必要はもうなくなっていたのだが……ヴィジェ・ルブラン夫人の書き残したものはとくに感動的である。王妃への敬愛以上に、二人の女性の間には共犯関係が確立していたことが感じ取られる。

王妃の何枚目かの肖像画を描いていたヴィジェ・ルブランはある日、妊娠の進み具合で約束された日に行けなかったことを語っている。マリー＝アントワネットはそれで気分を害するどころか、わざわざ出向いて夫人の体調を気遣い、その翌日、改めて設定されたポーズの時間のとき、心遣いにあふれた王妃は、夫人が床に落とした絵筆を代わりに拾っている。妊娠中の侍女の前で王妃が跪《ひざまず》くのだ。この友情と優しさが漂う行動の中には、非常に女性的で感動的なものがなにかある。私は、マリー＝アントワネットが自分の村里で農婦になって遊んでいたときも真剣だったと思っている。田舎好きのオーストリア皇女が求めていたのは、簡素なことだけだった！

確かに、フランスの宮廷には贅沢の極みがあった。それもあって王妃は長い間非難され、その結果、一八五四年にゴンクール兄弟［著名な兄弟作家。文学賞のゴンクール賞の生みの親］は『大革命期のフランス社会史』の中で、王妃の「王室の礼儀の本質を放棄した自由気ままさ、無頓着さ」に、政権崩壊の原因の一つがあると書いている。

私にとって、王妃はこの場所を守る女神である。この庭園には多くの女性が着想を与え、モンテスパン夫人や、とくにポンパドール夫人の影響なしには考えられないが、マリー＝アントワネットはそれ以上のことをしていた。木の植え替えや、庭園を変更する許可を王から得ただけでなく、その中に自分の印を刻んでいた。人はルイ十四世の迷宮について語るが、しかし、王妃の村里についても語っている。

さて、王と王妃についての話はこれくらいにして、いよいよ革命の歴史に耳を傾けよう。私にとっては残念ながら、それは悲しいものだ。革命派はヴェルサイユに関しては、城にも庭園にも優しくなかった。崩壊を免れたとしても、城はパリに近く、王制の象徴としていたく嫌われていた。加えて、首都から離れていたことで噂の温床になり、その噂は宮廷に失望した多くの者たちによって強調されて広まっていった。場所が憎しみを集め、混乱期ほど共通の敵が糾合することはない。革命派はヴェルサイユに入り込み、金目のものを探すのだが、困窮した国家の金庫は空っぽで、めぼしいものは何もなかった。怒りは掻き立てられるばかりで、「訪問者」は破壊者と化し、テュイルリーでは過激共和派が王妃のベッドを引き裂き、ヴェルサイユでは持ち運べるものはすべてかっさらい、家具調度品の残りは差し押さえられ、次いで競売にかけられた。

城と庭園が救われたのはひとえに庭師リシャールのおかげである。本当は、地所は耕作可能な小区画に細分化されて売られ、全体が跡形もなくなるはずだった。もしリシャールに菜園に作物を栽培し、果物の木を植えるという考えが浮かばなかったら、ヴェルサイユも他の城と同じ運命をたどるのは確実だった。ヴェルサイユは住民に生活の糧を与えたのである。これは実用的で、生命維持ともいえる側面以上に、大衆の目には当然のことにも写った。パリはヴェルサイユに人とお金と才能を供給し、ヴェルサイユはパリを飢饉から救い……リシャールは処刑台を免れた！

実際、過激共和派によって流されたのは「貴族」の血だけとは限らない。ヴェルサイユの召し使いも大きな代償を払った。例えば、マリー＝アントワネットの洞窟の建築家、リシャール・ミックである。哀れな男は息子と一緒に裏切ったことを、実の娘に告発され、ギロチンに処された。危機に瀕すると、家族の絆はより深まる、というのはよく知られているのだが……。

無実の犠牲者の中にマリオンとジャン・ド・ローの名前がある。二人の話はトリアノンの伝説の一つになっている。マリオンは庭園の庭師の娘で、王妃に可愛がられていた。マリー＝アントワネットはよく権威的で贅沢と言われているが、子どもを愛する気持ちが疑われることはなかった。革命が勃発する直前のマリオンは十二歳ぐらいだった。当時の子どもは働いており、マリオンの仕事はバラの花を切って、王妃のために花束を作ることだった。おそらく王妃は「花屋遊び」にも憧れていたのだろう。王妃もマリオンも、毎日欠かさず会っていた。人の話によると、革命初期の短期間、立憲君主国になったとき、マリー＝アントワネットは少女のマリオンが革命の歌を歌うのを聞いて涙を流したそうだ。詳細は明らかではないが、なんと美しい話だろう！　それに、十八世紀は人々がたくさん泣いた世紀……マリー＝アントワネットには涙を流す理由があった。マリオンはそのあとしばらくして、フェアリー・ゴッドマザー［シンデレラを助ける妖精］でもある王妃が連れ去られたとき、泣きじゃくっている。

悲しい思いをしたのは彼女だけではない。ジャン・ド・ロー［ド・ローは「水の」という意味］、王のためにヴィル・ダヴレイの泉に行って水を運んでいたことからそう呼ばれていた彼は、近郊に迫る革命を防ぐために軍隊に登録される。秘かに愛しているマリオンと別れなければならなくなったジャンは、愛しのバラの君と泣く泣く離ればなれになる。

数年後、マリオンは恐怖政治の無神論を祝う大祭で理性の女神に選ばれる。そうなると、古代の衣装まがいで透け透けの服を着て、戦車の上で共和国の栄光の歌を歌わなければならなくなる。キリスト教徒で慎み深いマリオンにはとてもできない。どうしたらいいのだろう？　もし断ったら、彼女も家族もギロチンを免れないのはほぼ確実だ。悲嘆に暮れたマリオンは、自分で作った自慢のバラの花束を手に取り、トゲの中に顔をうずめる。理性の女神の顔が血だらけで、見るも無惨になったのではお話にならない。マリオンは、自分のバラのおかげで行列を免れる。

その頃、ジャン・ド・ローも戦争から帰還する。腕を一本失ったが、マリオンへの愛は変わらない。彼は心を高ぶらせて帰るのだが、彼女は片手の男には見向きもしないだろうと確信している。ところがそうではなかった！　感情のほうが勝ったのだ。庭師は「感傷的」な人間が多いことがわかるだろう。それだけではない、革命期のおとぎ話の最終章は第一帝政時代になる。この話に感動したナポレオンが、ジャン・ド・ローを貴族にして、トリアノンの庭師長に任命し、ジャンはその職に五十年以上留まったのだ。こうしてマリオンも、残りの人生を大好きなバラに囲まれて城で過ごしている。

そして現在は？　庭園は今もつねに寸劇の舞台であり、悲劇から卑劣なもの、もちろん喜劇もある。私たちにもそれなりのおとぎ話がある。私がとくによく覚えているのは、一度、トリアノンの警備責任者が朝の七時半きっかりに、私の部屋に取り乱して駆け込んできたことだ。四角い顔に口髭、制帽をかぶり、勲章の付いた上着を着た彼は、どう見てもいい加減なタイプではない。それなのに、その朝の彼は超自然現象を見たと言う。彼の目は飛び出しそうなほど大きく開き、顔面は蒼白、私が何が起きたのか聞いているときもまだ震えている。彼は少し恥ずかしそうに、しかしいとも真面目に、トリアノンの池に幽霊がいると私に言う。

数分後、私たちはその現場に向かう。そこで目にしたのは、確かに普通は見られないものだった。この七月の爽やかな朝、ブロンドの若い女性が二人、裸で池の水で遊んでいる。その光景はこの世のものとは思われず、しばらくは私も、二人の水の精による超自然現象だと信じたくなった。しかし、現実はあっという間に天罰を与えるもので、二人の水の精はすぐに私たちに気づき、金切り声をあげて、走ってテントの中に逃げていき……なんと、二人の水浴者に目を奪われていた私たちは、それまでテントに気づいていなかったのだ。二人はオランダから来た観光客で、自分たちの意思で庭園に留まったことがわかる。テントで一夜を過ごしたあと、いつもの朝のように、ちょっとした身づくろいを、最高に気持ちのよい水浴でしていたのだった。発見者の警備員の理性はどうにか保たれ、私は自分の意思に反し二人のニンフをいちばん近いキャンプ場へ送った……。

八〇年代は、庭園に閉じこもる人々の話であふれている。当時は今ほど自由な手段がなく、それに私が思うに、流行でもあった。美術館や公園、記念建造物、あるいは高校など、公共の場所で夜を過ごすことが儀式のように行われていた。現在は、「文化遺産の日」や美術館などの夜間営業、「白夜祭」［パリを中心に夜を徹して催しが行われる日］などがあり、風情がすっかりなくなった。夜更かしはもはやいけないことでも、内密なことでもなくなり、無理矢理合法化されて、流行の先端を行く環境が整えられ、どこも人があふれ、長い列ができている……。

しかし、庭園に閉じこもる人たちが全員、本人の同意のもとではないのも本当だ。私がそう確信するのは、一人の日本人女性観光客のことで、彼女は絶対にそうしたくなかったはずだ。当時は、王妃の村里には地方の学芸員が住んでいた。彼には妻も子どももおらず、一人で生活しており、お喋りでもなかった。とはいえ、陽気な髭に丸い顔、恐そうなところはまったくなかった。時はある冬の夜、私の好きな寒くて湿気がある夜で、庭園には濃い霧が立ちこめている。一年でもこの時期は夜が早い。庭園に憧れていた日本人女性が道に迷い、一人になっている。可哀想に、寒さと不安に震えている、それはわかる。庭園は広いうえに、照明はほとんどなく、夜行性の動物たちが縄張りに戻り、どんな小さな音でも響く。

この時間は彫像があなたを見つめるときだ。私自身、この時間帯に散歩に出るのは、ただひたすらぞっとして身震いするためだ。私は自分を怖がらせるのが大好きで、好んでこういう遊びをするのも、どこへ行くべきかを正確に知っているからだ。日が暮れると、庭園でももっとも不気味なのは四人のニンフの泉だ。グラン・トリアノンから数歩のところにあるのだが、テラスの手すりにでも立たない限り傾斜面は見えず、軽く見おろす形の庭園の他の部分も見えない。そこは庭園でも珍しい区画で、どう言ったらいいのだろう、人が見えなくなるのだ。説明してみよう。庭園には隠れ場所、つまり人に見られない場所はたくさんあるが、自分の意に反して見えなくなる場所は珍しい。木立では、あなたは身を隠し、四人のニンフの泉では、あなたは見えなくなる。そして何かあったとしても、証人はいないことになる……。一方で、それが理由で、日中は庭師がもっとも警戒する区画でもある。

我が日本人女性は主要な散歩道をたどり、幸いにもトリアノンにいるのがわかり、遠くに光を見つける。用心深く歩きながら村里に着いた彼女は、こんなみじめな体験はもう終わりにしたい一心で、必死になってドアを叩く。顔を突き出したのは、血に染まったシャツを着て、手に包丁を持ち、幻覚でも見ているような顔をした男。彼女は悲鳴をあげ、その場で気を失う。目覚めたのは学芸員のベッドの上、彼の家へ子豚を食べに来た友人たちに囲まれていた……。可哀想に彼女は、すぐには立ち直れなかったに違いない。学芸員はと言えば、ヴェルサイユでの残りの人生を「人食い鬼」と呼ばれて過ごすことになる。

庭園は危険なところではないが、つねにそうとは限らない。夜は門を閉め、車の往来を禁止したことで、売春の巣窟と言われる第二のブーローニュの森になるのは避けられた。車がなければ、隠れたり、自分を見せびらかすこと、とくに逃走するのはより難しい。車と自然は決して相容れない、私を信じてください。しかし、車だけを庭園の「公害」の原因にするのも間違いだ。なぜなら、品がいいとされる貴族階級の伝説を壊すのを承知で言わせてもらうと、散歩道がもっとも怪しげだったのは、たぶん、王制下である。ルイ十五世の暗殺未遂があり、少しして王妃の「首飾り事件」があり、その前のルイ十四世時代も庭園では盗賊が暗躍していた。盗み、かっ払い、密猟、ときには子鹿以外を殺すこともあった。それは庭園に囲いがあり、武器を持った警備員が夜の警備に当たっていたからでもある。警備員には、当時はまだ珍しかった拳銃があてがわれ、その銃弾は神への奉仕に当たるためのものであると、事前に聖職者からお墨付きをもらっていた。

現在のヴェルサイユはもう、武器の通過も発砲の心配もない。その代わり、妄想がもたらす事件はたくさんある。原因はたぶん、城や王の身分に対する象徴的、さらには神話的価値が強いことで、庭園には神経症患者が珍しいほど多く出没する。この三十年間で私が見たのは、数えきれないほどのルイ十四世や、マリー＝アントワネット、血気盛んなナポレオン、何人かのマントノン夫人、モーツァルト一人、ルイ十四世の建築家マンサール一人、中にはプロイセン王のフリードリッヒ二世もいたが、これは城を間違えたのは明らかだ。こういう輩がたくさんいるのは、歴史的な人物に人気があることの証拠である。私はそういう人を遠くからなら楽しめるが、近くで見ると、いつも感じるのは悲しみで、できれば絶対に関わりたくないと思っている。

思い出すのは、ある日、トリアノン財団の私の家のドアを叩いた女性だ。四十歳ぐらいの小柄な女性で、白髪のまざった短い髪を子ども用のクリップで額にぴったり止め、わざとらしいところがあまりなかったので、私は最初、聖職者だと思った。「修道女がまた病院の募金でも集めにきたんだろう」と、まず考えた。しかし、心ここにあらずという雰囲気で、落ち込んでいる様子が修道女らしくなく、おまけに十字架をつけていない。私がドアを開けたのを見て、彼女は毅然とした口調で言う。

「いったいあなたは私の家で何をしていらっしゃるのですか？」

庭園内に住める特権につねに少し罪悪感を抱いている私は、ほとんど無意識に自分を正当化し、これは職務上の住まいで、私のものではなく、今ここに住んでいるのは、たまたま前の住人が引っ越ししなければならなくなったからで……と説明し始め、自分でも何を言っているのかわからなくなっていると、超のつくほど丁寧な答えが返ってくる、精神的におかしい人によくあることだ。

「あなた様は私が困っていると思ってらっしゃいますわね。ご安心くださいませ、私はあなた様のおっしゃることも、意図なさっていることも疑ってはおりません。けれども、あなた様がいらっしゃるのは私の家でございます」

私はそこで状況を察し、その場にふさわしい演技をすることにする、というより、自分の意に反し、私は完全に入り込んでしまったのだ。モリエールがこの家に住んでいたと思った私は大声で叫ぶ。

「マドレーヌ・ベジャール！」

モリエールの愛人だった女性だ。

すると彼女は不機嫌になり、私も、モリエールが最終的に結婚したのはマドレーヌの娘のアルマンドだったことに気づいて震えあがる。哀れなご夫人は現実との見境がつかなくなっているとはいえ、私には彼女を傷つけるつもりなどなかった……。彼女はそれでも話を続ける。

「私はそんな道化者とはまったく関係がございません！　さあさあ、よろしいですか。私はポンパドール夫人でございます！　私を入れてくださいませ」

彼女はそう言いながら泣き出している。

私は彼女を医務室へ案内しようとするのだが、トリアノンの門のところで彼女の両親にさえぎられる。「娘」は週末の外出を許可されており、老いた両親は娘が少し刺激を受けるのもいいだろうと考えており、それに、娘はヴェルサイユを本当に見たがっていた……。現在の庭園にも小さなドラマがある。

この庭園では他にもたくさんの物語が繰り広げられてきた。ルイ十六世が、飲んだくれて死ぬほど悲しんでいた男を動物園に連れてこさせたという、たった一行で書かれている逸話もあれば、それだけで一冊の本になる話もある。

第6章 私は瞑想家

私は瞑想家である。一本の素晴らしい花や、雄大な木、あるいは夕暮れどきに大庭園の下草を染める優しい光を見て、うっとりしない日は一日とてない。

木々と会話をすることさえよくある。不安だらけだった過去を持つ私は、日が暮れて、観光客の一群が庭園を去ったとき、ブナの古木の巨大な株の近くに座り、樹液と巨木だけを唯一の証人に、大声で話す時間を大切にしてきた。ヴェルサイユの木々は、私に近しい人や身内の誰よりも私のことを知っている。

お返しに、私は私の木々についてすべてを知りたいと願った、どこから来たのだろう、何を見て、聞いてきたのだろう？　幸せだったのだろうか？　暴風雨やチェーンソーの音をまだ怖がっているのだろうか？　シベリアの楡の木にとって冬は寒かったのだろうか、アメリカの樫の木はインディアンを真似て秋になると赤く色づくのだろうか？　そしてコルシカ松、生まれ故郷の島から離されて苦しんではいないだろうか？　インドのマロニエ、イタリアのポプラ、カナダの楓、そしてセイヨウハナズオウは、私がフランス語で話しかけるのを理解していたのだろうか？　どんなに私は、みんなからも打ち明け話をしてもらい、私たちがバカンスを待つように秋を待っていたとはっきり言って欲しかったことか。

木々はここで起きたこと、言われたこと、言われなかったことすべての証人である。木はすべてを知り、見聞きし、決して裏切らない。なぜなら、私たちの喜びにも悲しみにも敏感だからだ。この何も言わない友は、私の秘密を永遠に守ってくれるのを知っている。そうやって私の前にも、苦しみや悲しみを打ち明けた先人たちの秘密を守ってきた。

私は自分をいい男だと思ったことがなく、はげを気にすることもよくある。同じはげでもハゲ糸杉［ルイジアナ糸杉。毎年葉が生え変わることから］はそんなことはない。男なら気にする名前を堂々とつけている。傘松は、名前の通り、形と機能を示している。自分を「庭師アラン」と呼ばれるのが大嫌いな私は、それを手本にしなければいけないかもしれない。いや、「庭師」と呼ばれるのは大好きなのだが、そこにあだ名のように名前を付けられるのが嫌なのだ。庭師ニコラ、庭師ミシェル、庭師ユベール、みんなメディアで知られた庭師だ。なぜそれほど親しげに紹介したいのだろう？配管工ジュル、家具職人アンリ、美容師メラニーなどと言うのを聞いたことがあるだろうか？

私の父も祖父もバラトンと呼ばれていた。家系図によると、かつてはバラトンに「ド・ラ・ヴェルニュ」とつけ加えなければならなかった。私がこんな細かいことにこだわるのは、貴族を表す「ド」が付いているのを強調するためではなく、「ヴェルニュ」は古いフランス語で木を意味するからだ。そう、私から見ると前もって運命が定められていたような名前で、「庭師アラン」よりはよほど多くを語ってくれる！　しかし、木は「ド」のことなど知らない。植物の世界は、一部の者に優越感を与える小技などは馬鹿にしている。家柄などどうでもいいことだ。木はといえば、根っこも若芽も同じように成長している。

植物に名前を付けたのは植物学者である。植物の学術的または有名な名前の裏に、一人の人間の物語が隠されていることが多い。フランス語でマニョリアと言われるモクレンは、モンペリエの植物園園長だったピエール・マニョルに敬意を捧げたものである。七十七歳で亡くなった彼は、もっとも美しい木の一つにいつの日か自分の名前がつけられるのを予期していただろうか？　スウェーデンの植物学者ダールがメキシコから持ち帰ったのがダリアで、植物相を研究するためにフランスからフィリピンに渡ったイエズス会修道士のカメルは、ロマンチックな花カメリア［椿］に自分の名を付けている。

また、フランス王フランソワ一世の王妃クロードは、王室果樹園で色づくプラムを好み、栽培を奨励した。生産者たちは王妃への感謝を込めて、みずみずしく甘いこの果物に「クロード王妃」と名づけている。そんな崇拝の印も、革命時には厄介なことがわかり、王制を象徴するものはすべて一掃される。教会の正面の石の聖人像は切断され、恐怖政治の間、パリの市では、屋台で「クロード王妃」を、花屋で「マーガレット王妃」を頼むには勇気が必要だった。

植物学者は不思議な人たちだった。ほとんどそっくりな二つの植物を見分ける能力があり、それまでまったく未知のものだった木々を分類して区分けし、定義してきた。花の器官を観察するだけで、植物の繁殖や、成長の特徴を説明してきた。私に言わせると天才だった。科学者であり、植物学の神秘を専門家だけに留めておくために言葉をラテン語にし、外国の学者たちと一つの言語で会話をした。教養のない道徳家にはポルノ作家と思われても、人間と植物をもっとも内的なところで比較した。蘭［オルキデ、英語ではオーキッド］は地中でオリーヴに似た根を生やす。もし植物学者が猫っかぶりだったら、蘭をオリーヴの学術用語を参照にオレアと名づけたはずだ。ところがそれよりは、ギリシャ語で「睾丸」を意味するオルキスを選んだのだ。

木々は私を、時の彼方へ、世界じゅうへ旅させてくれる。ヴェルサイユが私を運んでくれるのだ。ブーゲンビリアに水をやりながら、ブラジルでこの木を見つけたフランス人探検家、ルイ＝アントワーヌ・ブーガンヴィルのことを考える。この男性は世界じゅうの海を航海した。たぶん、アメリカではインディアンのチェロキー族大酋長セコイアと話して幸せだったことだろう。この大酋長は、ヨーロッパ人と意思疎通を図るためにアルファベットを考案したのだが、たちまち彼らに一族もろとも虐殺された。大洋といえども不寛容を止められない。博学のチェロキーが生きていた場所で、世界一の樹高を誇るアメリカ杉の巨木セコイアが神に祈っているようだった。真っすぐに、天を突き刺すようにそびえ立つ杉たちは、住民から尊敬されていた。聖なる木々は世紀を超え、現在でも公式な条例で保護されている。

私は、ルイ十三世の宰相だったリシュリュー（一五八五―一六四二）のことを考える。厳格でありながら頭脳明敏で、一六二九年からトリアノンの温室で生産されたタバコとコーヒーに税金をかけている。庭園では、夏にはギリシャ神話でアポロンに結婚を迫られて月桂樹に変身した気高いニンフ、ダフネーに思いを馳せる。春先には、同じ神アポロンのおかげで、死後、花壇を芳香で満たすヒヤシンスになった美少年、ヒュアキントスのことを考える。王妃の村里の小川は、やはり花に変身したナルシスを連想させる。神々が愛する者たちを植物に変えたとは奇妙で面白い！

トリアノンの苗畑は高い壁で覆われている。そこには木々や小灌木が植えられ、秋になると小さな鼠に似たキーウイが実を結ぶ。この果物の原産地が中国とは面白い！　ここの苗畑にはニュージーランドから導入され、一九〇六年から栽培されている。気候によく順応し、生産量も豊富で、採算が取れている。七〇年代に、生産者は外国の市場を狙うのだが、米国をどう征服したらいいのかわからない。当時は東西冷戦下、本当の名前が中国スグリという果物を売るのは難しい。中国は共産主義の拠点で、そこから来たものは何であれ米国で売るのは問題外、サムおじさん［米国を擬人化した名前］は禁断の果物には絶対にかじりつかないのだ！　そこで、商業的に売れるようにと、政治的判断で中国スグリの名前を改め、ニュージーランドの国鳥に似ていることからキーウイにする。作戦は見事に成功！　マーケティングの神々は古代の神々ほど感傷的ではないのだろう、優雅なニンフではなく、果物を飛べない鳥に変えて成功したのである。

植物は私たちを元気にしてくれる、それは証明ずみだ。木の近くにいると不安が静まり、穏やかになれる。入院中の人々は病院センターを取り囲む庭で散歩をするのだが、彼らが散歩できない雨の日に散歩するだけで、花やクロロフィル（葉緑素）を奪われた病人たちの気持ちがよくわかる。植物は私たちの気分を和らげ、ときには人類にとって本当の恩人になることもある。一五三二年、大航海時代のスペインの冒険家たちは新大陸で不思議な野菜を発見し、それを船に積み込んでヨーロッパに持ち帰る。植物は栽培されたのだが、まったく興味を持たれず、それから二世紀後、塊茎《かいけい》に質のいい栄養分があることが発見され、ここにジャガイモが誕生する！　栽培と保存が簡単なことから、多くの家族の日常生活を改善し、飢饉で多くの人が亡くなった国、アイルランド全体を救う。

それから数年後、アイルランド島は耕地を菌類によって食い荒らされ、再び飢饉が蔓延する。住民のほとんどが国を捨てて米国に向かう。これら移民の中にいたのが、クリントン一家であり、レーガン、ケネディ一家だった。この菌類は世界の歴史の流れを変えたのだ。王妃の村里の木々は、これら歴史的な逸話を絶対に知っているはずだ。ジャガイモの普及に努めた薬剤師で農学者のパルマンティエ（一七三七－一八一三）とルイ十六世の会話も最初に見聞きしていたのではないだろうか？

私はよく、木がなかったら私たちの生活はどうなるのだろうと考える。獲物を狩って食べるには、槍が必要だ。鉄の発見は確かに重要だが、しかし、柄のない武器はあり得ない！　殺された動物は調理をしてから食べられる。木がなければ、火もたけない。木はすべてを人間に与えてきた。それなのに現在は、あまりにも感謝されていない。逆に、虐殺され、伐採されて、自然破壊が行われている。私は木を愛し、保護している。木に足りないものがないように見張っている。病気になった木はその進行具合を心配して観察し、伐採を命じなければならない日を恐れている。庭師は木を植え、切ることはない。哀れな幹に襲いかかるのは伐採人だ。切られた木が地面を震わせて倒れるときの鈍い音は、私にとってすべての終わりを意味する。確かに、亡くなった木の代わりに別の植物が植えられるだろうが、しかし、前の木ほどの力も、美しさもないだろう。少なくとも百年経たない限り……。

トリアノンの入口にあった、マリー＝アントワネットの楢の木の不動の幹は、庭園が力強かったときや、苦しんだときのことをその身に留めていた。三十五メートルの高みから、現在ここに生育するすべての木々が庭園に来たのを見ていた。王が庭師のル・ノートルと話すのに耳をそばだて、あまりにも若く不正な死を宣告された王妃が泣くのを聞いていた。ヴェルサイユで退屈していたある皇帝が行きつ戻りつするのを見て、なぜだろうと思っていた。一六八一年に生まれた木は、二〇〇三年の夏の猛暑で亡くなった。

しかし、なんと幸いなことに、トリアノンからそう遠くないところに隠れて、立派な楢の木が残っている。十七世紀末に生まれた、庭園でも最高樹齢の木は、絵葉書にも載っておらず、ヴェルサイユと庭園を心から愛する人たちにもまったく知られずにいる。名前のないこの楢の木は素晴らしく、状態も申し分ない。ラ・フォンテーヌが、仕事中の庭師たちの前でうっとりして宣言したことが正しいことを、その木は証明している。「彼らが植えたものがさらに千年続くように！」

私はマリー＝アントワネットの楢の木の写真をたくさん持っている。葉のあるもの、秋、立った木、横になった木。しかし、私が三十年以上もともにいたこの木でもっとも大切にしているのは、古い植物図鑑に挟んだ一枚の押し葉である。ジャン＝ジャック・ルソーの『植物図鑑』には高地で摘んだ何千という植物が収められている。私の図鑑はささやかだが、しかし大切なものだ。私が愛していたのに、なんともむごい仕打ちをしてくれた楢の木の葉は、ル・ノートルやリシャール、ラ・フォンテーヌ、モリエール、そして私の前任者だった名もない庭師たちのいる、エデンの庭園へ逝ってしまった。先人たちが今、その葉陰で休んでいてくれますように！

第7章

ル・ノートルと我われ庭師

一本の木は作者の名前のない作品である。庭師はそれを知っていて、後世に自分の名前が残ることなど期待していない。逆に、可愛がって育てた木々の幹に自分たちの名前を彫らせないように闘っている。もっとも有名な庭師、ル・ノートルでさえ集団の名前になっている！　我われ庭師は忘れられることに対して闘わない。これは私たちが地上に再び戻ることに恐怖を抱いていることの極みではないだろうか？　花も冠も、思い出も必要としない。私たち庭師にも偉大な名前や、英雄はいるが、しかし羞恥心が強すぎること（この性格はこの職業のもう一つの特徴である）、また死を静かに受け入れる能力、そして、もちろん職業柄絶えずなすべき仕事があることで、記憶が消えるままにしておいたのだ。

現在の私たちはルイ十四世の地所を見物に行き、そこへはサン＝シモン公爵もコルベールもナポレオンも足を運んだが、庭師のラ・カンティニやクロード・リシャールの領域には行かない。しかし、今もなお庭園が存在しているのは後者のおかげである。この不公平を私は修正したく、不思議なことに、これまで誰も作ってこなかった庭師の系譜を紹介したいと思っている。

歴史に名を残す医者には、ギリシャ神話に名医として登場するアスクレーピオスがおり、詩人にはアポロンがいて、私たちにはアンドレ・ル・ノートルがいる。この先人は不思議な人で、文書は何一つ、手紙の一通も残さなかった。後世に残されているのは木と樹液のみ、紙やインクはない。そこに創始者としての範を読みとらなければいけないのだろうか？　たぶんそれが理由で、庭師は跡を残そうとしないのだろうか……。彼の性格はわからないが、その人生は私たちも知っている。父も祖父も庭師の家系で、この世に生を受けたのが春の訪れを告げる三月、人々がまだ冷たい地中にオランダ水仙の球根を埋め、クロッカスやチューリップが芽吹く頃だ。しかし、我らのアンドレがいたのは田舎ではなくパリの中心、父ジャンが同じく庭師クロード・モレ（一五四六－一六四九）とともに庭園の設計を担っていたテュイルリー宮殿だ。

若きアンドレには、医師や法律家の家系と同じように家族の歴史があり、祖父のピエールは一五七二年から、同じテュイルリーで花壇の維持に当たっていた。加えて当時は、どの職業も同業組合やお役目で機能していたたぶん、世襲の色合いが強く、その結果、将来の職業は早くに決められている。簡単に言うと「大人になったら何をしたいのかな？」と息子に聞くようなことはなかったのである。私とは正反対の先人、アンドレは恵まれた環境で生まれている。お役目、つまり職業は世代から世代へ伝えられていた。

それでいくと、モリエールは家業の織物工になったかもしれず、ラシーヌは書記官、音楽一族のヨハン・クリスティアン・バッハには父の大バッハを越える才能があった……。せいぜいが、新しい世代の趣向で方向が変わるぐらいだ。父のジャン・ル・ノートルは熊手より鉛筆が好きだったに違いなく、結果、庭園の設計士になった。

それに対して息子のアンドレは、画家になるつもりでいた。父は反対しなかった。色や線のセンスが庭師の卵に不利益になることはないだろう、とくにテュイルリーの花壇の設計士の後継者として呼ばれたときは役に立つ、と考えたのだ。それにアンドレ少年は、おそらく父から受け継いだのだろう、筆使いが見事だった……。それはあり得る。アンドレもたぶん画家になりたかったのではないか？　二世代以上も続くと、才能がやっかみを受けることは滅多にない。アンドレはこうして、当時は美術館ではなく、芸術家たちの住居兼アトリエだったルーヴルに入り、肖像画家シモン・ヴエ（一五九〇－一六四九）の学校に通う。

ヴエは大の旅行家で（ロンドンからコンスタンティノープルまで、ヨーロッパの首都を遍歴した）、ローマやルーベンスの国フランドルの隆盛を実際に見て、自分には国家のスタイルを樹立する使命があるという野心を抱き、成功していた。つまるところ、デカルトの国にいるカラヴァッジョの弟子である。想像するに、若きル・ノートルはルーヴルの広い部屋をぶらつきながら、恩師の絵の輝くような線をじっと食い入るように見つめていたのではないだろうか。ル・ノートルの美学はたぶん、官能的ではっきりしたヴエの形の中に探し求めなければならない。自然と結びついた像を作るル・ノートルの好みは、彫刻のように青白い肉体が暗い葉陰に浮かび出る、ヴエの人物と見まごうほど似ている。

いずれにしろ、ル・ノートルの絵に対する愛情の源流は、若き日のこの思い出の中に汲み取られなければならない。プッサンやクロード・ロランの絵に心酔していた彼は、当時としてはもっとも美しいコレクションの一つに囲まれて生涯を過ごし、晩年、それをルイ十四世直々に贈呈している！　毎晩、寝る前に『モナ・リザ』［当初フランソワ一世が買い上げたこの絵は、当時はルイ十四世が所有し、ヴェルサイユ宮殿に飾っていた］を見つめる王に、自分のコレクションを贈呈して笑われないためには、いくつかの傑作は手元に置いたほうがいい。これらの絵の何点かは現在ルーヴルにあり、我ら庭師の先駆者の美意識の鋭さを思い描くことができる。

それらの絵に庭園は描かれておらず、植物もとりわけ少ないが、しかし、何という遠近法だろう！プッサンの『キリストと姦淫の女』は、光学と幾何学の法則へ敬意を表しているようであり、クロード・ロランの『日没の漁港』は光り輝き、目は輝く水平線の彼方へ運ばれる。とくにこの後者の絵に、私はグラン・カナルを作った男を見る思いがする。例えば夕暮れでも、朝焼けでも、あなたの好みと生活様式に合わせて、ラトーヌの泉の前のテラスに立って見てみよう。水と泉、大理石、すべてが空間を埋め尽くす光に触れて反射し、光を回し、視線は遠景の奥に導かれて、そこで庭園にのみ込まれる直前の太陽が赤みを凝縮している。あなたは微動だにできない。なぜなら、そこであなたはロランの絵のごとく小さな人物の一人になってしまったからだ。

イタリア十五世紀の美術運動クワトロチェントとともに、絵画に幾何学が導入される。ダ・ヴィンチの描く顔は三角形で生き生きしているのが読みとれ、完璧な円の中に男が立っている［有名なドローイング『ウィトルウィウス的人体図』］。幾何学を地上に、手始めに庭園から取り入れるのに、これ以上自然なことがあるだろうか？　これまでの庭園はなおざりに四角に分割され、果物や野菜を栽培するだけのものだった。すでに十七世紀初め、アンリ四世と次いでルイ十三世の庭園管理官だったジャック・ボワイソー・ド・ラ・バロードリー（一五六〇－一六三五）は、『自然と芸術の法則による園芸論』の中で、「どの庭も単なる直線で仕切られ、あるものは正方形、他のものは九個、あるいは十六個の四角になっているのに、私ははなはだうんざりしている。別の形が見たいものだ」と書いていた。

ルイ十三世の庭師から熱望された「別の形」は、ルーヴルの廊下で秘かに準備されていた。そこで、ル・ノートルは明るく、秩序があって官能的なフランス式バロックの基本を学んでいる。そこで彼は、やはりシモン・ヴエの学校にいた画家ル・ブランと知り合っている。十七世紀は、ラシーヌ、コルネイユ、モリエールの三人の神を生みだしているが、一六三〇年代にはルーヴルで平民の三人組が生まれようとしている。三人の「ル」、ル・ブランと建築家のル・ヴォー、そしてル・ノートルである。

我らが誇る先駆者は甘ったれた夢想家などではない。私はむしろ出世主義者ではないかとさえ思っているのだが、しかし野心に満ちたこの世紀、どうして咎めることができるだろう？　ル・ノートルはわずか二十二歳で、庭園の愛好家であるルイ十三世の弟、ガストン・ドルレアンに首席庭師に任命され、リュクサンブール宮殿の庭園を任されている。彼は植物でのレースや刺繍模様を増やし、また私の考えでは、あらん限りのご機嫌取りをして、一六三七年、父の後継者としてテュイルリーの花壇の設計士の地位に就く。

若きアンドレはここで真価を発揮し、人生の次の段階に進み、一六四〇年、砲兵隊の地方司令官の娘フランソワーズ・ラングロワと結婚する。夫婦はテュイルリーのこぎれいな住居に落ち着き、我らが庭師はついに秘密の庭、つまりは私的な庭を与えられる。狭い空間に、ル・ノートルは四十本の夾竹桃《きょうちくとう》と、二本の柘榴《ざくろ》の木、十四本の丸く刈り込んだオレンジの木を植え込み、イタリアふうの小さな一角をこしらえる。

ル・ノートルはイタリアへはまだ行ったことがなかったのだが、友人の画家たちをはじめ、みんなが話している。画家にとって、ボッティチェリやダンテの国への旅はほとんど聖地詣でと言っていい。カトリーヌ・ド・メディシス（一五一九－一五八九）がアンリ二世の王妃になってから、フランスでは文化がアルプスの向こう側からやってくる。芸術家たちはまずイタリアの様式を再現することに憧れ、さらにより大胆な者たちはそこに「フランスふうの」変化をつけようとしたが、しかしそれだけだった。

それまで野心家がやろうとすることはすべて実現してきたル・ノートルは、二十五歳になったとき、年長者から「素晴らしい若者だ」と言われるに足りるほどの順応主義者になっている。人のためになることをし、そして嫌われなかった。

一六四三年、ルイ十三世が亡くなり、組織上層部が入れ替わる。ル・ノートルはこの機会を利用し、同じ年、王の庭園の設計士になる。一六四六年、フォンテンブローの王妃の庭園の花壇を新たに設計し直す。直線の広い散歩道、複雑な幾何学模様、濃い緑の柘植……まさに「ル・ノートル様式」の出現で、王妃はいたく満足する。王の首席庭師になるのも時間の問題となり、ル・ノートルはもっと先へ進むことになる。フランスを庭園の王者にするという離れ業を成し遂げるのだ。実際、この成功で地方の貴族は競ってル・ノートルの庭園を望み、予算が足りない場合は（なぜなら、我らが庭師はルナリアなどポピュラーな花を植えるのでは満足しない）「ル・ノートルふう」にする。大金持ちはパリ近郊の城を次々に買い、その修繕に莫大な資産の一部を注ぎ込む。ル・ノートルはあらゆる工事現場にいる。

フロンドの乱のあと、耽美主義者で陰謀家、天才でもある財務官フーケは、建築の偉大な三人組を結集する。ル・ヴォーが主任建築家で、ル・ブランとル・ノートルが補佐。そのル・ノートルは一六五七年、王の建築物の総監督官に任命されていた。三人組にとってこの仕事は天の恵み、フーケは大金持ちで、誇大妄想家、芸術を愛し、高く評価している。加えて、自分が選んだ芸術家を信頼する分別があり、彼らの好きにやらせ、金銭面も期限も、美意識さえも制限しない。「偉大なロレンツォ」と言われるメディチ家のロレンツォ・デ・メディチ（一四四九－一四九二）以来、これほど理想的なメセナは見たことがなかった！

さらによいことに、三人の芸術家は共同者でありかつ友人、一緒に仕事をすることはこれ以上ない喜びだった。それに加えて、工事の規模も敷地も広い。四十ヘクタールのヴォー＝ル＝ヴィコント城は、おそらくフランスでもっとも広大な工事現場である。自由と友情と資金と空間、これ以上何が望めるだろう？

これほどの規模の大きさが、元来才能豊かな若者にとてつもない考えを抱かせる。地所の複雑な地形を前に、ル・ノートルは土地に合わせてデザインし、押さえ込むより利用しようと考え、さらには、シモン・ヴエに学んだ光学とだまし絵の新しい法則を使うことにする。下り勾配を利用して、川を手なずけ、水平線に向かって三キロほど上って続く展望をものにする。この自然は意識的に簡素にされ、その上方に城が君臨しているようだ。柘植の唐草模様と、極めて少ない花。デザインが色に勝り、そして何という洗練さ！　花壇の模様はトルコ絨毯を複製したかのようであり、ル・ノートルの手にかかると、自然は素直な素材になり、彼の好きなように形を変えている。それほど花壇の図形は素晴らしく、緑の大理石のようだ。もし彼がもっと多弁なら、「私は線を崩す動きは嫌いだ」と言ったことだろう。

それだけではない。この秩序一点張りの中には驚きがあり、例えば、四角い池のあちこちにある洞窟は、近づくにつれて遠ざかるように見える。前に進んで行くと、突然、横を走る谷からそれまで見えなかった、銀色に光る長い運河が現れて展望をさえぎり、その先に、近くにあったように見えた二つの洞窟がある。注意して見ていないと、洞窟が移動したと思うほどだ！

秩序と驚き、これぞまさにフランス・バロックだ。まだ「フランス式庭園」とは言われていないが、しかし、ル・ノートル様式の誕生だ。見物客が殺到し、花壇と、植生のない運河、池の水が反射して戯れる様にびっくりして見とれる。感想は全員一致して「王者の場所」だ。ここに、やはりフーケに忠実だったラ・フォンテーヌが、『ヴォーの夢想』の中で城について書いたものがある。

夢想の中で素晴らしい宮殿を見る
洞窟と、運河、見事な柱廊
あまりの美しさに

魔法にかけられたと思ったほどだ
果たしてヴォーはこの世のものなのか?
まさに太陽のようだった
波打つものから現れるのは
ヴォーのみ、太陽と同じではないか

この文には、すでに疑い深くなっていた若き王ルイ十四世の激怒を買うものがある。哀れなフーケに何が起きたかは知られるところだ。ヴォルテールの名言によると、「八月十七日の、夕方六時、フーケはフランスの王だったが、(翌日の)午前二時には何者でもなかった」。宴が終わるや否や、フーケとその財産はすべて差し押さえられた。太陽王と張り合って罰せられずにすむ者は誰もいない。不運な大金持ちフーケについて最後に述べると、王が科した二十年の刑の間、失脚した財務官を訪ねたのはただ一人、お抱えの庭師ル・ノートルだけで、他の多くの「友人」たちは王を恐れ、見捨てていた。生涯に一度しか旅行をしなかったル・ノートルは、忠誠を示すために時間を取ったのである。

王の態度がつねに王にふさわしいとは限らない。長いフランスの歴史でただ一度、恩赦権を持つはずの国家元首が、刑を軽くするのではなく、重くするために権力を使った。フーケに終身刑が言いわたされたのである。財務官が牢に入ると、ルイ十四世はヴォー＝ル＝ヴィコント城を略奪し、燭台一本から食器類まで奪い取り、城を密閉してしまった。王には手が出せない個人財産を持っていた財務官の妻は、城を買い戻した。妻から没収できないとみるや、王は、妻を国外追放した。その卑劣で不正な行為はまさに王様だった。ル・ブラン、ル・ノートル、ラ・フォンテーヌなど——ヴォーの仲間全員——は、家具とともに捕らえられた。

オレロン島で私は、子どもたちが砂の城を作るのを優しく、しかし用心深く見ている。乱暴で不器用な子どもたちは一人で勝手に作り、たまたま他の子が近くへ来て作ろうとすると、シャベルが飛ぶのを見ることも珍しくない。ルイ十四世がヴェルサイユの運命を決めるときは二十四歳、もう不器用な子どもではないが、しかしそれは砂の上に城を建てたいと言うのと同じである。「ヴェルサイユは、場所としてもっとも魅力がなく、木も、水も、土地もない。ほとんどが流砂か沼地、空気もなく、結果、よかろうはずがない」とサン＝シモンは『回想録』に書いている。辛辣な作家にとって、若き王の選択は災禍に満ち、「自然を力ずくで押さえようとする傲慢な喜び」を満たそうとしているにすぎない。

そこでル・ノートルが考え出した卓抜なアイデアが、沼地を浄化するためのグラン・カナルの建設だった。彼は展望図を描き、水や花壇、木立の区画を配列し、ヴェルサイユの泥沼をバビロンの空中庭園［古代「世界の七不思議」の一つ］に変え、それをル・ブランが威厳あふれる彫像で満たしている。自由に行動できるうえ、莫大なお金が使えるル・ノートルは、ヴォー＝ル＝ヴィコント城の美学をより見事に、完全なものにし、過剰な点を演出して傑作と太鼓判を押される。

直線で虚飾を排した幹線道路と、閉ざされた世界に、うっとりするような彫刻や泉が隠れている木立が交互に続いている。舞踏場の木立、三つの泉の木立、饗宴の木立、エンケラドスの木立、迷路など、庭園には多くの驚きがあり、宮廷人は驚嘆しながら楽しんだ。どの木立にも、新しい世界、新しい時代、新しい物語があり、散歩をすると心地よい眩暈を感じ、すべてが混ざり合って、現実なのか作りごとなのかわからなくなるようだ。題材が何であっても、動きと線が呼応し合い、泉や植物、大理石が、真っすぐなものもあれば、曲がりくねっているものもあるのに、つねに調和している。

この庭園が衝撃的なのは、自然の奥深い要素とうまく戯れているからだ。水や植物、あるいは石は、どれもそれぞれの特徴を主張することなく、同じ題材、同じデザインを交換して取り入れている。この十七世紀に、文学の世界で生まれたのが古典悲劇で、もっとも激しい情熱をアレクサンドラン［十二音綴りの詩句］や三単一の法則［時と場と筋を一致させる法則］に従って表現するものである。私に言わせると、ル・ノートルの庭園はこの植物版で、内容が形式に一致している見事な様式を取っている。一方で、庭園は一般に演劇などの興行にも使われていた。「舞台装飾」は現代だけのものではなかったのだ。

大成功である。貴族階級は我先にとヴェルサイユを訪れ、城と同じように庭園を見て感嘆の声をあげる。ル・ノートルはフォンテンブロー城やサン＝ジェルマン城など、多くの工事を抱えるようになる。とくに、サン＝ジェルマン城のテラスの贅沢な遊歩道にはさらなる進歩が見られる。軸がわずかにずれているので、風景とテラスの盛り土が同時に楽しめる。ル・ノートルは厳密さの中に微妙な違いを取り入れている。パリも例外ではない。ここでル・ノートルは庭園から離れ、テュイルリー宮殿をルール大通りと八枝の星形の幹線道路で延長させる。現在はシャン＝ゼリゼ大通りの名前で有名なところだ。

人のいいルイ十四世は、折につけ庭園の天才を「貸して」いる。ル・ノートルは、亡命先から帰還したコンデ公（一六二一－一六八六）のためにシャンティイー城を、財務官コルベールのためにソー公園を作っている。それを機に、ル・ノートルの名は国境を越えて知れわたり、イングランド王チャールズ二世（一六三〇－一六八五）のためにセント＝ジェイムス公園を設計する。ヴェルサイユは拡張され、ルイ十四世は成功の立役者であるル・ノートルに工事を任せる。トリアノンの公園やクラニィの公園を作ったのも彼で、王の非嫡子のために街外れに作られたクラニィは現在はなくなっている。さらにはサン＝クルー、ムードン、ノワジー、マントノン、新トリアノン、マルリーとその有名な川も、ル・ノートルの手によるものだ。王の偉大さと、慎ましい庭師の偉大さが混ざり合っている。

当時はしかし、批判も盛んにされており、もっぱら皮肉の対象になったのがマルリー城だ。サン＝シモンは相変わらず「すべてに於いて王の悪趣味である。自然を力ずくで押さえようとするこの傲慢な喜びは、あれほどの重苦しい戦争も、信仰も鈍らせることはできなかった」とこき下ろしている。それに対して貴族階級は、強い嫉妬を感じながらも、口に出してまで言う勇気がなく、一方のサン＝シモンは、「蛇と腐った死骸、カエルの住み処」がル・ノートルの手によって宝石になったことを、はっきりと書くのを忘れている。

庭師にとって、泥をこねて金にするほど自然なことはあるだろうか？　なぜなら彼は、私たちの職業を尊敬できるものにした偉大な先人だからである。ルイ十四世はそのことがよくわかっていた。

というのも一六七五年、お抱え庭師に貴族の称号を授与することを決めたからだ。ル・ノートルに与えられた珍しい特権だが、しかし元来、貴族は何より土地から生まれたのではなかっただろうか？

私は次の逸話が大好きだ。話によると、ルイ十四世はつねに王の建築物の総監督官であるル・ノートルに工事を急がせていた。それに対してル・ノートルはいかにも庭師らしい土臭いユーモアで言い返した。「私は遅くありません、遅いのは自然でございます」。貴族の大紋章を選ぶとき、彼は三匹のカタツムリと、一個のキャベツ、熊手、鋤で紋章を飾って欲しいと頼んでいる。「陛下、私がどうして鋤を忘れることができましょう？　陛下にお心遣いを賜るのもこの鋤のおかげではございませぬか？」と、庭師は少し意地悪く提案していた。これがル・ノートルが王と庭師の寓話に与えた教訓である。

いかにも尊大で意見をあまり変えない王が、ル・ノートルに対してこれほどの平静さを示せたのは不思議に思える。ルイ十四世はつねに王の庭師を保護していた。イタリアへ行ったとき、ル・ノートルは法王に紹介された。混乱し、聖なる礼儀作法に疎かった彼は、法王を抱きしめてキスをするのがいちばんと考えた。ル・ノートルのキスは、フランスの宮廷ではすぐにキリストを裏切ったユダのキスと同じくらい有名になる。ヴェルサイユの廊下では、ずる賢くなっていいことはあっても、笑い者になってはいけない。老いた庭師は宮廷で嘲笑の的になる。ルイ十四世は、ル・ノートルと同様に口数が少なく、ましてや気の利いた言葉など言えない。しかし、そんな王が友を守るためにひと言、「朕も、ル・ノートルにキスをするぞよ」と言ったことが、悪口好きの宮廷人をその場で黙らせた。

ルイ十四世が従ったのはただ一人、お抱え庭師にだけだった。二人は自然に対する情熱を共有していた。私は王が城を自慢に思い、庭園に幸せを感じていたと思う。フランスの王ともなれば満足することはたくさんあっても、幸せを感じる瞬間は少ない。ル・ノートルは庭園のおかげで、王に幸せを与えていた。それに、若き王が最初に成功感を味わったのはル・ノートルのおかげだった。さらにル・ノートルは、人が見本にしていいほど従順で、突出した才能もあった。なぜなら、王には決して首を横に振らなかったからである。ヴェルサイユの沼地や、マルリー城の泥沼など、ルイ十四世の挑戦をすべて受けて立ち、何一つ失敗しなかった。

二人の友情関係はすでに多方面で批判されていたのだが、何分にもそのあたりを書き残した文書がなく、すべては想像するしかない。目的のためには手段を選ばないマキャベリズム主義者で野心家、策略家など、悪意に満ちたあらゆる憶測が幅を利かせている。私はただ、二人の間にあったのは共通する愛で、性格的に補完し合っていたと見ている。二人とも言葉が少なく、とてつもない考えの持ち主、一方は専制的で、もう一方は大人しく、化学反応としては完璧だった。

年とともに、たぶん服従するだけだった人生に疲れたのだろう、庭師は少しずつ反抗していく。ル・ノートルは年を取っていた。王もそうだったのだが、しかし建築への熱が冷めるほどではない。それに、王は名前を残すべきと考え、一方のル・ノートルは自分の木々が後世に残るという保証があった。庭師がメセナに勝る点である。

建築熱に燃えた王は、若き建築家アルドゥアン・マンサールに泉の木立の修理を依頼する。植物よりも石の彫刻が得意な建築家は、木立を取り除いて平らにし、代わりに列柱を建てることに決める。ルイ十四世は、おそらくその考えを恥ずかしく思ったのだろう、老いた友に意見を聞くと、ル・ノートルはもったいぶらずに答えた。「陛下、私に何を言わせたいのでございますか？　陛下は石工を庭師になさった！　彼は自分の仕事をしただけでございます」。思いがけず棘のある言葉だったのだが、ル・ノートルは後悔するはめになった。子どものいなかった彼は、結果として、自分の作品が弟子と王に裏切られるのを見たのである。甘美な木がときとして苦い実をつけることがある。

それでも、ルイ十四世はお抱え庭師を愛し、行動をともにし、彼には最後まで愛情を示した。ル・ノートルが八十七歳で亡くなる少し前、自分でも老いたと感じていた王は深い思いやりの心で、彼を輿に乗せ、自分の輿と並んで庭園を散策している。王と同じ高さに座れるとは、家臣にとってこれ以上の名誉があるだろうか？　確かに――たぶんルイ十四世も自覚していただろう――死はすでに二人を平等にしていた。それにしても、対極にいる二人の友が並んで、年老いてから春に芽吹く植物の中で打ち解けるとは、なんと素晴らしい最終楽章だろう！　この光景を完全にするために、マンサールが行列のあとを歩いて付いていたことをつけ加えよう。ル・ノートルの甥、クロード・デゴ（一六五五－一七三二）はこのときのことを、伯父の悪意にはまったく気づかずに次のように語っている。

「王と並んだル・ノートルは、建築監督官のマンサールが歩いてついてくるのに気づき、目に涙を浮かべて叫んだ。『陛下、まことに、もし我が父が、私が輿に乗って地上でもっとも偉大な王のそばにいるのを見ましたなら、目を見開くことでございましょう。陛下は、王の石工と庭師をうまく扱っていらっしゃることを認めなければなりませぬ』……」

この言葉が聞こえたはずのマンサールは、再び石工として扱われたことを認めなければならなかった。

正直に言うべきだろうか？　私はル・ノートルをまったく好きになれない。その仕事には感心するが、人間として親しみを感じるところがないのだ。代わりに、私の大好きな芸術家、モリエールの一節を引用すると、「頭の先から足の先まで謎だらけの男」と書かれている。出目がちで、鼻が大きすぎ、無愛想であると同時に横柄な彼には、心の底から悲しそうな雰囲気がある。なおかつ、その作品はすべて、私に言わせると、悲しみを表現している。征服された木々は抑制されて生命力がなく、不毛に見える。まるで、お金はあり余るほどありながら、生涯を下僕で生き、子どもを残さずに死んだこの男のようだ。私がもっとも驚くのは、ルイ十四世がル・ノートルに言ったと言われる有名な言葉、「御主《おぬし》は幸せな男じゃ」だ。私の考えでは、これは確認というよりは命令だった。

そのうえル・ノートルはあまり話さず、何も書き残さなかったので、その人間像を明確にするのは困難だ。従って、画家が描いてくれた彼の人生や作品の絵を見るしか方法がないのだが、私にはとても「幸せな男の肖像画」には見えない。私に言わせると、彼は都会の鼠に変装した田舎の鼠である。生命力のないこの長い遠近法、貴族に変装した田舎者の厳めしい顔をじっと見ていると、私の心は凍りつき、理解できない気持ちに支配される。

ここで気づいて欲しいのは、ルイ十四世も同じだということで、この二人が友人だったことには何の驚きもない！　十七世紀のこの二人は、私の理解を超えている。まずアンドレ・ル・ノートルだが、私に言わせると、庭園への情熱はたぶん持っていただろうが、しかし使命感はなかった。元もと画家になりたかった彼は、史上最悪の理由で庭師になる。父が庭師だったからだ。

さらに彼は、庭師というよりは建築家で、空間は設計しても、耕作はしていない。ヴェルサイユの庭園はなんと言っても都市整備に似ている。遠近法、高さの違う平面、広大な花壇、至るところにある彫像、そして噴水、これがヴェルサイユで、植物の部分は相対的に限られていることを認めなければならない。大きくて、けばけばしくて、悲しい。この場所がルイ十六世の支配の終わりとともに見捨てられたのも偶然ではない。

「フランス式」庭園を普及させたのはル・ノートルだとしても、本当の考案者は彼ではない。ヴェルサイユ庭園にしても、ル・ノートルは先代の庭師クロード・モレやジャック・ボワイソー・ド・ラ・バロードリーの仕事から着想を得ている。バロードリーは当時としては新しい光学の法則を園芸に適用した。建築家フランソワ・マンサール（一五九八－一六六六）の「弟子」だった彼は、バロック建築の二大理論、遠近法と左右対称を庭園に取り入れている。前出の著書『自然と芸術の法則による園芸論』で彼は「遠近法は、完璧さを観察したい者に、散歩道の適切な長さを示すものである。しかし、そこに美しくしたい空間すべてを含ませるため、あるいはより遠くへ行けるようにするため、人はより長い散歩道を望むことが多い」と書いている。

左右対称の原則については、次のような言葉で表現されている。「これら本当に美しいものはすべて、左右対称に、ほどよく対応して位置していないと不完全で不快なものになるだろう。なぜなら、大自然もまた非常に完全な形でそれを遵守しているからだ。木々は同じ割合で広がり、あるいは枝を伸ばし、葉は左右の形が似ており、木に咲く花も、一本であろうが数本であろうが整然としている。あまりに原則に合致しているので、私たちは偉大な支配者のそれぞれの特徴に従い、最善を尽くすよう努力をするしかない」。

テュイルリーでボワイソーと一緒に仕事をしたル・ノートルは、自分の名誉にかけて、この左右対称と長い遠近法への思いを全うすべき……と思ったのは明らかだ。この文に日付けはなかったが、ヴェルサイユで書かれたと思われる。それほどこの庭園は見本として完璧なのだ。やはりテュイルリーの庭師だったクロード・モレからも、ル・ノートルは細かい部分を拝借している。

クロード・モレは著書『図面と園芸の劇場』で理想の庭園を定義している。散歩道の割合や大きさを全体の図面から割り出し、刺繡式花壇は柘植でなければならないと指示し、花は一定の間隔を置いて配置するよう勧めている。クマシデ並木の散歩道や、柘植の刺繡、並行軸と垂直軸、凹形に切られた直角、城に近づくにつれて幅が広がる散歩道、建物の窓から見える形……フランス式庭園の理論がすべてすでに存在している。ル・ノートルによって絶頂期がもたらされたフランス式庭園は、台頭しつつあった庭園の到達点にすぎない。

とはいえ、私はル・ノートルの偉大さを過小評価するつもりはまったくない。彼がいなければ「フランス式庭園」という言葉さえ、たぶん存在していないだろう。彼は、ルイ十四世のおかげで、ボワイソーとモレの考えを可能にするという功績をあげた。しかし、考案者ではなかった、それだけだ。彼には友人がいて、資力があり、彼を愛する王がいて、しかもその治世は五十年以上続いたのだが、しかし、どこをとっても天才には見えない。ル・ノートルは先人たちの才能に精通しており、それをより立派なものにした。別の見方をすると、彼の作品には変化が少ない。彼は一生を通し、モレやボワイソーの理論を適用したのだ。もっと言うと、私は誰もが認める重要人物を信用しない。もっとも不気味なのはたぶん、その時代でもっとも悪意のある文人サン＝シモンが、ル・ノートルを語るのにあの有名な刺々しさを控えていることだ。「ル・ノートルは誠実で、正確で公正だったことから、誰からも評価され、愛されていた。つねに自分の身分をわきまえ、自分の真価を否認せず、完全に私心がなかった。王のために働き、同様の熱心さで、自然を助け、本当の美をできるだけ少ない出費にすることのみを追求した。馬鹿正直で、魅力的なほど真摯だった」。

私には行間を読む習慣はないが、しかし、この文にはどの言葉を取っても優越感がこもっており、表現一つひとつが私には侮辱に思える。ところで、ル・ノートルがこれほど素晴らしく書かれているのは、従順だったからではないだろうか？　「つねに自分の身分をわきまえ」、働き者で、しかし「私心がない」とは、本当に馬鹿正直だ。とどのつまり、完全な下僕ではないか！　サン＝シモンはさらにその数行先で、ル・ノートルのイタリア旅行について語り、次の言葉で書き始めている。「法王は王に、それ（ル・ノートル）をこの期間貸してくれるよう懇願した」。

ル・ノートルはすでにこの数年前に貴族になっているのに、うまくこき使われていたのだ！　サン＝シモンのお世辞の中には軽蔑が込められていて、私は不愉快になる。そしてその責任の一端はル・ノートルにもあると思う。私は奴隷のように服従することには嫌悪感を抱くのだが（しかし、選んでそうなることは珍しい！）、それ以上に嫌いなのは卑屈な態度である。ときどき私は、ル・ノートルは策略家で口先がうまく、そして卑屈で、庭園よりは宮廷の男ではないかと想像する。ならば、モリエールの戯曲『タルチュフ——あるいはペテン師』のペテン師タルチュフなのだろうか？　いや、そうは思わない。確かなのは、私たちは彼に負うところが多いとしても、私たち他の庭師に下僕のイメージがついてまわるのもやはり彼のせいだということだ。

このイメージは現在もなお続き、裕福な家庭にはお抱えの庭師がいて、家族は庭師を愛し、愛情をもって話すのがよしとされているが、また、車の修理やゴミ出しなど、下働きをさせるのもまたよしとされているのではないだろうか？　人が「うちの庭師」は「世話好き」と言うのも、「奴隷のように」とはもう言えないからだ。奴隷でいることに甘んじ、愛されながらも軽蔑されている、このような私たちの身分もル・ノートルのおかげである。それが証拠に、同時代の詩人で批評家のニコラ・ボアロー（一六三六－一七一一）は、『庭師アントワーヌへの書簡』の中で、書簡の書き出しを次のようにしている。「気さくな主人の働き者の下僕へ」。

こうして私たちの運命は決定的なものになる。庭師であるならば従僕だ！　そういうわけで、ル・ノートルは確かに我われの職業の「元祖」ではあるが、私の先人たちの個人的なギャラリーに飾るのは彼の肖像画ではない。私が偉大だと思う庭師は三人で、その名前はラ・カンティニ、リシャール、そしてブリオである。

ジャン＝バティスト・ド・ラ・カンティニは、私に言わせると詩人であり、学者である。彼は王の菜園の創設者だ。一六二六年、シャラントに生まれたラ・カンティニは、園芸家を志していたわけではない。法律を勉強したあと、高等法院の弁護士としてパリに迎えられ、王妃の請願審査官長になる。博学で文学への造詣が深く、古代ローマの博物学者大プリニウスに夢中だった彼は、ラテン語で詩を書き、自分の文にはウェルギリウスやホラチウスの詩の翻訳をよく引用している……。「農業を愛する者たちの通常の条件が何であれ、幸せを知ることさえ知っていれば、幸せになれる」と、ウェルギリウスの文を自由に翻訳して、自分の著書『果実園と菜園の説明書』の序文に書いている。私はラテン語を勉強する機会には恵まれなかったが、しかし、何千とある植物の昔の名前、ラテン語ほど快いものはない。一見、学術的でありながら、しかし、多くの美しい物語を隠し持ち、単純で魅力的で、科学が夢想を拒んでいなかった往時の思い出をしのばせてくれる。会計検査院長のジャン・タンボノーがそんな彼を見初め、息子の教育を任せる。

ラ・カンティニは若い弟子に、つまらない一覧表を見せて小難しい顔をされるより、イタリアで本物を見せようと決心する。学んで、理解するには、実際に見て、体験することに勝るものはない。高校にあまり熱心に通わなかった私には、このような教え方は嬉しいばかりである。さらにいいことは、チボリのエステ家別荘の、有名な「ジャルディーニ・デッレ・メラヴィリエ　驚嘆の庭」に代表される、イタリアのきらめくような庭園を見て、教育者も生徒と一緒に学ぶことだ。華やかで香《かぐわ》しいエステ家の庭園の片隅で、タンボノーの息子が何を発見したのかは知らないが、しかしラ・カンティニはそのとき自分が本当にやりたかったことに気づく。法律家の仕事を止め、庭園術に身を捧げることになるのである。

エステ家の庭園には、私の好きな場所が一カ所がある。本館に向かって再び上るところで、散策者は道を選ぶことになる。険しいけれども近道の美徳の道か、緩やかな坂ではあるが相当に長い悦楽の道か？　ラ・カンティニがどの道を選んだかは知らないが、しかし、自分の道を見つけたのだった。

タンボノーは人格者だった。息子の家庭教師は失ったものの、庭師を見つけたと考え、ラ・カンティニに自分の土地の管理を任せたのである。元法律家の庭師としての業績は素晴らしく、あっという間に当時の大貴族たちの間で奪い合いになる。彼はソー城やヴォー゠ル゠ヴィコント城、ランブイエ城に菜園と果実園を創設し、そこでおそらくル・ノートルに会ったことだろう。

しかし、なぜ菜園なのか？　まず、それは庭園の伝統的な機能を意味する。すべての庭は、エデンの園でさえ、住民に食料を与えるのが使命である。十七世紀は、初期の現代庭園が出現した世紀とはいえ、この規則からは逃げられない。おまけに――ただし、これは私の個人的な解釈だが――菜園には庭園よりよほど人を満足させる官能的な何かがある。私に言わせると、感覚にも知性にも訴えてくる。視覚、聴覚、嗅覚、触感、そして味覚……桃の匂いや、蜜蜂の羽音、野菜のコミカルな形、果物の甘さに、目覚めない感覚はあるだろうか？　嘘ではない、私は長い間モザイク職人だった。柘植を円錐形に刈り込むのにはすぐに飽きるのだが、しかし、自分で育てたイチゴの味見に飽きることは決してない。私に言わせると、冷酷なル・ノートルが刺繡花壇を複雑にするのに懸命で、一方のラ・カンティニは果肉がしまって、とろけるような洋梨を収穫していたことに、何の驚きもないのである。

二人ともヴォーではニコラ・フーケの工事に携わり、そしてヴェルサイユで再会し、ラ・カンティニはルイ十三世の旧菜園の管理を任されている。ル・ノートルより控え目で（話によると、人前に出るのを嫌っていた）、それでも多くの結果を残し、報酬として一六七〇年、彼のために特別に設けられた役職、王家の果実園と菜園の管理責任者に任命されている。ル・ノートルとラ・カンティニはそれぞれ、お互いに違ってはいても同等の力を与えられているのがわかっていた。つねに実践体験に忠実だったルイ十四世は、マキャベリの「支配するには分断せよ」を実践したのである。

しかし、この二頭支配は長く続かない。宮廷人の数が増え、菜園を拡大しなければならなくなったとき、ほくそ笑むル・ノートルの前でラ・カンティニに割り当てられたのは、のちにスイス人の池になる「悪臭漂う池」付近だった。クラニィの領地を望んでいたラ・カンティニは、ル・ノートルが見捨てた土地を与えられて不満たらたらだったのだが、ル・ノートルは聞こえない振りをする。

工事は長期にわたり、難事業で、お金もかかった。一六七八年から一六八三年まで、百万リーヴル［一七九三年以前の貨幣単位］というファラオ並みの大金をかけ、鶴嘴《つるはし》や鋤きを使って未開の地が耕地にされる。沼地の水気を取り除くために、土地は自然の石を組み合わせた下水網を利用して排水され、次にスイス人の池で掘削した土で整地された。それでもなお不毛の土地を改良するために、サトリ台地から複雑な機械設備を使って土が運ばれる。試練は乗りこえられ、菜園はラ・カンティニの図面と、マンサールの石工事で形となる。

現在の菜園はラ・カンティニのものと非常に似ている。広さは昔の単位で二十五アルパン、ほぼ九ヘクタールと少しである。四角形の大きな土地は十六個の「四角い」野菜園に区分けされ、灌木の茂みで囲まれて、中央に大きな噴水が立っている。王が菜園を見て楽しめ、それも他の作物に隠れて見えてはいけないので、全体を見おろせるテラスがある。四角い土地は高い壁に囲まれ、その中に周りを囲まれた二十九個の庭園があり、果物の木や、珍しい野菜、小さな果物など、貴重な植物が植えられている。壁とテラスのおかげで、日射量も気候も微妙にさまざまに変化する。

実際、ラ・カンティニは庭園のアルキメデスだ。科学の精密さと、情熱がもたらす創意を結びつけ、まさに偉業を実現する。マネの描いたアスパラガスだけの静物画は印象派の絵画に衝撃を与えたが、ラ・カンティニはその前にアスパラガスで植物学に衝撃を与えていた……誰もが知っているように、アスパラガスは春に育って成長する。問題は、十七世紀は季節の概念が現在ほど曖昧ではなく、アスパラガスが食べられるのは（いずれにしろ宮廷だが）、豊作の年でも年に二ヶ月だった。ところで、珍しいものは値段が高く、もっと言うと当時は貴重な野菜だった。おまけにルイ十四世の大好物だ。

そこでラ・カンティニの頭にひらめいたのが、アスパラガスをガラスの下で栽培することだ。板ガラスは太陽光線を集め、藁の絨毯があれば冬でも温かい。こうして王の食卓には、ほぼ一年を通して貴重な野菜が提供される。旬に先立つ走りの野菜の誕生だ。皮肉なのは、控え目でサロン文化を嫌っていたラ・カンティニは、自分の偉業を食しに王の食卓へは一度も行かなかったことだ。そこがル・ノートルと違うところで、私に言わせると、ル・ノートルは同僚が作った有名な野菜と同じように元気旺盛だったに違いない。

ルイ十四世に奨励されたラ・カンティニは、王室の作物の外観と味覚の改良や、早咲きの実験を続け、違う大きさや加工を試みる。王が庭園へ入る王の門の近くに、「斜めの庭園」を設計する。南北の方向に囲いを設置し、太陽光を最大限に取り入れて、桃の収穫時期を早める。当時、フランスではまだデザートを食べる習慣がなく、食事は、たとえ祝宴でも、果物で終わっている。従って果物は特別に重要だったうえ、ルイ十四世はイチジクが大好きだった。ヴェルサイユでイチジクを育てるのは奇跡に近かったのだが、ラ・カンティニは挑戦を受けて立つ。

彼には木を容器で育てるという知性があった。実際、よき庭師として、彼は木を死なせるのは寒さだと観察していた。容器に入れると、イチジクの木もオレンジの木と同じように、冬は中に入れ、最適な日を見計って外へ出すことができる。そこで彼は、オレンジの木の原則にのっとり、土を掘り、悪天候から守る大きな建物を建てて「イチジク園」を新しく作り、イチジクの木を壁に固定する。数年後、七百本以上の木が育ち、さまざまな種類のイチジクが生産される。以降、ルイ十四世は六月半ばから好物の果物を食べることができるようになる。普通は七月から食するものだった。

私はラ・カンティニの器用さに感心すると同時に、彼の仕事にかける情熱が大好きだ。自分の技術を伝えようと思ったラ・カンティニは『果実園と菜園の説明書』を残している。現在もなお読まれているこの概論もまた、私の目には詩のようで、愛の告白とも言える。次にラ・カンティニが、彼が愛するイチジクについてどう語っているかを紹介しよう。

「よいイチジク、つまり果物すべての代表は、我われの間では、壁に沿って植えられる果樹の中でもいちばんいい場所を与えられるに値する（暑い国では不快感を与えるかもしれない）。けれども、その外観と優れた点を判断する、つまりはイチジクに応分の評価を得るには、それを食する者たちの肩や眉の動き、また、健康への脅威を抱かずに食べられるその量を見るしかない」

なんと甘く、優しい文だろう！　私はこの行間から創造者の誇りと、自分が作った小さな美味しい果物に対する親子の愛に近い愛情を感じてしまう。私はラ・カンティニが詩人だったかどうかは知らないが、しかし、果物を観察して摘み取り、イメージ通りに成熟させることを知っていたことがわかる。ラ・カンティニの概論はすべて、私にとって心遣いと的確さの見本になっている。彼は私にこの仕事を理解させてくれただけでなく、愛することも教えてくれた。私はルイ十四世をまったく評価していないが、しかし、禁断の果物の誘惑に負け、イチジクを味わいながら眉をつり上げ、嬉しさをこらえきれずに首をすくめている姿を想像すると、この氷のような君主もやはり人間だったのかと思わせる。

ラ・カンティニの愛に満ちた細部にわたる描写は、私たちの時代に近い詩人、フランシス・ポンジュ（一八九九－一九八八）を連想させる。フランスを代表する特異な詩人は、この果物に誘発される子どもじみた悦楽を描き、イチジクを丸ごと口にほおばり、噛み、とろけるままにして、まるで子ども時代のボンボンのようだと書く。移り気な果物は、あるときは「歯にとって面倒な穀物」であり、あるときは「乳房」で、それが「幸運にもすべて食していいものになる」。しかしどこを齧っても、「内部のきらめく祭壇」と、「つぶつぶで美味しい紫色の果肉」の奇跡を私たちにさらけ出す。奇妙な女神に首ったけの詩人は、イチジクを自分の芸術の象徴にして、「言葉と詩の（頭脳の）柔軟性も同様だと、私は理解する」とまで書いている。

私は自分が詩人だなどとうぬぼれてはおらず、正直に言って、イチジクを噛むたびに詩が生まれるとは考えていないが、しかし、ポンジュの簡潔で正確で、不安げな言葉の中に、私が師とあおぐラ・カンティニに通じる繊細さの極みを見いだすのである。

イチジクはさておき、ラ・カンティニは自分の菜園の中に、特別な栽培のための区画を確保し、メロン園やプラム園などと名づけて美しいフランス名の果物を作っている。博学のラ・カンティニはラテン語の詩をよく作ったのだが、しかし、王の食卓に献じられた果物や野菜の長いリストに目を通すと、彼は自分の仕事にも詩を取り入れていたことがわかる。ラテン語に強い庭師が作った果物の名前は、どれもこれも響きが極めて心地よい。冬のポワール・ボン＝クレチアン（ウィリアム梨、シャムの大使とヴェネチアの統領に贈呈された）、クージノット［リンゴの一種］、ニヴェット［桃の一種］、ルーセリヌ［梨］、オルジュラン［リンゴ］、ナチュルス、ポム＝デトワール［星のリンゴ］、エルサレム、フランカチュ［リンゴ］、オート＝ボンテ［リンゴ］、ブランディラリー、ルーヴゾー［リンゴ］、そしてプティ＝ボン、いかにもフランス的な音の響きは、私の耳にはコルネイユの長台詞より響きがいい。

ところで、ル・ノートルとラ・カンティニの関係については、後者が前者の残した土地に不満を述べていた以外、ほとんど何も知られていない。これほどまでに対照的な人物を想像するのは難しいと思う。

過去にはギリシャ時代のアポロンとディオニュソス［ローマ神話のバッカス］、啓蒙思想の時代ではヴォルテールとルソー、六〇年代のファンにとってはビートルズとローリング・ストーンズ（おまけとしてサルトルとレイモン・アロン）、そして、私たち庭師にはラ・カンティニとル・ノートルがいる。植物学者と建築家、博学者と書きものとしては図面の署名以外何も残さなかった男、出不精と社交家——名前の冠詞からして「ラ」と「ル」は正反対だ！　私にとっては「生物学的な」父と、「精神的な」父ほどの違いがある。上昇気流に乗った一人は私の肩に重くのしかかり、苛立たせるが、だからといってその影響を否定することはできない。もう一人は私が選び、その人に似たいと願っているのだが、しかし現在もなお、私はモデルとした人に近づけないようだ。

ル・ノートルは画家になりたいと憧れていたのだが、夢かなわず、庭師になった。ラ・カンティニは社会的に認められる最高の階級に行けたのに、庭師になることを選んだ。そこには芸術家と腕のいい職人ほどの違いがある。ル・ノートルは他のことができず、ラ・カンティニはしたくなかった。ラ・カンティニのおかげで園芸は再び尊敬されるものになる。私にとって彼の本はまさに詩的な芸術である。夜の過ごし方を見ても、ル・ノートルは社交界に通い、お追従《ついしょう》者や上っ面の言葉、低俗な連中に囲まれていた。社交嫌いのラ・カンティニは、千頁を超える本の執筆に当てるほうを好んだのに対し、ル・ノートルは何も書かなかった。

私が思うに、ル・ノートルは金持ちの多くがそうであるように、非常なけちだったのではないだろうか。ヴェルサイユの金ぴかの小箱の上に座る欲深い老人は、自分の専門的知識を誰にも託さなかった。アルドゥアン・マンサールに対する彼の態度は、そのことをもっとも表しているように見える。粗暴で嫉妬深い彼は、もう現場を離れていたのに、マンサールが彼の後釜になって王に近づくのが耐えられなかったのだ。さらに彼には精神的な子孫も肉体的な子孫もいなかった。ル・ノートルは子どもも、真の弟子も残さずに亡くなり、二十年後、彼の庭園もあとを追う。フランス式庭園はイギリス式庭園に取って代わられてしまったのだ。

園芸の歴史を通して見ると、ル・ノートルの美学は確かに非常に知られているが、しかしまたもっとも短い。たぶんこれはまた、結局、彼には後世に伝えることがそれほどなかったということだ。

いずれにしろ、ヴェルサイユ庭園を再現したければ、クロード・モレの本を読むだけで事は足りる……ル・ノートルが私たちに残したのは、名前と身分であり、ラ・カンティニは本を残した。私の考えではもっとも美しい遺産である。

この肖像画のギャラリーを終えるに当たり、二人の名前を出したいと思う。クロード・リシャールと、ジャック・ブリオである。リシャールもまた天才的な植物学者だった。ルイ十五世に仕えた彼は、私たち庭師の小さな世界ではある感動的な逸話で有名だ。リシャールは新しい花の品種、白マーガレットを創るのに全身全霊で取り組んだ。植物学に強いことを自慢するルイ十五世は、それを信じようとしない。リシャールは休みなく働き、品種を改良し、温室のシステムをより効果的にしようと水路を引いて温める。ついに彼は王を招待し、作品をじっくり見てもらう。疑い深いルイ十五世は温室に入り、いい香りのする花壇の前で、勝ち誇ったような白マーガレットと、その上に「愛しき我が王へ」と「書かれている」のを読む。おもねりのよい例であり、つまるところ「花言葉」の先駆者だ。

しかし、私がクロード・リシャールを愛するのはこの逸話のためではない。彼はヴェルサイユに来る前からすでに有名な植物学者だった。王の庭師になるよう何度も宮廷人から懇願された彼は、ある一つの条件でのみ自分の才能をルイ十五世のために役立てることを受け入れた。それは王その人からの命令のみ受けるというものだ。彼は要求を通し、陛下直々の召し使いとして報酬を受けた。いつ終わるかわからない会議や、管理職の重みに苦しまなければならない私は、才能あふれた先人のずば抜けた明晰さに敬服するしかない。

一方、ジャック・ブリオはトリアノンの庭師長だった。農業植物学に情熱を持っていた彼は、一八五八年、新しい木の品種、Aesculus carnea "briotii"、つまり、燃えるような赤マロニエを創った。残念ながら、その多くは伐採され、白マロニエに植え替えられた。私は白を少し俗っぽいと思うだけで、何も反対はしないのだが、赤を犠牲にして庭園に繁殖しているのを見ると残念に思う。一本の木を自然の場所に再び植え、その木が生まれた場所で繁殖するのを見るほど自然なことはあるだろうか？　私はつねに庭園を保存し、さらには完全に元の庭園にするようにしている。その意味で、私のやり方は先人たちとは根本的に違っている。ブリオやリシャールが新品種に取り組んでいるのに対し、私はマリー＝アントワネットの散歩道を飾っていたカツミレやハナダイコン、アネモネを見つけるのに躍起になっている。

よい庭師になるには何が必要なのだろう？　必要不可欠の条件はひと言で言える、幸福感だ。私たちの仕事は荒っぽいが、それでも最高に満足感が得られる。まず、これに反対する人はいないだろうが、環境が美しい。現代人は車や郊外電車を捨てていわゆる「オープンスペース」に来るが、私たちは一日を花や木に囲まれた野外で過ごす。昼休みを庭園で過ごせる仕事が他にあるだろうか？お昼に公園へ逃げてきた勤め人が、嬉しそうにサンドイッチをほおばっているのを見るたびにそう思う。味はまずくとも、春先四月の太陽を浴びての昼食は格別だろう。公園は人を癒やしてくれる。リヴォリ通りを歩く人たちのなんと早足なこと！　それがテュイルリー公園へ入った途端、歩みは遅くなり、普通のリズムになる。これは非常にわかりやすく、公園には幸せとまでいかなくとも、安らぎを与える素晴らしい力があることを示している。

私の仲間の多くにとって、この職業は社会的な認知をもたらすものだった。現在はそうでもないが、八〇年代までは庭師といえばぱっとせず、大半は人口流出が絶えない地方の出身者だった。農村の過疎化の犠牲者だった彼らは、あまり気が進まずヴェルサイユに来て、父から教えられた土仕事をした。全員が最後まで庭園に残った。なぜなら、都会生活にはなじめず、次世代の子どもたちは都会にいても、彼らには居場所がなかったからである。工場であくせく働く代わりに、彼らは庭園の植物を繁殖させ、感嘆した見物客から毎日のように賛辞の言葉を浴びていた。

仕事は共同作業で、ときに音楽が伴い、つねにたわいのないお喋りが続く。なぜなら私たちの仕事は静寂が要求されないからだ。逆に、静かにしたいときは、その場を離れて公園の奥へ行くか、あるいはただ顔を下げて、会話に加わらなければいいだけだ。季節が私たちの行動にリズムをつけてくれる。私たちの生活を支配するのは社交の場でも、新学期でもバカンスでもなく、春、夏、秋、冬の四季。嘘ではなく、どんなものよりずっと快く、意味がある。日が延びる六月に仕事を遅くまでするのは太陽のせいで、提出が遅れた資料の山のせいではない。十二月は、一日じゅう寒さの中で過ごしたあと、暖かい家に帰ったときの幸せがある。私たちは雨も楽しむ。なぜなら水撒きをしなくてすむからで、そうして凍結や雪の訪れを心配して待つ。天候の影響を受けることにはある種の快さがある。天候にはかなわず、時ならぬこともままあるが、しかしストレスや苛々を感じることは決してない！

自然と接して、私たちは仕事をする。刈り込んで、土を鋤き、植える。私たちの作品は呼吸をしている。無機物だらけの今の社会で、生物に心を配ることは特別な恩恵をもたらすものだ。私たちの植物や花壇は人なのだ！　それだから、よくない庭師を見分けることもできる。植物の個性を考慮せず、大量に刈り込み、自然ではなくマニュアルに従う庭師である。西洋さんざしの何たるかは知っており、細かいことが書かれた分類カードは持っているが、小川の後ろの低い壁にある老西洋さんざしのことは知らない。結局――これは私の偏見かもしれないが――ネクタイを締めた管理職を相手にパソコンのアニメなどで園芸を紹介するより、自分で育てたトマトを熟したときに摘むことのほうが楽しいのだ。もう一つ、細かなことだが、私たちは服装におかまいなしで何を着ても自由、どんなときでもタバコが吸え、話したいときに話し、黙りたければ黙る。庭園は訪れる人にも、手入れをする者にも自由な空間なのだ。庭師は幸せだと思って欲しい。

第8章 枯葉よ

名曲「枯葉」の作詞者ジャック・プレヴェールには申し訳ないが、枯葉はもうシャベルでは集められていない。昔の庭師は熊手を使っていて、私がヴェルサイユに来たときもまだそうだった。現在は、秋になると風選機があちこちに登場する。ほぼ三十年ここにいて、私はまさに技術革新を目の当たりにしてきた。一般に、私たちの仕事は改革が遅れていると思われているだけに、これは注目に値するだろう。庭師と言えばいまだに麦わら帽と長靴、青い前掛けと濃い髭で代表されるからだ。私が「平服」、つまり普通の人と同じ服装で誰かに会うと、話し相手がびっくりするのを、私はつねに興味を持って確認している。私たちには私たちの職業につきまとう制服があるようだ。

この技術革新は、とくに擬古主義の傾向があるヴェルサイユでは遅ればせに行われた。私が仕事を始めた一九七六年、庭園はまだ五〇年代の趣で、そのうえ古かった。まず見た目から言って、木々は戦後の状態だった。一本の木が成熟するには五十年以上かかることを考えると、流行にはそれほど熱心にはなれない。嘘ではない。それに、この閉ざされた世界では、時代に逆行するのも簡単で、精神構造からして変化を求めていなかった。

当時非常に若かった私は、すたれた印象が庭園に漂っていたのを覚えている。私は、それでも喜んで、時代に関係のない、しかし古い世界に入っていった。昔懐かしい彩色版画の世界、この白黒の写真が私の余暇の楽しみだった。古参の庭師たちはまだ、戦後の兵士たちが庭園に雇われていたことを話していた。多くは手足を失った者たちで、その障害から警備員にされ、警備員は無能のお人好しという評判が固まった。「そんなに働きたくないなら、いつだって警備員になれるさ」と言っては、同僚たちは笑っていた。

木靴を履いた牛飼いがいたのも覚えている。確かに彼はオランダ人だったが、私にとってはヴェルサイユの懐古趣味のイメージだ。近くの大型ショッピングセンター「パルリー」と城の間には、五十年ほどの遅れがあった。時代を遡る仕組み、それが一九七六年のヴェルサイユだった。

盛大な儀式は秋に始まった。庭園が枯葉で覆われるにつれ、庭師は大型の熊手をすべて持ち出して、散歩道の枯葉を片付けた。仕事は遅々として進まず、長く、終わりのないように見えた。「織り機に百回向かい、作品に再び手を入れよ」。批評家ニコラ・ボワローの有名な言葉が私たちの標語になったほどだ。毎日、新しい枯葉が前日の仕事を台無しにした。忍耐強く、従順に大人しく、私たちは毎日、朝早くから仕事を再開した。最初の来訪者が庭園に入れるよう、しかも、散歩道に枯葉一枚落ちていないようにしなければならなかった。身をさすような寒さと湿気で陰鬱な朝、太陽さえ手を温めてくれなかったことを覚えている。角張って軽くなった葉っぱは歩くとガサガサ音を立て、鼻をさすような匂いが空中に重くしつこく漂って、葉っぱの暖色とは対照的だった。オレンジ、茶色、金茶色……庭園は雄大な景色になっていた。私は秋がもっとも繊細な季節だということがわかった。

繰り返すだけのこの仕事は、矛盾するようだが、決して単調ではなかった。ダンスのようだった。動作はいつも同じだったのだが、しかし、開門に間に合わないのではないかと心配しながらだった。庭師の貧弱なカドリーユ〔四人一組のダンス〕は、どう見ても相方より劣っていた。風が一吹きするだけで、朝いっぱいかけた仕事が無に帰した。熊手と葉っぱのバレエは九月から十二月までだった。私たちは自然より忍耐強くなければならなかった。ある日、奇跡のように、自然がお手上げし、負けたことを認めた。二輪車と、初めてのトラクターに任せる時代になったのだ。私たちは集めた枯葉を二輪車で庭園の奥に運び、そこは山積みになった。葉っぱの丘は束の間で、次の季節の堆肥になるのだった。

そう昔ではないのに、この光景はもうすっかり見られなくなった。私たちがヴェルサイユであんなことをしていたのは、たぶん、動作の美しさより伝統からだったが、しかし、あのような時間は珍しく、優美だった。私にはそれだけで充分だ。木が高かった時期もまた貴重だった。庭園は古臭く、木々は非常に高くなっていた。毎年、庭師は背の高い巨人に変身した。見上げるような竹馬に乗り、巨大な剪定用の鉈鎌《なたがま》を操って頂上を揃えていた。ヴェルサイユの長い散歩道に沿って、見渡す限り、奇妙で滑稽な戦争が繰り広げられていた。背の高い庭師対巨木だ。闘いは過酷で、落下する者も多かった。モザイク職人でしかなかった私は、日頃はくわえタバコで腕には刺青の強者たちが、三メートルの木の頂上で、恐がりながらもたついて作業するのを見て、少し嫉妬しながら楽しんでいた。

それより驚いたのは、植木バサミの方向がずれたり、失敗や事故、果てしない作業にもかかわらず、刈り込みの仕上がりがつねに見事だったことだ。現在、私たちは複雑な機械を使い、文字通り幾何学の法則を守っている。しかし百聞は一見にしかず、実際に目で見てみると、線が真っすぐではないことがわかるだろう。

ヴェルサイユの懐古趣味（皮肉ではない！）でもっとも美しいものの一つは、馬を使っていたことだ。私が来たときは残念ながら、庭園で馬が「働く」のを見るには遅すぎた。私がこの事実を発見したのは、古文書を掘り起こし、庭園の技術革新について調べていたときだ。パリで最後に馬が使われたのは、第二次世界大戦が終わったときで、これさえ例外的に思えた。ヴェルサイユでは戦後や爆撃時まで遡る必要はない。一九六七年一月、獣医師のアンリ・デブロスが「ヴェルサイユ城の馬、ド・グラシュー」（城付きの馬の名前には貴族のように「ド」が付けられた）が、進行麻痺で死んだことを盛大に発表している。

青いインクで書かれた文書があり、その中に、ヴェルサイユの庭師長がヴェルサイユとトリアノンの学芸員に宛てた手紙がある。慣例の書式のあと「貴殿に、本日午後、庭園に仕える馬が亡くなったことを謹んでお伝え申し上げます」とある。状況から見て少し滑稽だが、私の前任者は続けて、「馬は苗畑には欠かせませんので、私はなるべく早急に後任を任命したほうがよろしかろうと存じます。もし可能ならば、強い馬のほうがよろしいでしょう。と申しますのも、馬に求められる仕事の大半は耕作だからでございます」と書いている。

一九六八年の五月革命の一年前、グラシューはまだヴェルサイユで畑を耕していたのだ……。それに対する学芸員の返信がさらに興味深い。「私は代わりの馬を求めることは考えていない。我われが所有する機械化された器具で任務はある程度まかなわれるだろう。ただしオレンジの木の出し入れに関しては、補充するトラクターか、あるいは馬で、しかるべき時期までに行えるようあらかじめ考えておかなければならないだろう」。

学芸員は進歩派だったと思われ、グラシューはおそらくトラクターに代えられたと考えられる。それでも、馬はまだ受け入れ可能な解決法だったようだ。技術が奇跡を果たし、それに対して私は顔をしかめるつもりは毛頭ないが、しかしこの変化は残念に思う。トラクターで仕事はぐっと速くなるが、音がうるさく、公害をまき散らす。また、馬力があるぶん深刻な不都合がつきまとう。地面を押しつけて固め、一部の木の根っこを駄目にしてしまうのだ。結局、公害ということだ。とくに、現代庭園で、しかも歴史的な場所であれば、私たちは生産性より美を第一にしなければならない。これは今の社会では贅沢になるが、しかしここで急ぎすぎる必要はない。

それにしても、馬鹿でかくて重く、みっともなくて高価な機械は何なのだろう？　こんな進歩の化けものは、小麦の集約農業が行われているボース地方の開拓に回せばいい！　私はよく、これはスノビズムの変形か、あるいは、電子手帳や大型車の愛好家に見られる子どもじみた追っかけ熱ではないかと思う。ヴェルサイユには最高のものが必要だが、最新で高価なものはやはり悲惨な結果になるのではないだろうか。逆に、馬は汚染することなく、何も破壊せず、庭師にとっては辛い仕事も馬と一緒なら楽しくなる。来訪者にとっても、馬の仕事に立ち合えれば一つのショーになる。

二輪馬車で花を運ぶと、トレーラーやトラックより三分余計にかかるが、そのほうがきれいだろう。それに、城の窓の下に馬がいれば、誰が無関心でいられるだろう？　時間を少し無駄にするだけで、私たちは夢を見られるのだ。加えて、庭園はそれほど広くなく、車の代わりに馬で横断しても大きな違いはない。トラクターではなく馬が耕すのを見たくない人はいるだろうか？　ポニーで一周したいと駄々をこねない子どもはいるだろうか？

私はゴミの収集を馬の引く荷車でしてはどうかと提案した。そのほうが屋根に回転灯をつけたダンプカーより楽しいではないか。ゴミ収集車は悪臭を放ちながらのろのろ走るので、来訪者の散歩も台無しだ！　観光客も馬を見れば少しは気をつけ、ゴミをまき散らすのをためらうようになると、私は確信している。馬ならみんなが好きで、トラクターのほうがいいというのは少ないはずだ。当然、私の要求は真剣には受け取られなかった。

馬が使われなくなったことで事故が増えた。ある庭師は、苗畑でバックして堆肥を撒いていたトラクターに轢かれてしまった。現代的な最期と言えばいいのか、これが哀れな男の結末だった。馬なら後ろへ下がるにしてもこういうことはなく、とくに、男の悲鳴を聞けば止まるだろう。別のときは、ある男性がダンプカーに巻き込まれた。運転していた同僚は助けを求める声がダンプカーの音に消されて聞こえず、たまたま通りかかって、不幸な男の身体がダンプから半分出ているのを見た二人の庭師の手振りで、やっと気づいたのだ。結果はいつもこれほど悲劇的ではなかったが、しかしそれでも私は馬がいなくなったのを残念に思う。

ヴェルサイユには動物がいっぱいいた。私は古文書をめくりながら、一九五七年付けの、ビュフェという名の庭師に宛てた文書を見つけた。「私はかなり以前から、シャトーヌフあたりを鶏の一団が散歩しているのに気づいておりますが、どこの鶏なのかがわかりません。私としては、所有者が鶏をきちんとした場所、つまり鶏舎に保護して、外部や場違いな区画を散歩させないようにしていただきたいと願います」。

鶏の集団が、得意気にくわっくわっと鳴いてアメリカ人観光客の間を「散歩」しているのを想像すると、のどかな気持ちになる。現在、私が受け取る文書は、捨てられたままの包装容器や生ゴミに関するもの……鶏集団のほうがよかった！　そう思うのは私だけではない。話によると、作家で政治家のアンドレ・マルロー（一九〇一－一九七六）がランテルヌ館に住んでいたとき、自分の運転手に噂の鶏集団に気をつけるよう頼み、「愉快な」行列が通り過ぎるのを見るためにわざわざ車を止めさせ、言葉をかけたそうだ。

これら近代的な機械は効率的だが、しかし悲しくて冷たく、とくに楽しみがない。トラックで花を届けて何の満足が得られるのだろう？　義務を果たしているだけだ。馬だと、ふれ合いがあり、暖かみと親しみを感じて、辛い仕事を喜びに変えてくれる。夕方、へとへとになって、馬も一緒に急ぎ足で帰るのも、厩舎には何か美味しいものがあると「感じている」からだ。馬とあなたは仲間なのだ。それに、動物の傷を手当てするほうが、部品を替えるより楽しい……。馬が疲れるとあなたは心配する。そこには感情がある。あなたは馬の体調を急いで知ろうとする。たぶん仕事からなのは確かだが、しかし愛情も少し絡んでいる。翌日、元気なのを見ると、一緒に仕事ができることがわかって満足する。冬は、トラックが始動してくれないと、感じるのは苛々だけだ。それに、馬は美しい。近代的な機械はどこから見ても醜く、動作までも優雅さを欠く。動きは重くて不器用で、つねに遅すぎるか速すぎる。形は生物の基本の形を模倣したにすぎない。

「生命のない物質よ、果たしてあなたに魂はあるのか？」と書いたのは詩人ラマルティーヌ（一七九〇－一八六九）だ。機械は自分に問いかけさえしない！　これら古鉄の塊には詩的なものがまったくない。私は私たちの仕事が時間を節約するのを見てきたが、しかし魂は失われた。庭師でいると時間が好きに使えることがあり、だから重い任務も素晴らしいものになる。どこの誰が、休息の日曜日を過ごすのにトラックなど運転するだろう？　私はこの仕事はある意味での娯楽だと考えるのが好きだ。私たちが仕事をするときの仕草が好きだ。シンプルで効率的な動作を美しいと思う。私は木の刈り込み方を知っていて幸せだと思ったが、風選機を使えるようになっても少しも幸せを感じなかった。

そして今は？　庭園にはトラクターと耕耘機の音が響きわたっている。モーターとプラスチックが大きい顔でのさばり、庭園は発電所のように爆音を立て、詩情は醜い物体と技能に恐れをなして消えてしまった。昔の道具の優雅な世界は、テクノロジーの犠牲になって滅びてしまった。集積台と一緒にゴンドラに乗って牽引される庭師は、座って仕事ができる快適さはわかっているが、本物ではないと思っている。健康への影響も無視できない。機械に人間工学を考慮した椅子が装備されて以来、私はこれほど腰痛に悩む職員を見たことがない。庭園は朝から、巨大なチェーンソーや芝刈り機に占領される。この種の機械は巨大になると同時に高価になった。私たちが最近取得した機械はなんと一台十万ユーロだ。

庭師は空調の効いた広い操縦室に閉じこめられ、そこからは天候がほとんど読めない。さらに、芝を刈るのは庭師ではなく大きな二本の刃で、二幅分余計に刈ってくれる。庭師は飛行機を操縦するように、世界から遮断され、猛烈な速度で、スポーツカーのような耳をつんざく騒音の中で機械を操縦する。これはもう芝刈りではなく、機械文明だ。こんな工場のような中のどこに魂や優雅さがあるのだろう？　芝生は目で見る以上に幾何学的で、乱れた草一本ない。ここまで完全な芝生は想像力をしぼませ、魂を荒廃させる。はみ出したものはすべて刈り取り、草から顔を出してきれいだったハハコグサやデージーを切って、何の得があるのだろう？

私たちの仕事は自然に秩序を与えることで、虐殺することではない。昔の芝刈り機は、庭師が自分の作業を見ていられたのに加え、迂回して野の花を避け、欠点のある魅力を生かしておくことができた。チェーンソーはうなり声をあげて木々を簡単に伐採するが、私は危険だと思っている。確かに、暴風雨のあとの庭園を猛スピードで掃除し、結果、再開を早くしてくれたのだが、しかし、取り返しのつかない損害をもたらした。樫の木を手で切り倒すのに三日かかるとして、作業は長く、骨が折れるとしても、倒すほうはその木が事情をよくわきまえてくれていると確信できる。今の庭師たちは軽い気持ちで作業をする。何も考えずに大ざっぱに伐採するので、下手をすると隣りの木まで切り倒してしまう。仕事の出来はあまりよくない。これでは大殺戮なのだが、あっという間のことなので深刻にもなるひまもない。速くすると、矛盾するようだが、気づいたときは遅すぎるのである。

ヴェルサイユは工事現場になり、観光客が邪魔になっている。私たちの機械はそう遠からず彼らを霧散させるだろう。昔は庭師と一緒に写真を撮りたいという観光客が多かった。私たちは風景の一部だった。写真は城の前で撮るのと、汚れた前掛けに熊手を持った庭師と一緒にグラン・カナルを前に撮るポーズがあった。現在は、誰がむくつけき男と一緒に写真を撮りたいなどと思うだろう？ヘルメットでほとんど顔が見えず、巨大な掃除機のような機械を使い、煙と騒音とガソリンの匂いにまみれているのが庭師である。最悪なのは、機械の製造者は「俗っぽい庭師」を「うわべだけの真の技術者」に変えて得意に思っていることだ。

私にとっていちばん迷惑なのは、匂いと音だ。想像してみよう。刈りたての芝の生き生きとかぐわしい匂いが軽油の悪臭に消され、馬の吐く温かい息がモーターの痙攣に取って代わったのだ！かつては道具の数だけ音があり、それらがヴェルサイユで奏でるコンサートは村のオーケストラのようだった。もちろん、立派な音楽ではなかったが、しかし、心地よい音だった。今は音が強すぎ、耐えられないほどで、職人のほとんどは防音ヘルメットをつけて仕事をしている。

かつては生きていたものが、今やすべて機械になった。技術によってもたらされた利便性や快挙に比べると、これらは些細なことだが、しかし私の考えでは、私たちの生活の質を恐ろしいほど悪化させている。技術の進歩で、仕事は快適になったが、生活の状況はどうか。それを混同するのは大きな間違いだろう。皮の肘掛け椅子に座るあなたは幸せなのではなく、ただ座り心地がいいだけなのだ……。

もっと深刻なのは、すべてが機械化されたことで深い孤独が生まれたことだ。どう言ったらいいのだろう？　あなたは言葉にせずとも、機械からの情報は生きていないのを意識している。これが悲しみを生みだし、最初はほとんど目に見えないほどかすかなのだが、しかし埃が気づかないうちに家具の上にたまって積み重なるように、最後ははかり知れないほどになるのである。

それに、何という無駄使い！　かつて私たちは、秋に集めた葉を堆肥として使っていた。季節の死が次の季節の実りを保証していた。現在、枯葉は大量の燃料を食う風選機によって測道に追いやられ、それから庭園の奥でこれまた大量の石油を使って燃やされる。何の使い道もないばかりか、さらに環境を汚染しているのだ。収集は早まったのに、新たな作業が付け加わった。せっかく節約した時間を、無駄な作業に使って何になるのだろう？　それは木も同じで、伐採した木を薪として回収する代わりに、切ったその場で皮つきのまま燃やされ、誰の役にも立っていない。もっとも顕著な例はたぶん暴風雨のあとで、何千という木が伐採されたのに、木の値段は一サンチーム［一ユーロの百分の一］も下がらなかった！　木は不幸にも「屑」と見なされ、ゴミとして焼却炉へ送られて、ここでも大量の石油を使って焼かれている。最悪なのは、庭園で木を拾うことが禁止されている……。

人間の仕事を楽にしようとするのは称賛に値するが、しかし、こういう目論見は単なる利他主義ではないと疑っている。私たちは自然のエネルギーを消費していないが、しかしサウジアラビアの地下エネルギーを使っている、それだけのことだ。私はこのような作業が有益かどうかはわからない。いずれにしろ、私たちの仕事には必要がなかった。加えて、環境にもたらす損害が気がかりだ。例えばトラクターは、地面を押し固めて台無しにする。自動車工場が公害をまき散らすのはまだわかる、しかし、私たち庭師が自然を痛めたのでは、愚の骨頂ではないか？　自然を豊かにすることを任された者たちが、それを台無しにするとは、常軌を逸している！

三十年間で使用された殺虫剤や除草剤の量は、私の努力にも関わらず、二倍になった。私は年間に使用された有毒な製品の報告書を読むと悲嘆に暮れる。それらの使用は土地にだけでなく、最悪の場合、使用された有毒な製品の報告書を読むと悲嘆に暮れる。それらの使用は土地にだけでなく、最悪の場合、使用人にとっても有害なことがわかった。もちろん、安全対策のガイドラインは山のようにあるが、他方、それを活用する方法となると明らかに少ないのが現実だ。少し前、私の職員が有毒な新製品に関する立派な研修を受けた（製品が有害なほど、「毒」という言葉は使われない）。それを受け、庭師たちは有毒物の扱い方や使用法について素晴らしい講義を受け、貯蔵する際は「安全」で立派なキャビネットに入れると学んだ。製品は無事に届いたが、キャビネットはなかった。こういう取り引きではこのようなことが平気でまかり通り、取り返しがつかないことも多い。

三十年は自然からすると短いものだが、私はヴェルサイユの環境が悪化しているのを確認している。トラクターや警備員の車による見た目や音の公害に加え、土地や自由地下水の状態が心配すべきものになり始めている。除草剤や有名なＤＤＴが、一部の土地や動物、そしておそらくは人の健康に、取り返しのつかない害を与えるのに一世紀もかからなかった。かつては、庭師が製品をちょっとなめたりして、使用量が正しいかどうかを確認するのが習慣だった……。毒味役の鳥が悪い予兆を知らせるような役目はもうごめんだが、庭園には現在、危険が迫っている。

ヴェルサイユに来たての頃は、朝起きると、雉子鳩や郭公《かっこう》の鳴き声が聞こえた。今は国道を通る車の音と、暴風雨のあとなどは大型ショッピングセンターのパルリーⅡが見える。郭公の声が聞こえたのはそれほど昔ではなかったのに……。

フランスが技術革新の激動に揺れたのは一九五〇年代と一九六〇年代だったが、その波はヴェルサイユには一九八〇年代以前にはやってこなかった。現象として非常に興味深いのは、私がこの技術革新に追いかけられていたようで、それがまだ続いていることだ。私の子ども時代に即席スープや電気洗濯機が登場して主婦を解放し、青春時代はレコードプレーヤー、仕事を始めたときは機械仕掛けの道具が電気の器械に代わり始めていた。私がオートバイのヴェロソレックスにまたがってセル＝サン＝クルーの坂道を登っていたときは、後ろに電気の妖精がついているようだった。

この技術革新が重要な意味を持つのは、それによってこれまで何千年と存在していたものが形を変え、さらには消えてしまったからだ。例えば、土を掘る道具は旧石器時代からある。確かに、マンモスの角を使ったものはもうずっと以前からないが、旧石器時代と私がヴェルサイユに来た頃の道具の違いは、後者と現在使っている機械の違いに比べるとぐっと少ない。

実際、農耕道具は非常に早期に考案され、形も早くから、完全ではないにしても、ある程度のものになっていた。ギリシャ人はすでに万能［刃幅の広い鋤］や摘み取り用の鉤、熊手、シャベルや鋤を使っていた。これらの道具は時を経てもほとんど変わらなかった。例えば、鋤の柄のY字やT字型は握りやすく、ことによっては簡単に水はけができるのだが、これはローマ時代に考案されたものだ。実際、産業革命まで、鍛冶屋は文字通り先祖伝来の技術で仕事をしていた。やり方は何世紀も同じだったのだ。道具は貴重品で一人ひとりのもの。庭師の手や体形、力に合わせて作られていた。それを庭師が花や葉っぱの絵、自分の好きな言葉や数字で飾ることもよくあった。自分の農場の動物と同じように、神に祝別してもらうことも珍しくなかった。こうして道具はその「人に合わせた」ものであり、もし庭師が亡くなって、誰も貰い受ける人がいなかったら、溶かし直された。鉄は貴重だったからである。

だから、軽々しく扱ってはいけない。道具はその概念からして、その人の分身とも言え、結果、あなたが道具を授かったら、同時に何世紀にもわたる影響も授かる。道具は何世代にもわたって手から手へ受け継がれ、出会いのお膳立てをしてきたのだ。前任者と、その前に受け継いだ人たちすべての痕跡が、あなたの指にからみついていた。道具を通して、象徴的な握手が交わされた。そこで受け継がれたのはおそらく感情的にも濃いものだった。あなたが鎌の柄を握って草を刈るとき、何千年と行われてきたことを繰り返しているのだ。それは単純な動作にしては驚くほど重いものだったが、しかし非常に安心感を与えるものでもあった。あなたは文明と同じくらい古い動作に支えられていたのである。なんと楽しいことか！　あなたは人間だと認められていた。

今はもうそうではない。人間と道具の関係が変わるには長い時間が必要だった。十九世紀から、近代化に向けての取り組みがなされたが、本当に変わったのは一九六〇年代、さらには一九七〇年代だった。何世紀にもわたる古い改良などぶっ壊し、以前とはまったく違うものにする、これこそ本来の大革命で、ヴェルサイユは少なからず知っている……。

私の家には画家カイユボット（一八四八－一八九四）の『庭師たち』の複製画があり、私は特別に好きだ。この絵が表現しているのは私がヴェルサイユに来た頃の世界そのままなのに、制作年は一八七五年！　一世紀も経っているのに何も変わっていなかった！

描かれているのは菜園で、花の植え込みと果樹が植えられた壁に囲まれ、壁の後ろに背の高い糸杉が並んでいる。壁に沿ってガラス板があり、若い木を保護している。前景では一人の庭師がレタスに水をやっている。袖をめくりあげ、青い前掛けに麦わら帽、この仕事を愛している者ならではの真剣な様子だ。作品全体で、カイユボットはこの庭師を軽く扱わず、気晴らしをしている様子も与えていない。彼のほうに向かって、両手で水がいっぱいに見えるジョウロを二個持つ同僚もそうだ。二人の男は裸足で仕事をしている。木靴以外、水や泥、雪に強い靴は少なかったのだ！　一九七六年には、庭師は靴を履いていたが、中には、とくに古い庭師は裸足で仕事をするほうが好きだった。カイユボットは二人の男の顔が帽子の影でわざと見えないようにし、服装も同じにしている。まさに典型的な「庭師」で、誰もが頭の中で思い描く庭師の原型だ。私の場合はそこに生きた思い出が加わる。カイユボットの庭師は、私をヴェルサイユで迎えてくれた人たちだ。

彼らの後ろに鐘型のガラスが並んでいる。これらは覆いと温室の両方の役割をしていた。メロンを育てるのにもっともよく使われ、だからどのメロンも小さなガラスの帽子をかぶっていて、それを私が朝持ち上げ、ちゃんと成長しているかどうかを興味津々、心配しながら見ていた。また空気が通るよう、鐘型の下に小さな土の壺を置き、覆いを少し持ち上げる作業も必要だった。この小さな壺はきれいだった。ごく普通の壺だったのは確かだが、しかし一個でも割れると悲しくなった。

それが緑のプラスチックの壺になり、壊れないうえに使い捨てとは言うが、実に醜悪なものだ。どういう理由でこうなってしまったのだろう？　土の壺は壊れやすくて使いにくく、私たちは注意して扱ったものだった。そして新しい形の壺が来ても、前の型で「生き残った」ものを再利用していた。どんなにつまらないものにも重みと輝きがあり、大事なものになっていた。それはたぶん時間がつけた古色だろう。プラスチックの壺は使用できなくなる前にゴミになることを言っておこう。誰がプラスチックの壺を部屋に飾ったり、ペン入れにしたりするだろう？　これら愛おしくて時代遅れのものすべての足跡を保存するため、私たちは仲間の職人たちと一緒に「昔の」道具のいくつかを作ることにした。これがせめてもの闘いで、土の壺も晴れて生き返ることになる。

私たちが道具に対してなおざりになるのは、たぶんあふれているからだろう。現在は、新しい道具を買うほうが簡単で、庭園では最後まで使い果たすことはなく、とくにプラスチックはそうだ。それがもっとも顕著なのは、誰一人として修理しないことだ。熊手が壊れた？　大したことではない。倉庫には同じものが三百個もある。昔は、経済的な理由だけで、道具は修理されていた。長持ちさせなければならなかった。それに今よりずっと丈夫だった。

ヴェルサイユでは、庭師は自分の仕事道具に責任があり、壊れたら自分たちで直した。新人の若い庭師は、初日に鋤とジョウロをもらい、それを退職するまで持ち続け、取り替えるより修理するほうがよいとされていた。道具が最初の仲間、最初の証人になった。その道具とともに、そのおかげであなたは職人として仕事を全うした。そのためには油をさして磨き、掃除しなければならず、もし何かの拍子に紛失しようものなら、見つけるまで探さなければならなかった。道具はすぐにかけがえのないものになった。道具にもあなたの人生の思い出が刻まれていた。それに、時間をかけて改良し、使いこなし、修理すると、何にも増して愛着を持つようになった。

私は一度、自分の鋤の上部を壊してしまったのを覚えている。私は新しい柄に取り替えてもらうのを、心配して待った。修理工の手で蘇ってきたのを見たとき、私はこれからはもっと気を配ろうと心に誓った。私は幸せだった。現在、鋤の柄はグラスファイバーで、壊れる心配はなく便利だが、奇跡のように新しくなることはもうない……。最初は経済的な理由で貴重だった道具は、気持ちのうえで貴重なものになった。それを後輩に譲ることに誇りを持ち、年配の同僚から貰い受けるときは感動した。なぜなら、手にした道具はその人の全人生だったからである。

退職して去っていく庭師たちで、「孫のために」道具を持ち帰っていいかと頼む人がたくさんいるのを私は知っている。「晴れの日用に」と新しい前掛けを望む者もいる。もう使うことはないだろうが、しかし、きちんと折られてナフタリンの匂いがする前掛けは、過ぎし日のトロフィーなのだろう。私より数年年上の彼らのことを考えると懐かしくなる。昔の時代を知っていた人たちが、現在職を去ることになって、何を与えてくれるのだろう？　プラスチックの壺に入った造花だろうか？

素材は嘆かわしいものになった。機能的ではあるが、そのぶん冷たくて醜く、気を滅入らせる。子ども時代の種袋には、想像上の豊かな花や果物、見事なインゲン豆が描かれていたのを覚えている。色は鮮やかで、葉っぱの形から、縁日の力業芸人を思わせる赤ら顔で腹の出た庭師まで、すべてが豊かさを連想させた。デッサンには加えて実用的な利点もあった。庭師の多くは読み書きができず、教会のステンドグラスが福音書を語るためにあったように、図で種の成長がわかるようになっていた。現在、種は真空包装で、アルミニウムの小袋に入っており、表面には絵も何もなく、植物の名前と有効期限のスタンプが、場所をかまわず、はっきり見えない文字で押されている。灰色で、手より冷たく、まるで葬式用の文字板のようだ。植物はまだ育っていないのに、すでに死が宣告されている。こんな包装だと、私は個人的にはまったく植える気がしない。

一部の用具はほとんど消えてなくなり、現在、モーターの機械に置き換えられている。うるさいうえに公害をまき散らし、結果はあまり芳しくない。大型の柳細工の籠は見るからに立派で、私はその軽さにいつも驚いていたのだが、それもゴミ袋に代えられた。どれも同じで醜く、部下はみんな気にもせず無駄遣いをしている。どうして彼らを咎められるだろう？ 誰がプラスチックの袋など気にかけるだろう？ プラスチックは敵だ！ プラスチックの登場で、私たちの道具は画一的になり、価値もなくなった。小型の移植ゴテは、私たちが花を植えるのに使い、柄の木部に自分のイニシアルを彫る者もいたのだが、現在は規格品で、プラスチックになった柄がよく曲がるので、部下は一旦仕事が終わると捨てている。

ジョウロも同じだ。昔は違う形が千個もあった。小さい容器に小さい首のついた小さなもの、広い面のための大きなもの、温室の貴重な花のために容器が小さく注ぎ口の長いもの、茂みの中に届くよう大きい容器で注ぎ口の長いもの、首が固定しているもの、取り外しができるもの、素材も銅、鉄、木、鋼鉄、あるいは合金、どの型もある特別な状況に対応していた。気品があり、何千という違った形に個性があり、溶接部分は戦争で負った傷を思わせた。ジョウロを選ぶときは子どものように嬉しかった。アリババの洞窟のような小屋の奥で、どこもかしこも影で薄暗い中、三十六種類もの違う種類の中で迷い、埃にまみれて探しまわり、ついにこれというジョウロを見つける。それが今はどうか！ トラックの奥に型にはまったジョウロが五十個整然と並んでいて、せいぜい型は二つでサイズは四つ、もちろん全部が濃い緑で、なんとも嘆かわしく、面白味さえない。

不格好で奇妙な道具を見つけ出し、そして花壇に水を撒くのは、愉快で、少し不思議でもあった。現在、庭園のスタッフが行っている水撒きは、郊外の一戸建てののどかな庭ならどこでも見られる光景と同じだろう。プロの道具が誰の手にも届くものになり、アマチュアとの唯一の違いは使われる量で、道具そのものではない。物は共用にすると、平凡になる。それは二輪車や鉈鎌、剪定バサミも同じで、それらはすべてが似ており、一般に遠方の同じ工場から供給されている。これらは手入れされることもなく、使って、捨てられる。

かまうものか！　同じ機能で同じものなら、倉庫に行けば山のようにある。さらには噴霧器までそうで、どれも同じ形で、相互交換可能、たいていが使い捨てだ。しかし、それも消えつつある。手動式の噴霧器がだんだんとプラスチックの大型タンクに代えられている。昔の庭師たちはそれらにチームの色を塗り、得意気に見せびらかしていた。現在は、壊れる前に捨てている。画一化から生まれたのは悲しみだ……。

技術の変化とともに、実地体験も消えた。おそらく私は、自分の職業を知った最後の人間の一人だろう。完全に忘れられる前に、これからの数行を捧げたい！　鉈鎌と小型の鉈鎌は、中でもとくに樹木の傷口をきれいにするのに使われていた。接ぎ木は伝統的な作業で、アマチュアの庭師なら誰でも一回はしなければならない作業だったのに、それももうほとんど存在しない。植物は既製品の形で買われ、結果として小型鉈鎌は棚に仕舞われることになった。

鉈鎌は世界でもっとも古い道具の一つだった。ギリシャ人にとっては知性のイメージで、曲線と鋭角が同居している。私は鉈鎌が特別に好きだ。なぜなら、その形が不思議でならないからだ。この道具は巧妙で正確を期する作業になくてはならず、二本の枝を分けたり、茂みの中の一本の苗木だけを切ったり、邪魔な木蔦を取り除くのに使われた。ヴェルサイユには柘植、動物の角、象牙など、あらゆる型のものがあった。現在は埃にまみれて地下に眠っているが、いずれ、私がたまたま見つけたルイ十六世のジョウロのように消えていくだろう。

巧妙だった鉈鎌よ、さようなら。毛虫駆除器も、接ぎ木用ナイフ、削り道具、枝下ろし用の鎌もさようなら。柳細工の籠、編み込み籠、イチゴがきちんと並んで眠っていたでこぼこの籠も、さようなら。そして、球頭、丸ノミ、果物摘みなど、さまざまな名前で呼んでいた何千という摘み取り用の道具も、さようなら。今は振動板が木の幹を締め付け、哀れな木を拷問のように揺すって果物を落としている。

一般的に言って、多少とも細心の作業をするための道具は、すべて一掃された。手バサミは電気やモーターの垣根切りに取って代わり、切る枝を選ぶのが難しくなっている。振動する刃をどう誘導したらいいのだろう？　樹木を刈っているのではなく、虐殺している。こんな作業ではそれぞれに適した道具などまったく必要ない。モグラの罠用の薄い刃や、月桂樹の剪定バサミの大きな刃が何の役に立つのだろう？　あれもこれも、時代が過ぎてすたれた古いものよ、さようなら！　いつの日かたぶん、私以外の人がクボタのトラクターや六十立方センチの風選機を懐かしそうに語るだろう。

私が初めて仕事に就いた日、鍬《くわ》を手に渡され、花壇の土を掘り起こす作業を命じられた。鋤と鍬、熊手は庭師の七つ道具だった。この三つと、少しの経験で、園芸の作業はすべてできた。土を軽く耕すことなど簡単で、子どもでもでき、道具もすべて適合している。私も実際に始める日まではそう思っていた。ところが、私は初日にひどい目に遭った。私は野獣でも調教するように力任せに掘り、躍起になっていたようで、報いとして受け取ったのは手のマメと腰痛だけ、土はといえば溝のようになっていた。うかつにも当時、仕事に対して真面目に注意を向けていなかった私は、修行と共同作業の意味に気づいたのだった。

朝は中庭での集合で始まった。そこで一日の仕事が割りふられたのだ。明け方に集まると、中央にいる庭師長コロンが、熊手や鍬の柄にもたれている者を叱り飛ばし、制服を点検し（青の作業服で、国立公園ナショナル・パークのイニシアル「ＮＰ」のついたヘルメットが自慢だった）、ある者を褒め、ある者を懲らしめた。その様子で私の頭に浮かんだのが映画『戦場にかける橋』だった。男の世界と制服、反逆児がいて、新米と老練もいる、足りないのは音楽だけだった……。

ある日、私が音楽を口笛で吹くと、同僚からはある程度認知されたのか、列の間で笑いの渦が起きたのだが、機嫌を損ねたコロンには叱られた。映画でニコルソン大佐役を演じたアレック・ギネスと、いかにもフランス人らしい肥満体の自分を比べて、分が悪いと感じたのだろう。朝の集合時はまた最初のコーヒーが飲める時間で、同僚の多くはリキュールを数滴たらして「薄めて」飲んでいた。リキュールはいつも名前のはげた小瓶に入れ、大事そうに胸に抱きしめていた。

当時の庭師は「男らしく」、朝から酒を飲んでタバコをふかし、それもメンソールではなかった！良家の息子はイギリスのタバコ、カウボーイはアメリカのタバコを吸うように、ヴェルサイユの庭師は一日じゅう、フランスのフィルターなしのタバコで、一口吸うだけで胸がむかつくボワヤールをくわえていた。唇にしけもくをくわえたまま話をし、仕事をする。タバコに火を付けて唇に差し込み、そのまま手に唾を吐き（歯の間にしけもくがあると離れ業だ）、そして鋤をつかむ。我が家のように知り尽くした庭園内に住み、「ババア」と呼ぶ妻には言いなりだ。九時になると軽食を取る。これは当然で、仕事は肉体労働、三時間も幹を鋸で切ったり、皮つきの材木を移動させたりしていると腹はぺこぺこになる。

庭師は悲しいかな、行儀作法にかけては詳しくない。これに関して、私は一九六一年二月付けで庭園の職員に宛てた職務文書を見つけた。班長が部下の「教育の完全なる欠如」を嘆き、「誰かが入ってきたら、ましてや学芸員氏の場合は、せめて立ち上がって挨拶するぐらいの礼儀をわきまえよ」と注意を促している。庭師は農村出身者が多く、中には学校を早くに辞め、結果、礼儀をわきまえない者が多かった。細かいことで面白かったのは、私が来たときに「先輩」がしてくれた最初の忠告の一つが、「上司」を見たらすぐに立ち上がれということだった。きっと一九六一年の文書に従ったのだろう。これが、私がヴェルサイユで最初の頃の朝に抱いたイメージだ。現在の庭師を考えると、飲むのは紅茶で、タバコは吸わず、クロロフィルのガムを噛んでいる！

当初、私は庭師長のコロンに冗談の一つも言えなかったのだが、そのコロンが、私の才能が見劣りするのを見て「まあ、おまえは、少なくとも口は悪くない」と私を持ちあげると、みんなが笑った。ところがこれがなぜか化学反応を生み、一種の「開けゴマ！」の合図になった。それまで私は他の仲間と少し距離があると感じていたのに、その私が突然、グループに溶け込んだのだ。コロンは「奴は我われの仲間だ」と大声で言うこともできただろうが、それだとこんな効果はなかっただろう。

以降、仕事は辛くなくなり、みんなが私に話しかけ、教えてくれるようになった。いつも好感の持てる庭師がいて、私に動作を見せ、こういう姿勢を取ったら腰が痛くなり、どういうふうに体重を配分すれば無駄な力を使わずにすむかを説明してくれた。もちろん、私はそれなりに辛い思いをし、水ぶくれができても文句を言ってはいけなかったことを覚えているが、この努力は無駄ではなく、ちゃんと身についていることを感じていた。それに、当時の普通の若者たちの境遇とは逆に、私は支えられていた。手に打撲を負ったり、痙攣したり、水ぶくれが破れて肉が露出したりすると、決まって言われるのが「失敗すればするほど学ぶものだ」。下手な慰めよりよほど力になった。

私に任された仕事は非常に単純だったが、しかし、きちんとやるには小さな「コツ」をいくつも知っていなければならなかった。これらは本を読んで見つけるものでもなく、資格を積み重ねてもわからない。非常に単純でありながら人間的で、しかし実習が必要な専門的知識である。私は、通信教育はあまり信用していない……。少なくとも園芸の分野では、ただ練習するだけでなく、間違いを正してくれ、何千という職業上の秘訣を教えてくれる先輩の目の前で練習しなければならない。そうすることで、私たちの知識は頭で習得する以上に伝わる。たぶんこれは、少し優越感をこめて言わせていただくと、「手仕事」の職業に特有のものなのだろうか？　私の考えでは、自分の手を使う仕事ほど美しいものはない。

「手が言葉を解放する」。古代生物学者のアンドレ・ルロワ＝グルラン（一九一一－一九八六）は、言葉は自分の手を使う人間の能力の産物であると断言している。もっと一般的に、思考の起源もやはり手の動きにあるという主張は広く知られている。親指と他の指が対立しているのは知性から生まれたのだろう。私はこれが本当かどうかは知らないが、しかし、私にとって身体のいちばん高級な部分の一つが軽視されているのには驚く。手のひらには一人の人の人間性や個性がすべて集中している。指紋は一生を通して一人の人間を識別できる唯一の印で、中には手の線にそれぞれの運命が隠れていると信じる人もいる。

私は手相占いにはそれほど趣味はないが（信頼となるともっと少ない）、それでも手が持つはかり知れない特性は好きだ。手には年齢や苛立ち、趣味まで表れるのが好きだ。私は、同僚の多くもそうだが、観察することに情熱を持っている。手は私にとって、人間の魂を研究するもっとも大切な領域だ。休日に陶芸をしていたブルジョワ女性の短くて粗野な手、非常に美しい女性なのに曲がってごつごつした指、葉巻を吸う人の黄色くなって広がった指の関節、神経質な思春期の子の剝がれた角質、作家や教授の中指にできたペンだこなど、私にはいろいろと細かい部分が目に入り、さまざまな状況を理解することができた。結局、それは植物を認知するのと同じで、細かいことから特徴を確認することができるのだ。

子どもの頃、祖父の手を長い間見つめていたのを覚えている。片手には生気がなく、黄色くて少し萎縮していた。病気の手だ。もう一方は、生き生きしている部分と老いた部分が同居している、庭師の手だった。記憶の中での祖父の顔はかなり前から色あせているが、目を閉じるだけで手は思い出せる。ふくらんだ静脈、黄ばんで皺だらけで、ほんのり紫色に腫れた肌、短くて、びっくりするほど固い爪（最後は切るのに剪定バサミが必要だったのではないだろうか）には白い筋目があり、先が黒くなっていた。さぞや祖母には迷惑だっただろう。私は自分で、高く神々しい山がいつも万年雪に覆われているように、祖父の指も万年土に覆われているのだと思い込んでいた。その私も今、服装も生活も企業家のようでありながら、爪はどこかがつねに傷んでいる。

私は現在の見習い生に同情する。私に言わせると、私たちは手作業の教え方がもうわからない。なぜなら、今や園芸は数学や哲学と同じように教えられている！　一見、哲学は公園では非常にうまく教えられそうだが、その逆は園芸には当てはまらない。図書館に閉じこもって説明書を読んでも、キャベツの植え方や育て方についてレポートを書いても、職業上の大したことは学べない。機会と知識の平等を願うのはいいことだが、必要とされる知識は多岐にわたっていることを認めなければならない。平等の探求は、どちらかというと高潔なのに、最悪、教育の画一化に終わり、とくにフランスのように階級制度の悪癖がある国では、受けるべき教科の見本はもっとも高尚な教科の見本、つまり知識人のそれになる。平等は規範や順応主義者を生みだし、私はすでに吐き気を催しそうなのだが、しかし、この教育が失敗していることは明らかだ。園芸に於いて農業適性証書や農業学習免状、職業大学入試資格やその他の上級技術者免状の結果はどうだろう？　私のところに来る「新卒」は、植物学の教科書に出ていることは完全に知っているが、それが本やＤＶＤではなく、木立にある植物となると認識する能力がない！

庭師にとっては品種全体を知ることがだんだんと辛くなっている。矛盾するようだが、目録がきちんと整理されるようになってきたからだ。覚えなければならないことが多くなるほど覚えられることは少なくなる。加えて私たちの職業は、私に言わせると観察するのが仕事で、植物を知るためには見て、さわらなければならない。こういう状況で外来の植物を知るにはどうしたらいいのだろう？　それに一部の品種は急激に増加している。流行と植物学的な操作で、毎年、何十種類という新種のバラが作られているのだ！　これは私にとっても問題で、最新情報に精通していなければならないだけでなく、たまたま誰かにある品種の花について聞かれたら、先行きの見えない探求が始まる。

毎年、それほど新種が作られているので、同じ種子を見つけるのは不可能だ。とくにバラが増えている。あなたはバラの品種カトリーヌ・ドヌーヴが好きで、美しいと思っているだろうか？　これはすでに二百種類の新種が創られている……女優の名前は長続きする！　加えてこれら最近の花は弱いうえに「不実花」で、自力では繁殖しない。あなたがヴェルサイユを散歩しても、野生のニオイアラセイトウやバラのポンパドールはもう見ることができないだろう。

ヴェラ・カンティニは、ある品種についての情報を集めるときは、植物図鑑を手に庭園へ出た。ヴェルサイユ程度の面積なら、探している花は必ず見つかった。ことによっては、自分のところに帰ってから、ハンドブックに発見したことを書き加えた。私の年齢ぐらいになるといくつか恵まれた点があり、おそらく私は植物学者ガストン・ボニエ（一八五三－一九二二）の『新植物相』や、庭師の教科書『ラガルド&ミシャール』を使った最後の世代になるだろう。これ以上ないほど難解だった本は、植物をその特徴で定義していた。葉が「交互に托《たく》葉を持ち」（原文通り）、上生花だと、それはマーガレットである。呼称は複雑に見えるが、簡単な事実をカバーし、第一に正確だ。やることは難しくなかった。信頼のおけるガストンを読み、それから花を見に行き、花弁を数え、花と葉の形も観察し、これらの情報を元に花を特定する。知識は手の届くところにあった。

今は観察もせず、植物図鑑たるや分厚くて持ち運びできないほどの写真のハンドブックに代わり、さらに最近はＤＶＤに取って代わった。技術のおかげでわざわざ現場に行かずにすむ。庭園を散策に行くより、閉じこもったままできるのが進歩とは！　加えて、写真だと植物の大きさがまったくわからず、ある見習い生はクロッカスをモクレンと思い込んだおかげでいまだに有名だ……。さらに変種は無限にあり、挿絵への信頼性もすっかりなくなった。植物や花の各類型を紹介するには、どんなに分厚いガイドブックでも用をなさず、二十巻の百科事典が必要になるだろう！　例えば、樫の木一つとっても五十種類以上はあり、一つの品種で五十枚の写真を本に載せることなどとてもできない！　もしこの難題が解決できたとしても、庭師の見習い生は冬に西洋トネリコと樫の木をどう見分けるのだろう？

教育が理論的になりすぎ、結果、いかにも難しいことを学んだ気にさせる。庭師の多くの仕事は、それが植物の葉っぱに関することなら、農業学習免状などを付与して専門化するほどのことではない。そんなことは簡単に理解できる。見習い生を悪く言うつもりはないが、こんな制度にだまされているのが残念なだけだ。

私は修行という概念が好きだ。過ぎ去った時代を懐かしむ気持ちからではなく、知るには時間がかかるということを言外に匂わせているからだ。一つの動作をゆっくり身につける、少なくとも数学の公式よりはぐっと時間がかかる。一つの動作を自分のものにするには、それがどんなに単純なものでも、何度繰り返さなければいけないのだろう？　ピアニストになるには何年もかかる。手に与えられた知識を覚え込ませるのに、なぜ一ヶ月（見習いの平均期間）で充分に庭師になれると考えるのだろう？　ノウハウを身につけるには大変な時間がかかる。園芸はたぶん他よりは単純だが、いずれにしろ知識よりは遅い。

現在の社会は、安全に関わる職業にしか長期の研修を認めていない。医者や飛行機の操縦士の養成に時間をかけるのは当然である。エアバスの操縦士が二十歳の若者なら、乗客は全員逃げ出すだろう。庭師も、隣人に危険を及ぼすことはないが、同じである。一つの動きを自分のものにし、さらにその影響まで知るには時間が必要だ。ところが、このことが瞬時に理解されることは滅多になく、とくに私たちの職業ではそうだ。一本の木が成熟するには何年もかかる。その木に生育の見込みがあるかどうかは、一年や二年そこらではわからない。植えた木が立派になるかどうかは、十五年待たないとわからないのだ。

私にとって、一本の木の世話をすることほど素晴らしいことはない。花と違って、木々は持続してそこにあり、そして必要なものだ。地面を支え、空気を新しくし、多くの動物をかくまい、ことによっては、醜い光景を隠してくれる。花は一時だ。春に咲いて数ヶ月後には枯れていくのに対し、木は完全に環境の一部である。そして木には過去がある（ルイジアナ州の樫の木農場では、ハリケーンのカトリーナが歴史の一頁をもぎ取ってしまった）。

ゆっくりした歩みは、私たちの仕事の基本である。ル・ノートルが紋章に選んだカタツムリは、この本来の側面をユーモラスに強調するものだ。ここに近年の技術革命が成功しなかった理由がある。技術は多くの奇跡を成し遂げたが、庭園ではそうではない。急いで行われた仕事ではよい結果は生まれない。なぜなら、自然の歩みは遅いからだ。結局、リズムと調和の問題だ。そんなに急いで何になるのだろう?

かれこれ数年前、私はカメルーンでの結婚式に招かれた。森は現実とは思えないほどだった。見上げんばかりに大きい木々が見渡す限り続き、猿やオウムの音でざわめいている。私は友人と一緒で、彼は一日かけて長旅をしてきたのだから車で行こうと言い張った。こうして私は、カメルーンで見たのは高速道路だけで、フランスの国道と大した違いはなかった。夜、結婚式のあとの宴で、若い少年と話をし、彼は歩いて森を横断してきたので、二日かかったと言った。私はもっと早く来たのだが、しかし、時間を無駄にしたのが誰かは明らかだ。

こうして、私の青春であるヴェルサイユはどこかへ行ってしまったのだが、後悔しても始まらないのはわかっている。この埋もれた時代の最後の輝きを知ったことは幸せだが、その後、庭園が美しく近代的な事業になっていることにはもっと幸せを感じ、これからもよりよくするために貢献したいと願っている。

第9章 モリエール、マルロー、マラルメ

私が住んでいるのはモリエールの家である。その前に住んでいたのがマルローの家だと思うと、文学に弱い私としては赤面するしかない！　一九八二年から住んでいるここトリアノン公団は、城を除けば、領地でもっとも古い建物だ。元は、現在は壊されてしまった磁器のトリアノンに遡る。あまり知られていないが、ヴェルサイユの地所には森の奥に隠れるように小さな館がたくさんあった。召し使いとその家族が住んでいたのである。私が住んでいるのは明るくきれいな建物で、古臭い木製のドアが年代物であることを示している。昔は厩舎だった。曲がりくねって、車でも徒歩でも不便な道が入口を守っている。

見かけは質素で、近隣の豪華極まりない建物に比べると見劣りはするのだが、それが私がこの場所を気に入っている理由だと思う。大理石と金の大きな建物だと私は怖じ気づいてしまう。見て楽しむのは好きだが、そこで生活したいとは思わない。それらはすべて装飾が似すぎている。ルイ十五世がクロード・リシャールのために建てた庭師の家でさえ豪勢すぎる。王が恩着せがましく従僕

に与えたのは、立派に貴族の別館だ。私はそれより、外見は粗野でもトリアノン公団のほうが好きだ。これといった役割は何も与えられていない。引っ込んだところにあり、広い芝生に面していて、トリアノンの正面からはそう遠くない。立地としては理想的、庭園の中心にありながら、独立している。

ここでの夕暮れは素晴らしく、妻と一緒にグラン・トリアノンの花壇まで降りていき、庭を飾る大理石のベンチに座ってシャンパンを飲むこともある。太陽の光で赤くなった素晴らしい城の光景に見とれながら、二人でいろいろな話をする。心が安らぎ、空想に思いを巡らす穏やかな時間だ。私たちはお互いその日あったたわいのないことを話し、私たちのグラスの氷が響く音に合わせて、トリアノンがオレンジ色の光の輪の中に消えていく。私は日常的でありながら特別なこの瞬間が大好きだ。これは私にとって、ヴェルサイユが与えてくれる大きな特典の一つだ。

トリアノンで豪華な晩餐会がある夜は、祭りの光を楽しむ。二〇〇〇年に移行する世紀の変わり目に、ギリシャの船舶王が主催したパーティーのときもそうだった。トリアノンでは我われのメセナや政府によるレセプションはよく行われるが、個人に貸し出されるのは極めて稀だ。ギリシャの億万長者はその名誉を与えられるにふさわしい人物だった。なぜなら、晩餐会は極めて豪華だったと言われているからだ。

私はこういうレセプションにはあまり出席しない。まずは庭師が招待されるのは例外的なのと、それに、自分の家のほうがいいのを知っているからだ。ヴェルサイユで花火を楽しむには、トリアノンより私の家のサロンのほうがいい！　社交界のお偉方が、窮屈な衣装や軽すぎるドレスに首まで埋まり、やっとのことでしか見えない打ち上げ花火に耳をふさぎ、目をくらませている間、私はこういう機会に必ず招く友人たちと一緒に、花火のショーを見て無上の喜びに浸っている。田舎の生活と城の生活を両立できたことは、私の特権としては小さくはない。

モリエールもヴェルサイユの大饗宴には招かれなかった。そこでの彼は従僕で、当時の厩舎に住まわされていたことがヴェルサイユでの彼の立場を雄弁に物語っている。彼がそこに滞在したのはほんのわずかの期間だが、庭園にもたらしたユーモアと知性は何世紀も受け継がれている。彼の文学的な才能について私はあれこれ判断できる立場にないが、それはさておき、私は人として心から敬服している。

ヴェルサイユに結びつく偉大な名前の中で、モリエールは早くから、たぶんラ・フォンテーヌとともに私の好みだ。他の誰が、コンティ公や母后を筆頭に居並ぶ黒襟の信心家の前で、宗教的偽善を告発する『タルチュフ』を大胆にも上演できるだろう？　事件はスキャンダルとなり、作品は上演禁止にされたが、モリエールは一行も削らなかった。勧められて宮廷人になる道もあったのだが、彼は独立と笑いのほうを好んだのだ。当時の聖職者でソルボンヌ大学の博士が「人間の肉をまとった悪魔」と呼んだモリエールが、私を守ってくれますように！

モリエールはさらに個人的な思い出にも結びついている。一九七七年、私は駆け出しの庭師で、これ以上ないほどつまらない仕事を割り当てられていた。その中の一つが、一般の人が来る前に、散歩道と木立の葉を掃除することだった。庭園は夜明けとともに開き、私は朝の八時から仕事に就いた。日はすでに昇り、私は朝の冷気を心地よく感じていた。いつものように静かに仕事を続けていると、突然、茂みの後ろからひそひそ声が聞こえてきた。私はヴェルサイユに来て間もなかったが、先輩からはすでにいろいろな話を聞いていた。庭園を舞台に、血なまぐさいものから淫らなものまで、細部を小説ふうに脚色して面白おかしく話してくれたのだが、そのときに私がどういう態度を取ったらいいのかまでは話してくれなかった。

私は咄嗟に鋤を槍のように掲げ、ざわめきが聞こえる王妃の木立の方角に向かって進む。一瞬、同僚を呼ぼうか迷ったが、好奇心のほうが強かった。緑の茂みの後ろに立ちはだかっていたのは魅惑的な光景で、二十人ほどの男女が時代物の衣装を着て、その場に陣取っている。その中で一人の男性が情熱的に詩を朗読している。彼が振り向くと、なんとそれはモリエール、高校の教科書に載っていた顔と同じだ。「ローラン、私の苦行服と鞭をしまっておきなさい」［タルチュフ第三幕第二景の冒頭］と、私の方向を見て言うのだが、私を見ているふうではなく、私の後ろにいる誰かに話しかけているようだ。彼は顔をあげたところで、私が来たのに、他の仲間が誰も中断しないので私はもっと驚く。他の人はせめて私を見たのだろうか？　それでも、褐色の髪の若い女性が一人、私に共犯者のような微笑みを投げかけてくれたような気はした。

しばらくうっとりしたまま、何が起きているのかもわからないでいると、目に化粧をした一人の男性がコーヒーの心配をする。すると突然、見慣れない緑の舞台は消え、モリエールの十二音綴りの詩句は聞き慣れた最近流行りの言葉になった。その場では見物人だった私は、今度はドレスの下からのぞくスニーカーと、腕時計のバンドしか目に入らない。十七世紀は急にどこかへ行ってしまい、たった今私が見たモリエールは、演出家アリアンヌ・ムヌーシュキン［テアトル・デュ・ソレイユを主宰」の想像上の人物だったのだ。その俳優はまだ有名ではなかったが、最初のファンがついたのだ。

それからは、機会を見つけては撮影を事細かに追うようになった。いちばん素晴らしかった瞬間の一つはヴェルサイユの大階段のシーンだった。何時間もの下稽古を見ていたので知ったつもりになっていた役者全員が、手に手を取ってオランジュリー側の階段を降りてきた。劇団は一つの大家族と言われている。私はそうは思わないが、しかし私にとってごくわずかでもいい思い出となったのは確かだ。その代わり、テアトル・デュ・ソレイユに数週間付き合ったことで、私は演劇に興味を持つようになった。大階段の上にいる劇団員を見たときは見物人であると同時に仲間だった。彼らの後ろで花火が空を赤く染めていた。大階段の高みで、映画俳優が演じた想像上の役者集団は、想像上の大衆に向かってお辞儀をした。この仕草で、演出家のアリアンヌ・ムヌーシュキンは場所と歴史と劇場に敬意を表したのだ。

ヴェルサイユでは数えきれないほどの撮影がある。十七世紀には作曲家のリュリや、ラ・フォンテーヌ、ラシーヌが、王に才能を見せるために押しかけたのに対し、現在はジェラール・ドゥパルデューやコッポラ親子、ムヌーシュキンらがこの場所を敬い、ここの威光を引き出すためにやってくる。過去に多くの高名な人物がここへ来ていることから、今度は自分がここへ来ることがすでに祝いごとのようになっている。過去と現在の芸術家の間に対話が成立する。私がヴェルサイユで会ったり、見かけた多くの画家や作家、俳優たちの多くは、同類の足跡を探しに来たと思っている。作家にとって、ルソーやラシーヌ、シャトーブリアン、ミュッセなど、多くの作家が散策した道をぶらつくことには大きな意味がある。画家にとっては、プッサンに着想を与えた光や、夢想画家ユベール・ロベールの支えとなった屋外を見ること、俳優にとってはモリエールの家を見ることも！

それはこれら精神上の仲間の想像上の系譜に自分を刻み込み、敬意を表することだ。それだから、私が思うに、現代のアーティストであるミシェル・ピコリやミシェル・セロー、マドンナからマイケル・ジャクソン、エルトン・ジョンからクラウディア・カルディナーレまでがここに立ち寄るのだ。多くは撮影のために来て、またこっそりやって来る。ニコール・キッドマンもそうで、ある秋の日、庭園の奥のベンチに一人で座り、本を読んでいたのを見て驚いたものだった。

ヴェルサイユは、単なる舞台装飾以上のものを醸し出していると私は思う。もしそれだけだとしたら、見かけ倒しの装飾や、現在なら合成の映像で充分過去の幻想を与えられ、ときにはそれ以上にぴったりすることもあるだろう。これらのアーティストは何を求めてヴェルサイユに来るのだろう？　枠組みとしての背景以上に、それは雰囲気だと私は思う。石や木々、色には、どんな歴史書も伝えられないメッセージがあり、それは一度訪れるだけで、あるいはもっといいのは滞在するだけで得ることができる。ただし、それを受け取れるだけの充分に感受性の鋭いアーティストにである。この仕事はそう容易ではない。

事実、ヴェルサイユは王がこの場所を去ったときから時間が止まっていると思う人が多いのだが、実際は、庭園も城もマリー＝アントワネット以降、多くの部分が変わってきた。とくにオルレアン朝のフランス王ルイ・フィリップは多くの修正をもたらし、いちばん大規模なのは戦争の間の建設で、ナポレオンもそうだ。庭園もまた、一九九九年の暴風雨ですっかり変わった。マリー＝アントワネットは、二〇〇三年の猛暑以来、トリアノンの前で横たわっている巨木を見て、まさかそれが夏に日陰を作ってくれたあのか細い楢の若木とは到底思わないだろう！　私は、着飾った侯爵夫人や、荒々しい革命派が庭園にたくさんいた時代が大好きだ。庭園がかつて目にしたことの断片が、こうして私に与えられた。

これらの撮影のおかげで、私はフランスの歴史はもちろん、とくに庭園の歴史に興味を持つようになった。私の使命の一つは、いくつかのシーンの「植物学的な一貫性」を保証し、確認することだ。王妃が見つめていた花や木はどういうものだったのか？　これらの点に関して、制作側はますます要求が厳しくなっている。思い出すのは、忘れもしないあるシーンで、幸いこれはあとでカットされたのだが……。ここはよく「つなぎカット」に使われることがある。ヴェルサイユを撮影するのではなく、二つのシーンの間に庭園や散歩道の映像を加えるものだ。大規模な撮影の多さに比べればはるかに少ない。

その日、庭園はミロシュ・フォアマン監督［『アマデウス』などで有名］の撮影隊を受け入れていた。映画『恋の掟』［一九八九年］で、屋外での映像がいくつか欲しいということで、私はその前日、花壇の一つが駆り出されるという報告を受けていた。映画監督は田舎ふうの芝生を要求していて、私は嬉しかった。というのも、この種の芝生には個人的な美的感覚を覚える以上に、この選択は歴史の事実に合っているからだ。初日は何事もなく過ぎ、私は二つの約束の間を縫って撮影を見に行った。撮影は見事なほどの静けさの中で行われていた。現場の雰囲気が、監督によってどこまで指揮されるかを確認するのは興味深い。映画『ダントン』の撮影のときは、テーマは喜劇でも何でもなかったのに、笑い声があふれていた。それがミロシュ・フォアマンになると真剣な雰囲気が漂っている。

翌日、仕事を始める前に、浮気な侯爵夫人か、そうでなければきびきび働く女中たちでも見ようと思って行くと、刈られた芝の匂いがして不安になる。現場に着くと悲劇だった。短くなった草の上にいたのは侯爵夫人ではなく、ミロシュ・フォアマン、一人でチェコ語で何かわめいている。私の部下の一人が私の指令に反し、芝生を刈ることをよしとしたのだった。部下はいいことをしようとしたのだが、前日のシーンはすべて使いものにならなくなる。私は映画監督に事の次第を説明しようとするのだが、返ってくるのは返事の代わりに、まずは英語で、それからはチェコ語での悪口の連打。私に語学のセンスはなくとも、言葉の一般的な意味ぐらいはわかる……。映画『アマデウス』の監督の怒りは夜の女王のかん高い叫び声になんら劣らなかった。彼は言葉を投げつけ、私は喋ろうにも喋れず、困惑して笑ってごまかしている。この瞬間は、映画でもっとも滑稽なシーンどころではなかった！　それが編集で消えてしまったのは残念だ……。

一般に、映画監督は——私はこれをヴェルサイユで確認した——ますます小うるさくなっている。昔の版画にあるのと同じ睡蓮を要求するなど、極端なほど細部にこだわるソフィア・コッポラと、ひどい間違いと編集も悪いサッシャ・ギトリの『ヴェルサイユもし語りなば』（一九五三年）を比べると、映画には二つの概念があるようだ。ギトリの映画は素晴らしく、庭園にとっても効果は大きかったが、歴史的には間違いだらけだった。芝生は短く刈られ、古くて高い木々やマロニエはギトリが描いた時代よりはるか以前のものだった。これらの間違いは私には迷惑にならない。逆に、それが映画を面白くしているはずで、私の仕事にとっては、六〇年代の庭園の状態を知る助けになる！　またもやヴェルサイユは、ある芸術への舞台裏へと続く扉を私に開けてくれたのだ。以来、私は映画をよく見る。

「すべての道はローマに通ず」とはよく言われているが、私の考えでは、その前にヴェルサイユに立ち寄ったはずだ。三十年のキャリアで、世界の権力者たちが、公人にしろ私人にしろ、散歩道にいるのを見たのは一人だけではないと思う。これはあまり知られていないことだが、ヴェルサイユは政治の歴史の中で継続してある役割を演じてきた。フランスで議会政治が生まれたのはルイ十六世の城、第三身分の代表が国民議会の名を名乗ったときで、宣誓が行われたのはそのあとの一七八九年六月二十日、ジュー・ド・ポーム（球戯場）に於いてである。現代フランスはヴェルサイユで生まれているのだ。

第三共和制が確立したのもここで、一八七五年一月、第三共和制の生みの親と言われるアンリ・ワロンの有名な修正案が可決されたときだ。第一次世界大戦を終戦に導いた条約が調印されたのも、国民投票で国民議会と元老院の両院合同会議が開かれたのもヴェルサイユだ。また、ド・ゴール以来、グラン・トリアノンの一翼は全館、国家元首が使うようになっている。これは少々理屈に合わないが、第五共和制の大統領でこの特権をもっとも堪能したのが社会党の大統領フランソワ・ミッテランだ。支持者はそれを彼の趣味の良さの証拠だと見なし、中傷派は偽善者の証拠だと言う。私は、彼は王室の豪華さとは遠かったと言うに留めておこう。

公式な儀式の際の私の役割は限られていて、普通は庭園への訪問行事に留まっているが、私には何も文句はない。なぜなら社交界の儀式などに趣味はないからだ。一九八二年に城で開催された先進国サミットには嫌な思い出がある。どこもかしこも閉鎖されて管理、警戒され、家に帰るのが鉄のカーテンを通るより複雑に思えた。一度など、犬を散歩させるのに自分の身分証明書を持っていかなかったばかりに、家に近づくのを拒否された！　城に向かう大通り沿いの草原はヘリポート用に駆り出され、羊の群れがヘリコプターの間を通っていた。ヴェルサイユは戦争だった。とくに騒音が耐えられなかった。公式行事のこれほどの喧噪に、レーガンやサッチャー、ミッテランがどうして耳が遠くならなかったのか不思議だった。世界の最高権力者を自分の目で見るという最初の興味が過ぎると、すぐに退屈するだけになった。

いちばん驚いたのは、日常ではメディアのスターたちが突然、目の前に現れたことだ。少し子どもじみているが正直に言うと、私にとってアメリカ合衆国大統領は主にCNNで見る人で、どこにいるのかわからない、現実と想像の狭間にいる少し架空の存在で、身近な人ではない。それがモロッコの王をはじめ、レーガン、ゴルバチョフ、ジョージ・ブッシュ（父）夫妻、フィデル・カストロ、そしてもちろん我がフランスのジスカールからシラクまでが、私の窓の下を通っていったのだ。とくに思い出すのはボリス・エリツィンとの出会いで、早朝だったのに驚いたことだ。その朝私は、いつもより早く家を出た。公式行事のある日は、庭園も早朝から厳戒態勢が敷かれ、城は砦と化して、マサダの要塞［死海近くの遺跡］のようになるからだ。すると、戸口に盛装の男性が一人で座り、朝日をぼんやり眺めている。一瞬、私は来訪者が警戒網をくぐって入ってきたのだと驚き、すぐに大柄な輪郭から……ソ連邦の大統領だとわかった！　向こうも私に驚いたらしく、飛び上がって立ち上がる。彼は美しい母国語で何やら小声で喋るのだが、私には何もわからない。

庭園を散歩でもすれば、この朝型の大統領も目が覚めるだろう。私は大統領を誘って花や木や、ここで私が好きなものすべてについて話す。もちろん、彼には私の言っていることがわからないのだが、しかし、ただ声を聞いてもらうだけで集中してもらえる。そして私は、この何も言わない人に話しかけることに不思議な喜びを感じる。もっといいことに、私が熱を込めて話したものだから、相手に興味が生まれているのも感じられる。私が彼に、とくに大切にしているのはこの木とこの木だと指で示すと、顔が素直に微笑んでいる。不思議に思えるだろうが、私たちは理解し合っている。私の作戦は見事に功を奏し、彼は城に着くと公人としての歩き方を取り戻した。庭園が私たちを近づけたのだ。彼は殺人的なスケジュールの中でいくらかでも平和な瞬間を体験でき、私は話を聞いてもらえた。お互いを認め合ったのと引き換えに得た気分のよさ。私たちは貸し借りなしだった。

アンドレ・マルローは、歴史に刻み込まれる偉大な人名はすべて、歴史を混乱させることのない「一時的な客」と形容している。この名言が彼の頭に浮かんだのがヴェルサイユに滞在していたとき［一九六二－一九六九年、ランテルヌ館に滞在］だったとしても、私は驚かない。城の貴人録にはあまりにも錚々たる名前が連なっている！　一人の男性は、どんなに才能があったとしても、その前に署名した人や、そのあとに署名する人たちに挟まれれば、結局は見劣りがしてくるだろう。この著名人の貴人録を前にすると、ある一つの感情に支配される。歴史のはかなさと空しさである。ヴェルサイユでは、永遠なのは石だけだ。

マルローは、ド・ゴールの文化大臣としてランテルヌ館に住んでいたとき、そのことがよくわかったのだ。私は兵役の間その館を借りていたので、よく知っている。ランテルヌという言葉は、建築用語で採光のための小さい屋根を意味し、ミニチュアの城とも言える。入口の門の上には鹿の頭があり、私的な場所で、世間から切り離され、優雅で女性的な魅力がある。館は完璧な形をしており、断面といい、柔らかな色合いといい、ロココ期を代表する画家フラゴナールやブーシェの子どもっぽい可愛いらしさを連想させる。着飾った可愛い侯爵夫人、それがランテルヌ館である。

引退してからマルローは、折りを見てランテルヌ館での大きな行事や、日々の小さな喜びについて語っている。それは現在進行中の世界に関する政治的な考察であったり、館の門を飾る鹿の頭の上を猫が散歩する話や、毎日のようにハリネズミと出会う幸せについてだったりする。そしてマルローは自問する、この小動物の先祖は大革命を見たのだろうか？　隣接する動物園の動物たちは、王が去ったあとどうなったのだろう？　彼はまた、博物館の職員たちが蝶を採集したり、動物園に残った（最後の）ラクダを追いかけたりするのをユーモアを交えて想像する。これら素晴らしい頁から私は、この場所から汲み取ることができる優しさ、静けさ、深さのすべてを読み取る。

マルローは、ヴェルサイユに漂うごちゃまぜになった感情を言葉にする術を知っていた。権力者が派手な駆け引きをして、慌ただしく動きまわる喧噪など無視していい。なぜなら彼らの名声はこの場所の大きさに及ぶはずもないからだ！　果てしなく続く行列を前に、石たちは反っくり返って小声で喋っているようだ。「これら偉大な名前は一つとして死なないだろうさ！」。ヴェルサイユでは、私たちはみな「一時的な客」にすぎない。

私にとって真に偉大な名前は、来訪が私たちにとって名誉ではあるものの大統領たちではない。私の肖像画のギャラリーはもっと慎ましい。まず、庭園を愛する人たちがいる。有名無名を問わず、ここに来てくれることがまさに敬意の表れ、なぜならそれが日常だからである。頭に浮かぶのはマルセルだ。彼は十五年前から、妻の後押しで医者から固く禁止されている葉巻をこっそり吸いにくる。マルセルは座るベンチも時間も決まっていて、私にいつも同じ仕草で共犯者のように挨拶する。蘭の収集家は私に最近見つけた新種の話をしてくれ、ミシェルは毎年、マリー＝アントワネット協会に入らないかと聞いてくる。

みんな顔見知りなので、彼らの来る時間によって私の仕事にリズムがつく。青いヘアバンドのきれいな女性ジョガーに会わないと、私は遅れていることがわかる。小型犬を連れたご夫人は昼食の時間が近づいていることを教えてくれ、マルセルの葉巻は一日の終わり、レンタル自転車の警笛は宿舎に帰る時間の合図である。アイスクリームを売るトラックは、白鳥の誕生や最初の開花と同じように美しい日々の到来を告げ、一方、部下の機嫌が悪くなると、冬が訪れて寒くなることに気づく。木々の葉っぱが落ちて、ゆっくりと骸骨のようになっていく季節は、私も嫌いだ。

ヴェルサイユは次の年まで死に体になり、そして私は詩人マラルメ（一八四二―一八九八）のことを考える。ヴェルサイユのもう一人の常連マラルメは、当時の学芸員ジャン・マラスの加担を得て、愛猫たちの亡骸を庭園の奥に埋葬にきた。沈痛な儀式の伴奏に、マラスは噴水をあげさせ、一方のマラルメは亡き動物に敬意を表して乾杯した。モリエール、マルロー、マラルメ、Mのつく三人の偉大な作家が、ヴェルサイユの豊かさを通して私を案内してくれた。この頁によって、その三人と、ヴェルサイユを愛するすべての人たちに、うつろいやすい敬意が表されることを願う。

第10章　歓楽の日々

すべての城には王家の子女が住んでいる。彼女たちを踊らせ、目をくらませ、夢見心地にさせるためにも舞踏会、騎馬槍試合、そしていろいろな物語が必要だ。ヴェルサイユもこのルールの例外ではなく、権力の場であると同時に、祭りの場でもあった。古典的で厳めしい正面を見ると忘れがちだが、ヴェルサイユは最高に贅沢な見せものや祝賀の舞台に使われてきた場所であり、今も使われている。大世紀（十七世紀）には、少なくとも宮廷では人々は楽しみに興じている。気晴らしは社会生活の中心にさえなっていた。

平均寿命の短い当時は、稀な例外を除いて貴族は若く、裕福で、もちろん暇人だった（フランスの貴族は仕事がなかったのではなく、してはいけなかった）。今でいう「大人」の年齢に達すると、当時はすでに老年とされ、性別や気質により、陰謀や悪口、中傷に没頭する時間はたっぷりあった。過去の過ちを後悔して信仰の道に進む以外、他に何ができるだろう？　陰謀を企て、祝宴に連なる、この二つが当時のヴェルサイユの主な活動だった。今もこの伝統が続いていることに関しては毒舌家に任せよう。

ヴェルサイユ自体、祭りの考えから生まれている。一六二三年、ルイ十三世が城の建設を決意したとき、ヴェネチア大使の言葉を借りると「気晴らしのための小さな家」を建てるつもりだった。いずれにしろ大きな出費ではある。「家」は「小さい」ものではなくなるが、ヴェネチア大使の見方は正しかった。ルイ十三世の静かな隠れ家はほどなく人の往来と花火の中心地になる。しかし、城の運命を決定づけたのは、一六六一年八月のある夜、ヴェルサイユではなくヴォー＝ル＝ヴィコント城で行われる祝宴だ。当時の財務官ニコラ・フーケの紋章の印はリス［物を集める習癖］だが、実際、彼は高等法院人の家系でありながら、年とともに、王国でもっとも巨万の富を溜め込んでいった。倹約家の家庭では、年下の子どもが贅沢をし、度をすぎた浪費を両親が恥じ入るということがよくある。遺産を調整する自然の形だ。エミール・ゾラ『ごった煮』のバシュラール伯父や、モーリス・ドリュオン『大家族』のピエール・ブラッスゥールが好感の持てるよい例だ。

フーケの場合、破滅を引き起こしたのは女性問題ではなく、芸術だった。彼は根っからの耽美主義者で、ヴォー＝ル＝ヴィコントはそれを表現する場だった。すぐにメセナになり、ラ・フォンテーヌ、ル・ブラン、モリエールなど、当時の偉大な名前はすべて、多かれ少なかれ、財務官という天の恵みに依存している。その間、もう一人の力のある会計方で財政管理官コルベールは、フーケが手にした権力に不安を抱いていた。けちで知られたコルベールにとって（ちなみに、イソップ童話のセミと蟻の話は、裏に財務官と財政管理官の関係を読みとらなければいけないと言われている）、フーケの浪費は冷や汗ものであると同時に、希望でもあった。

有名なヴォー＝ル＝ヴィコント城の祝宴のあと、あまりの壮麗さに嫉妬した若きルイ十四世が、尊大な従僕を投獄させることに決めたとき、コルベールは有頂天だった。しかし、コルベールが勝ったと思ったのは束の間だ。ルイ十四世は失脚した財務官に負けず劣らず浪費家だった。フーケによって導入された派手なバロック芸術は消える運命にあったのではなく、手を代えただけ。セミは今度は王だった。蟻といえども望みを捨てるしかない……。

ヴェルサイユで最初に開かれた祝宴は、正確に言えば舞台そのものが稽古である。一六六三年に上演されたモリエールの『ヴェルサイユ即興劇』だ。というのも、工事は始まったばかりで城の形を成しておらず、祝われるのは一時的な姿。工事を隠す舞台装飾は、そのあとで焼かれ、一方、これまた最高に一時的な場所である舞台では、モリエールが、俳優たちが覚える時間のなかった作品のあり得ない稽古を語る。工事の進行具合を見るために招待された宮廷人らは目をくらませる。とくに強い印象を与えたのは動物園だ。八角形の大きな部屋で、貴族たちが押し合いへし合い、危険も感じず、たくさんいる異国の動物たちに見とれている。羚羊《れいよう》や駝鳥、象が見事に着飾っているのを、貴族たちが列を作って見ている光景は奇妙で、驚くべき前触れだ。羚羊から二十年後、ルイ十四世がヴェルサイユに閉じこめたのは宮廷人だ。

翌一六六四年五月、舞台では、怪物ヒッポグリスに乗った勇敢な騎士ロジェが、美しいアンジェリックを解放したところだ。魔女アルシーヌは彼を捕らえて魔法の島に閉じこめるのだが、ロジェは魔法に打ち勝つ。一人の王女と若く美しい騎士、そして巧妙で多情な女の魔術。若さも含め、あらゆる妖精に微笑まれているようなルイ十四世が、最高の象徴を選べるとしたらそれは何だったのか？　そのときのルイ十四世のアンジェリックはルイーズ・ド・ラ・ヴァリエールという名前だ。彼女の特徴でもある胸の前の大きなリボンの蝶結びは解かれたところで、二人の関係は公の秘密になっている。王はまだ二十五歳、なおいくつも秘密の恋を隠している。

それらを讃えるため王が執り行ったのが、王自身による見事で艶っぽい祝祭「魔法の島の歓楽」だ。王を動かしているのは一見、臣下を楽しませ、自らもともに楽しみたい気持ちだけのように見える。この催しは大成功で、祝祭のプログラムは衣装や舞台装飾、場所の描写から、作品の内容、粗筋、祝辞に至るまでが詳細に公示され、版画はイスラエル・シルヴェストルによって彫られた。「王は王妃をはじめすべての宮廷人に、並ではない祝祭を楽しんでもらいたいと望まれ、それを、パリから四里のヴェルサイユで選ばれた、田舎の家を堪能できるあらゆる魅力に飾られた場所で執り行われる。そこは魔法の宮殿とも名づけられる城で、自然が完璧を求めたところに、多くの芸術による調整が見事に施されている」（作者不明の見聞録からの抜粋）。

作品の域にまで高められた楽しみ、これが若き君主の最初の功績だった。お祭り騒ぎは一週間以上にわたって続き、首都から六千人近くが集まった。ヴェネチア大使の言った「小さな家」は、かの地の有名なカーニバルに何ら引けをとらなかった。十年後、ヴェネチア統領から贈られた何艘かのゴンドラが、二本マストの小艇や小型ガレー船、小型帆船、ランチ、二本マストの小型帆船に囲まれてグラン・カナルの上を進んだ。ヴェルサイユは「小さなヴェネチア」になったのだ。

儀式は五月七日の夜、騎馬の行進によって始まった。当時の馬は社会生活の中心で、貴族の象徴だった。貴族たるもの優秀な騎士であらねばならず、狩りをして、優雅に馬に乗らなければならない。もっとも評価されていた気晴らしは、四騎ずつ組になって演じる騎馬パレードだ。中世の騎馬槍試合を受け継いだもので、その目的は競争相手と肉体的な美点や優雅さを競うものだった。

いちばん有名な騎馬パレードはおそらく、一六六二年、王太子が誕生した際にパリのど真ん中で行われたもので、その広場は以来、カルーゼル［騎馬パレード］広場と呼ばれている。騎士は豪華な仮装用具で行進し、馬も派手に飾られた。王は輝かしい勝利を意味するローマ皇帝の衣装で登場する。続いて、二百人の騎士団が全員王の色で行進する。二百人の縦列が、金、銀、炎の色でカルーゼル広場をいっぱいにしたのを想像してみよう！ 遠くには、王の弟殿下とアンジアン公、コンデ公がもう一つの騎士団を率い、こちらは違った色で世界の王室を表している。ペルシャ、インド、トルコなどが、太陽のように燃える一団の後ろに整列する。ここにフランス王は、コペルニクスの地動説以降、惑星がその周りを回る、世界の太陽になったのである。

ヴェルサイユでの一六六四年五月七日の騎馬パレードは、そのとき以上に賑やかだった。最初に現れたのは、古代ローマの長衣を着た軍の伝令使だ。哀れな少年は着慣れない衣装に震えていたに違いない。彼の使命は、集まった宮廷人の前で一人で祝宴を開く役目だったのではなかったか？ 私には、彼が闘技場に向かう初期キリスト教徒の殉教者のように感じていたと思えてならない……。そのあとを小姓のダルタニャン、ノアイユ公、ド・サン＝テニャンが続いた。十二個のトランペットと、四個のティンパニーの音で現れたのが、ロジェの姿をした王だった。まさにハリウッドの歴史映画だ！ 多くの人が初めて見た王は、何を思わせたのだろう？ ここに王ロジェに敬意を表して作られたソネット（十四行詩）がある。

何という御背丈、何という御風采、この誇り高き征服者！
その御方は観察する者誰をも魅惑した
その地位からしてすでに偉大であらしても
その御顔にはそれ以上に輝くものがある

その御方の運命の先行きは尊厳に満ち
その御方の美徳は御先祖を超え
御先祖を忘れさせる、そのように振る舞っていらっしゃる
御先祖はその御方のはるか後ろ

この寛大な御心を普通にお遣いになり
御身より他人のために進んで行動なされる
主にそこにこの御方の力は使われている

過去の英雄たちの輝きをお消しになり
御身のものではない利益のためにのみ
栄誉を持って剣を抜かれる

——作者不明の見聞録からの抜粋

より偉大で、より強く、より気高くて、より寛大。この詩でのルイ十四世は間違いなく最高の中でも最高の王である。その王権は神から授けられたものではないだろうか？　まさに先祖をも超えている。それ以前に、一方で金欠病や戦争があり、他方でフロンドの乱に悩まされた若き王にとって、先任者とは一線を画するのが得策だったのは言うまでもない。私には、神といえども崇拝する趣味はないが、王のオーラは並外れたものだったことを認めざるをえない。あの毒舌家サン＝シモンも仕方なくそれを認めている。「神が悪魔を大混乱を招くまで見逃されていたのを懸念する必要もなく、王は崇拝されるだろう、崇拝者を見つけられるだろう」。

ルイ十四世が駆使した権力はほとんど神がかり的だった。王の部屋に入り、寝台の前でお辞儀できるこの上ない名誉を授かったのは、王族の王子と朝廷の大官のみだった！　教会では、パンとぶどう酒の奉納のときに人は跪くのだが、長く礼拝堂のなかったヴェルサイユでは、王の起床の儀のときにひれ伏す！

ルイ十四世自身が実施した礼儀作法は典礼の形を取っている。言葉遣いは、フランスでは元は十五世紀終わりのシャルル・ブルゴーニュ公やフィリップ善良公のための書式集にまで遡るのだが、大成功を収めたのはルイ十四世の治世下だ。利点は何よりも政治的なところにある。宮廷と君主の日常生活の細部まで牛耳って、規律に従わせると同時に忙殺させる。

礼儀作法は複雑な儀式で、あらゆる心遣いや会話が対象になっている。ドアは爪で軽くノックするのがいいのか、叩くのがいいのか？　城の寄せ木張りの床を音を立てずに歩むにはどうしたらいいのか？　腰掛けの特典は誰にあるのか（王や王妃の前の腰掛けに座る権利。高い位の人物に限られ、他はもちろん立っている）？　「ルーヴルの名誉」（王の住まいの中庭に四輪馬車で入る権利）を認められなかったのは誰か？　以降、策略家は素直に微笑むか、優雅に振る舞うか、あるいは真面目な顔をするかで陰謀を企てるようになる。こうして宮廷の反逆貴族フロンド党員は飼いならされる。日々のくだらない作法に囚われ、ヴェルサイユの貴族は思い通りにされていく。

朝の起床の儀から就寝前の謁見の儀まで、宮廷人は遊ぶ暇などない。しかも朝廷の大官や王家の一員となれば（もっとも危険な敵でもある。というのも、血筋からいざとなれば王の後継者になれるからである）、起床の儀から、顔に白粉をつけて礼服で参列しなければならない。王がまだ眠っている間、最高位の貴族は王が目覚めたときにもっともよく見える場所を探して忙しく立ちまわる。私は夜型のせいでもあるからだが、それにしても明け方から元気に生き生きとしているには、よほど多くの時間と技が必要だっただろう……。

十二月の早朝ともなれば、白粉というよりは粉まみれの顔が多かったはずだ。貴族でもより下の身分の者たちは、朝の引見の儀に押しかける。他の百人ほどの仲間とともに、第二の控えの間、円窓の間で待っていたのだ。ドアが開かれると、押し合いへし合い、他人を押しのけて陛下のより近くに行こうとする。これら下層の宮廷人の前で、王は服を着る。王にシャツを差し出すのは、そこにいる王家の一族の中でもっとも位の高い人物だ。子ども時代、ルーヴル宮でフロンド派貴族による陰謀で心を痛めていたルイ十四世にとって、この舞台は大きな喜びをもたらすものだった。王の一日のよき始まりに、貴族が盲目的に追従する光景以上のものはない。

これら朝のお追従からほんの数時間後の正午には、今度は王妃が鏡の間を通過する。何かの印を受け取るために、また人がわんさと押しかける。もっとも幸運な者たちは頭で軽く会釈してもらい、他の者たちは微笑んでもらう。それから王と王妃は、宮廷人の一群を従えて礼拝堂に赴く。この礼拝堂は小さくはないのだが――ここはヴェルサイユだ――群衆を収容できるほどではない。結果、王一人で聖なる場所に入っていく。いや、ある意味で神と人間の間に割り込むと言うべきか。そんなことは問題ではない。みんなが来るのは神を崇拝するためではなく、王が祈るのを見るためだ。

ここでも仕草一つが上下関係の対象になっている。「四角いクッション」を使えるのは数人の選ばれた者のみ（教会でクッションが使用できる権利）、「足用の毛織物」（祈禱台に置かれた布）となると王家の子息だけだ。移動は前もっては告げられず、今度は王の部屋で供される「小膳」に人が押しかける。もちろん、食べるためでも、立食テーブルの上に転がっているお菓子で私腹をこやすためでもなく、王が偉そうにジビエ［野鳥などの狩猟料理］にかぶりつくその顎の動きを見るためだ。

午後は中休み。再び儀式が始まるのは午後十時頃、大膳のときだ。王妃の大広間に、君主と王妃が肘掛け椅子に座り、周りを王家の子息、子女や侯爵ならびに侯爵夫人が囲んでいる。食事は音楽付きで、ミシェル・ド・ラランド作曲の『王の夜食のためのシンフォニー』だ。この光景のために、守衛は正装の者なら誰でも自由に入れている。地方から王が食事をするのを見るために来るのだ。ルイ十四世自らが「臣下が自由に簡単に出入りできる」ことを要求したのである。

来客の多い日は、王家の家族が一計を案じ、それぞれが公の夕食を取るので、群衆は城の廊下でひしめき合うことになる。「階段で出会うのは度胸のある者ばかり。王太子がスープを食べるのを見たあと、王女たちが粥を食べるのを見に行き、それから息せき切ってご夫人方を見に走る」。蠟でぴかぴかの城の廊下の熱狂に加え、化粧室もまたぎゅうぎゅう詰めで難儀この上なし、ヴェルサイユの廊下の大混雑ぶりが想像できるだろう！　そして毎日、喜劇は繰り返され、そのたびにより厳格に、より滑稽になる。それを非常に重荷に感じたマリー＝アントワネットは、世話係の奥方、ノアイユ侯爵夫人に「礼儀作法夫人」とあだ名を付けたほどだった。

この規則を覚えることだけで頭がいっぱいになり、陰謀は減っていった。輿の使い方について論じている間、権力に立ち向かう陰謀は考えられないというわけだ。この無用な作法の濫用が反乱に打ち勝った、たわいもないことが武器による抑圧のように働いたのだ……。こうして王は王国の平和を勝ち取った。制度が反抗を押さえ込んだのだ。ルイ十五世になるや、儀礼はより緩やかになり、王さえ起床の儀に退屈する！　ルイ十五世の品行のことを考えると、自分の寝台で寝たルイ十四世は珍しい王だったのではないかと思う。いずれにしろ、単調な生活を打破するためにもお祭りが必要だったのは間違いない。

しかし、一六六四年五月のこの夜、ルイ十四世にまだ追従者はいない。王はまだまだ若く、のちにラシーヌが『ブリタニキュス』で語るように、「魅力的で、若く、心にあるものをすべて後ろに引きずっている」。そのとき王の後ろにいたのはまさに、剣術仲間の一群で、彼らもアリオスト「イタリアの詩人」の作品の登場人物に扮している。オジェ・ル・ダノワ、アキラン・ル・ノワール、グリフォン・ル・ブラン、オリヴィエ・ブランディマール、デュドン、ルノー、アストルフ、ゼルバン、ロランといった空想上の騎士たちだ。この時代、架空の英雄がもてはやされており、現実が架空の話に引けを取ることはない、というのがこの夜の王の派手な振る舞いの教訓だ。それに、英雄に扮する彼らは若く、楽しむことが大好きだ。確かに、「魔法の島の歓楽」には思い上がりと政治的な目論見もあるが、ほとんど子どもじみた娯楽としての喜びもある。

これら仮装した王家の子息たちは、やはり変装したヴェルサイユの中を列を作って練り歩く。工事がまだ終わっていない庭園は自然の舞台装飾の役を果たし、布や厚紙の大きな掲示板が未完の城を隠している。掲示板は宮廷娯楽の演出家でイタリア生まれのカルロ・ヴィガラーニが描いたもので、アリオスト作の『狂えるオルランド』のさまざまな挿話を紹介している。ヴェルサイユ全体が「テアトルム・ムンディ　世界は劇場」［バロックの概念で、世界の縮図としての劇という意味］になっている。今や石にその痕跡はないが、当時のヴェルサイユはフランス古典主義の象徴になる前に、派手で陽気なイタリア・バロックに浮かれている。

新しい出しものが登場するたびに、感嘆の声が高くなる。それが最高潮に達するのは、アポロンの戦車が現れたときだ。二メートル強の高さの頂上に乗っているのは、芸術と太陽の神アポロン、ほとんどルイ十四世自身を象徴するものだ。この栄光の庇護のもとにいるのは伝説の四つの時代、金、銀、青銅、鉄の時代だ。戦車にはさらにアポロンにまつわるいくつかの象徴が乗っている。アポロンの求愛を逃れて月桂樹に変身した美しいダフネー、アポロンが図らずも殺してしまったヒヤシンス、アポロンの神殿デルフォイを守る大蛇ピュトン、そして肩に地球儀を持つタイタン・アトラス。

この尊厳に満ちた一群を導くために、鎌を持った時間の神が派手な飾りを着せられた四頭の馬を御し、それぞれの横に、一日の十二時間と、黄道十二宮の十二の象徴が列となって進む。なんと奇妙な混合か、あらゆる伝統が王を讃えるために集まっている。四輪荷車が、呆然とする宮廷のご夫人方の前に到着すると、王妃と……アポロンを讃える詩を朗読する栄えある役を射止めたのは、青銅の時代役の人気女優、またの名ブリー嬢だった。

現実とは思えないシーンが登場したあとは、余興が続く。完成したばかりの緑の絨毯（ラトーヌの泉からアポロンの泉までの大散歩道。沿道に壺や彫像が並ぶ）が、指輪取り競争で開通する。夏の夕暮れの燃えるような光の中で、騎士たちが槍の先でぶら下がった指輪をうまく取る技を競うものだ。中世の騎馬槍試合に由来するもので、指輪取り競争では暴力が排除され、技と、とくに誘惑の部分が残されている。槍を相手の脇腹ではなく指輪に通すのだが、しかしこれはつねに一人の女性のためで、その女性は秘かにあるいは堂々と、愛する騎士の旗を手に応援している。王の旗を掲げているのはどの美しいご夫人なのだろう？　もっとも美しく、そしてもちろん、もっとも思いやりのある女性、なぜならそれがこの夜の影の主賓の性格だからだ。

日没前の太陽の黄金と紫の光線が、王の衣装である炎色の兜と金の刺繡を思わせ、一方、地面すれすれの夕方の光によるグラン・カナルの水面の銀色の反射光は、ダイヤモンドがはめこまれた銀糸で覆われる王の鎧を思い起こさせる。しかし、指輪をものにしたのはルイ十四世ではない。その夜の勝者は他でもないヴァリエール侯爵だった。美しく、少々信心家のルイーズ・ド・ヴァリエールは、彼女のためにこの祝祭が捧げられたこともあって、同姓の勝者にさぞや顔を赤らめたことだろう。

夜になり、何千本という蠟燭で照らされた庭園に、四季と黄道十二宮の象徴が、リュリの楽曲『この日のオルフェウス』を伴奏に食卓を準備する。四季を連想させる食べものが、五十人以上の給仕によって釣り合いの取れた色合いの大皿で運ばれ、その前を、春に扮した女優マドモワゼル・デュ・パルクが馬に乗り、冬に扮するパルクの夫は象にまたがり、秋はラクダに乗った俳優トリリエール、最後に夏役の女優ベジャールが行く。パンの神と月の女神ディアナはモリエールとマドレーヌ・ベジャールで、岩を表す「巧妙な器械」に乗り、まるで空中を移動しているように見える。その間、光り輝くグラン・カナルの上では作りもののクジラとクジラの子が流れに任せて進んでいる。四季に扮する四人が王妃のところへ来て挨拶し、視線がすべて王家の観覧席に注がれている間、慌ただしく食卓の準備がされる。三日月形の食卓では六十人ほどが会食でき、この「晩餐」だけでもまさに見せものである。

「この間食の豪華さは、供された料理の量といい、美味しさといい筆舌に尽くしがたかった。感覚でとらえられるものとしても最高の美しさ、高い緑の生け垣の近くに、緑と銀色に塗られた無数の燭台にそれぞれ二十四本の蠟燭が揺らめき、仮面を付けた者たちが二百本の白蠟の松明を持ち、（……）美しさはさらに増し、その場は魔法の国のようだった」

そして新約聖書の「カナの婚礼」のようにぶどう酒がたっぷり振る舞われて、初日は終わった。

二日目は魔法使いアルシーヌの宮殿に捧げられた。グラン・カナルの上に、華やかに彩られた紙の巨大な城がたゆたっていた。魔法にかかった島は水面を移動し、王扮するロジェの近くを横切っていく。栄光の囚人ロジェと、その騎士たちは何をしようとしているのだろう？　フランス王妃に喜劇を楽しんでもらうのだ。気高く、楽しむことを愛する王妃にとって、隠遁に近い生活は穏やかなものになるだろう……。私には、このような台本を選んだルイ十四世がどの程度意識していたかはわからないが、「魔法の島の歓楽」の筋書き全体を通して前もって読みとられるのは、王によって宮廷に提供された「金の鳥籠」だ。

ヴェルサイユでは、魔法使いアルシーヌの宮殿のように、人は己の自由を犠牲にしたうえで歌い、踊り、楽しんでいる。ロジェの仲間はアルシーヌの才能に虜になり、つまり支配されている。もしルイ十四世がこの祝祭で体現しているのがロジェだとしても、秘かにアルシーヌも体現している。

王の散歩道に組み立てられている仮の劇場は、自然が王に立ち向かっているようにも見える。なぜなら風が吹けば、一瞬にして劇場を照らす松明や蠟燭が燃え上がるからだ。それに対して王は布を張り巡らして、人々を驚かせている。この仮のテントの下で、宮廷人は魔法にかけられたように『エリードの姫君』［台本・モリエール、音楽・リュリ］を観劇する。雪のように真っ白な心を持つエリード姫は、メセーヌの王子とピールの王子の愛を無視する。やはり姫に恋いこがれているイタクの王子は、道化師モロンの忠告でエリード姫を無視し、姫の従妹に夢中な振りをする。姫がイタクの王子に夢中になるのにこれ以上効果的なことはない。三角関係が、喜劇といえども見事に描かれ、最後は予想通りにバレエと歌でうまく締めくくられる。

王を笑わせるために指名されたのはモリエール。この時点でモリエールはすでに王しか楽しませなかったことは断言できる。なぜならその数年前、彼の喜劇『女房学校』と『滑稽な才女たち』が、影響力の少なくない貴族の一部から総すかんを食っていたからだ。しかし『エリードの姫君』に関しては急いで書かれ、韻文も半分しかなく、たぶん時間がなかったことで誰も怒らせずにすんでいた。

馬と演劇で楽しんだあとは踊りの番だった。その日は三日目、最後を飾らなければならなかった。日が落ちるとすぐ、宮廷人は丸池に向かい、祝祭の大詰めに列席する。それぞれがいちばんの衣装に身を包んでいた。なぜならその夜は舞踏会がある。アルシーヌ宮のあちこちの陰から、三つの島が出てくる。二つの島の上ではヴァイオリンとトランペットが演奏され、庭園全体にリュリの音楽が響きわたる。

驚きが最高潮に達するのは、マドモワゼル・デュ・パルクが扮した魔術師が巨大なクジラの上に乗り、別のクジラにまたがった二人のニンフを伴って現れたときだ。リュリによって流行になったはつらつとしたリズムに乗って、ロジェを宮殿に引き止めておくことをアルシーヌに命令された巨人や小人、ムーア人、悪魔たちが地獄の輪舞を舞う。ジーグ［テンポの速い踊り］、ガヴォット、パッサカリア［緩やかな踊り］、そしてサラバンド［三拍子の優雅な踊り］が地獄のリズムに乗って続く。舞踏会を統率するのはサタンだ。

ルイ十四世には愛妾がたくさんいたが、しかし心の中でもっとも大切にしていたのはたぶん踊りだった。王は小さい頃から踊りに打ち込み、ルイ十四世の生活を克明に日記に記録したダンジョー侯爵が語るように「病み付き」になっている。一日に二時間以上練習した王は、二十ほどの演目に登場した。イタリアから来たばかりの作曲家リュリは、フランスふう概念を確立することに専念し、踊りを取り入れた特徴のあるフランスふうオペラを選択した。

この選択はかなり後世のある伝統と結びつく。踊りがフランス社会の中心になるのだ。バレエ芸術を最初に理論づけたのがフランス人である。ルネッサンス以降、ミシェル・トゥールーズやトワノ・アルボーによって書かれたバレエ論が権威を持ち、現在もなおバレエのステップはフランス語だ。ニューヨークから東京まで、振付師は生徒に「バットマン」〔片足で立ち、他の足を離したり付けたりする動作〕、「ソードシャ」〔猫の動きで跳ぶ〕、「アラベスク」あるいは「シソンヌ」〔両足で跳んで片足で着地〕と叫んでいる。

ルイ十四世治下のフランスでは、どこへ行っても踊っている。宮廷ではもちろん、狩猟や剣術と同じく貴族の教育の一環とされていたのだが、一般大衆の間でも、踊りは祭りの夜を彩る代名詞だ。各地方に民族舞踊があり、オーベルニュ地方のブーレ〔民族舞踊〕から、ブルターニュ地方のパス・ピエ〔八分の三あるいは八分の六拍子の軽快な踊り〕、有名なところではポワトゥー地方のメヌエットがあげられる。

踊りが好きなうえに敏速な足を持つ王は、それを宣伝手段の一つにする。誰にわかるだろう？フランスは中央集権国家で、その礎を築いた一人がルイ十四世なのだが、基礎となったのはたぶんリゴドン〔二拍子の踊り〕であり、ガリアルダ〔三拍子の軽快な踊り〕だったのではないだろうか？この考えはそれほど突飛ではない。それに関しては、ルイ十四世が自身の『回想録』で本当の政治を定義している。「我らが臣下はすべて、一般に、彼らが好きで、上手になっていることを我らも好きなのを見て大喜びするものだ。それによって我らは臣下の精神と心を、ときには褒美や恩恵よりも強く摑むことができる」。

従って王は、臣下に倣って踊りを始めた。課題には厳密に、ときには執念を燃やして取り組み、舞台に出演するだけでなく、役者にもなろうとした。踊り手としての素質からか、それとも王子の名があったからか？　ともかく王が踊るのを見るために群衆が劇場へ押しかけたのは事実である。例えば、プティ・ブルボン劇場［ルーヴル宮の前にあった劇場。十七世紀に取り壊される］での「ペレとテティスの婚礼」は三千人のパリ人を集めた。踊りへの熱狂ぶりは、イエズス会の学校でもメヌエットを学んだほどだった！　王は踊りによって支配し、ほどなく踊りが王によって支配される。実際に、ルイ十四世が王になって最初に講じた措置は、それまで口頭で伝承された技術を保存するための王立舞踊アカデミーを設立することだった。お目付役だったマザランが五月九日に亡くなると、同月三十日には、新王の特認状で王立アカデミーが創立されている。猫のいぬ間に鼠が踊ろうにも、猫はそう早く逝ってくれなかった……。

踊り子としての素質については、ルイ十四世はあまりにも有名な異名に負うところがある。一六五二年十月、パリに新君主が厳かに登場してから一週間後、執事のヌムール公爵は『夜のバレエ』の上演を命じる。この作品はまったくオリジナルではなく、その前の四日間で時間の許す限り神話や大衆伝説の物語を集めたものだ。ヴィーナスも登場すれば、エリードの国王アンディミオン、狼男、トルコ人、海の女神テティス、そして勝利の女神も登場する。見せものは単調に進み、最後に夜明けが太陽の到来を告げると、豪華そのものの王が――まだ十四歳と若い――「昇る太陽」に扮して現れる。こうしてルイ十四世は、一回の上演で聴衆を眩惑し、そして永遠に太陽王となる。ちなみに、このときのイメージをさらに赤く輝かせるための逸話（こういう話はつねにある！）が一つ残っている。初日の夜、舞台装飾の布に火が付いてしまい、優雅に踊っていられなくなった君主は、煙のたちこめた舞台裏から外に出ざるをえなくなり、聴衆を安心させたという。太陽に近づこうとしすぎると翼を焼いてしまうというわけだ。

アルシーヌのバレエでも、再び炎が登場した。ロジェが六回目に登場し、魔法使いの呪いから仲間とともに解放される指輪を再びはめようとすると、宮殿が燃え上がり、組み立てられていた泉の中に消えていく。「魔法の島の歓楽」は見事な花火で終演する。祝祭に終止符を打つ使命を仰せつかったのは、ヴェルサイユの大花火師トレリだった。この終止符は一つの見せ場だ。「空も地面も水も炎に燃え上がったようで、この見事なアルシーヌ宮殿の崩壊は（……）不思議で奇跡的な出来事によってしか果たせなかった。打ち上げ花火の高さと、数の多さ、あるものは運河の岸を転がり、あるものは水に沈んだあと再び外に飛び出し、それだけで大がかりで素晴らしい見せものだった。魔法の世界を終わりにするのに、これほど美しい花火以上のものはなかった」

祝祭は数日間も続き、そのあとも数年間はヴェルサイユで祭りが続くのだが、それも王が、戦争と度重なる喪に疲れ、踊る意欲をなくすまでだ。ヴェルサイユの華々しさが消え始めていった。

燃え落ちたアルシーヌ宮とともに、ヴェルサイユのバロック芸術も記憶の中に落ち込んでいった。今残っているのは古典主義のヴェルサイユのみ、ル・ノートルの庭園が象徴する直線的で、合理的なヴェルサイユである。城の古典的で厳めしい正面が背景でしかなかった、あの現実離れした素晴らしいバロック調の装飾は、消える運命にあったのだ。それに加えて、それらは消えるものとして着想されていた。バロックはかりそめのものなのだ。

バロックは城からなくなったとしても、祭りは続き、今もなお過去を忍ぶように続いている。「夜の祭典」から「音楽に合わせた水の祭典」、さらには「夜の水の祭典」まで、ヴェルサイユは一年を通してショーによってリズムが付けられている。私にとって春と夏は、バロック音楽と大遠景噴水ショーの音で過ぎていく。「夜の水の祭典」は、木立を曲がったところでその場所の名前の由来になった「偉大な」人物と遭遇するのが、私には少し滑稽に見えるが（私は子どもの心を失ったのだろうか？）、楽しみで仕方がない。いちばん大きな理由は、それがネプチューンの泉で行われることだ。とにかく背景が素晴らしい。オランジュリーとスイス人の池を結ぶ散歩道から見る泉は、私に言わせると、建築と自然がもっとも調和して混ざり合っている。起伏の激しい石の形、帆立貝の曲線、海の神トリトンのしかめ面、そして三叉《さんさ》の鉾《ほこ》［ネプチューンの標章］の先端が、水面の穏やかな静けさの前で止まっているように見え、全体がニコラ・プッサンの有名な絵［『ネプチューンとアンフィトリテの凱旋』］を思い起こさせる。

毎年、水泡の中にいる馬はヴェルサイユの大厩舎の本物の馬に代えられる。アルドゥアン・マンサールによって建設された大小厩舎には、かつては当然のように六百頭の王の馬、馬丁、調教師、小姓……そして音楽家まで収容していた！　現在は馬術アカデミーの本部で、ここが最近、騎馬パレードの再開を決めた。

私はこれら新式の残忍さや、派手すぎることにはまったく興味がない。とくに、動物なら放し飼いが好きだ。哀れな馬が鬣《たてがみ》を編み込まれ（夜は馬房《ばぼう》でカールクリップでも付けているのではないだろうか？）、羽飾りや金襴《きんらん》で覆われて、華奢な脚で奇妙なアラベスクを描くのを見ると、騎手に見とれるどころか、馬が可哀想になる。

そして正直に言うと、私はショーの意味にも疑問を抱いている。ルイ十四世の治世下では、馬を持つことで豊かになる農民から、馬に横乗りする侯爵夫人まで、みんな馬を知っている。従ってそういう状況では、馬術の才能がないと称賛してもらえない。現在は、馬を見るだけで楽しめるのに、蒸気機関者や乗合馬車のように過去の遺物として見るという考えは好きではない。しかし、これに関して大厩舎は何もできないのが現実だ。

私がこれほどネプチューンの泉を好きなのは、毎年繰り広げられる馬術のカプリオル［空中で両後脚を後方へ伸ばす］のためではなく、私にとってもっとも印象に残ったショーの一つ、モーリス・ベジャールの『水の光』の舞台となったところだからである。それは二〇〇〇年六月、暴風雨のあとの最初の夏だった。大惨事で来訪者はすっかり来なくなり、庭園は荒れ果てて人気もない。私は地所を救うための六ヶ月にわたる闘いに疲れはて、少々気力をなくしていた。確かに庭園は救われたのだが、六月の終わりの光景は見るも無惨だった。ル・ノートルの有名な「緑の刺繡」は柘植が弱って傷だらけ、道の多くはまだ片付けが終わらず、凹んだ道を見るとどうしても伐採された木々のことを思ってしまった。もう何年も夏の訪れを知らせてくれた木々の酔うような重い匂いも思い出せないほどで、私にはその匂いが幻想だったのか、超自然現象だったのかわからなくなっていた。

病気の快復期のような庭園に私は悲しくなり、例年より早く夏休みを取ってオレロンに逃げようと思っていた矢先に、総裁のベルナール・アスティエからベジャールのバレエ団がヴェルサイユに来ると知らされた。バレエ団が上演するのはベジャールが創作する作品二つで、王室オペラ劇場で『少年王』、庭園で『水の光』ということだった。企画が生まれたのは暴風雨の前だったのだろうが、ベジャールはこの二つのショーをすることで、荒廃したヴェルサイユにもっとも役立つ、美しい作品を贈ってくれたのだ。私はこのとき、一九二七年生まれの振付師が舞台用の名前をベジャールにしたのは［本名はベルジェ］、ルイ十四世の時代にヴェルサイユで活躍した偉大な俳優一家、ベジャール家にちなんだことと、ずっと前からここで踊るのが夢だったことを知る。

『少年王』はヴェルサイユの三人の偉大な建築者、ルイ十三世とルイ十四世、そしてまさに王室オペラ劇場を建築したルイ十五世を讃えるものだ。この三人の「公式の」大人物の後ろに隠れているのが四番目の天童、七歳のときにヴェルサイユへ来て、王妃のためにチェンバロを演奏したモーツァルトだ。ショーではモリエールとボシュエ［ルイ十四世に厚遇されたカトリック司教］、あるいはルイ十四世の「日記」の文面……などが使われた。

『水の光』に関しては、私の目にはまさに奇跡。呆然と見とれる群衆の前で、ダンサーたちは水上を移動しているようだった！　ショーのアイデアもこれ以上ないほどインパクトがあった。レパートリーからもっとも美しいデュオとソロの踊りを選んだものだった。厳格なピューリストなら大衆に媚びすぎだと叫ぶだろうが、観客はすっかり心を奪われていた。

ベジャールはすべてを歴史と結びつけていた。一六七一年の王の弟殿下とパラティーヌ姫の婚礼の際、王はそれまで紹介された作品のもっとも美しい部分から構成した小品集を上演することに決める。選択を任されたモリエールは自作の『プシシェ』、『豪勢な恋人たち』、『パストラル・コミック』、そして『町人貴族』から「偉大なトルコ趣味」の抜粋を選んで集めた。楽曲としてベジャールが選んだのは、マーラー、エルトン・ジョン、ヴィヴァルディ、ザ・レジデンツ［アメリカの前衛音楽グループ］からの抜粋で、これまた変化に富んでいた。

なんと美しかったことか！　夕暮れの薄明かりがダンサーの動きと絡み合い、昼間のエネルギーを吸収したダンサーたちが、最後はそれをこれ以上ないほど人間的に、うっとりする観客に再び与えているようだった。私にとっては、音楽に包まれて、古典時代以前からの真実を奥深く秘めた肉体以外、何も存在していなかった。そこにはダンサーも舞台も観客も存在せず、ただショーだけが存在していた。

その夜、私は踊りの持つ神秘的な絶対力にひれ伏していた。私一人ではなかった。『水の光』に立ち合った八千五百人ほどの観客は、初夏にしては季節外れの低温と、庭園を吹きすさぶ北風を忘れ、ただただうっとりしていた。モーリス・ベジャール自身の言葉を借りると、「観客は、かつて王がトルコの儀式やスペインのダンス、大衆喜劇を混ぜ合わせて感じていた歓びと同じものを見いだしていた」。

中には記憶に残る大失敗の祭典もあった。一九八五年、ヴェルサイユはヴェネチアのカーニバルに対抗して墓穴を掘った。大世紀もそうだったように、祭典ではある出来事を祝うだけでは飽き足らず、歴史を語る。歴史ならいくらでもあった。一六七四年、ヴェネチアの統領はルイ十四世にゴンドラを贈っている。これ以上ないほどの装飾を施された黒いゴンドラは小ヴェネチアの一部となり、グラン・カナルでの一時代を印象づけた。サトリの森の近くには、当時のゴンドラの船頭や船員が毎朝くぐったマトロ門が今も立っている。

「夜の祭典」の代わりに、ヴェルサイユが好む音と光の野外ショーで、ルイ十四世によるゴンドラの受領式の歴史を語ることができるだろう。太陽王と、男の子を喜ばせるために水上パレード、女の子のためには侯爵夫人連のきれいなドレス、ご夫人方の幸せのためにモンテスパン侯爵夫人にも登場してもらい、フランスの栄華を見せれば夫たちに栄光の夢を与えることができる。素晴らしい祭典のためにすべてが準備された。これに歴史的な後ろ盾として、音楽と当時の衣装、花火を加えれば、ヴェルサイユの音と光の歴史ショーの背景は完璧になるだろう。

ただし誤算は、明け方から濃霧が城を取りまいていたことだ。私たちはそれは朝霧で、天気予報が言うように、そのうち消えるものと思っている（そして願っている）。ところが霧は濃くなり、夜になると何も見えなくなる。これではヴェルサイユでも、ヴェネチアでもなく、たくさん来てくれた観客はロンドン、それも十一月の夜に招かれたと思うだろう。ゴンドラは続くが、形が見えない。二メートル以上離れると無理だ。おまけに水の湿気で運河の上の靄《もや》はさらに深くなる。観客は寒さに震えて辛抱強く待つのだが、ショーは始まり、すでに半分まで進んでいる。俳優の声だけが霧を通して聞こえる。光がなく音だけでは、何の意味もない。モンテスパン侯爵夫人の台詞も、衣装が見えなければ貧相この上なく、王の大言壮語も、太陽が雲を横切らなければ滑稽なだけだ。子どもたちでさえ笑っている……。

群衆は一発目の花火の轟音で飛び上がる。いくつかの打ち上げ花火が分厚い雲から飛び出し、お愛想だけの感嘆の叫びに混ざって、恐怖のうめき声が響く。霧のせいで、群衆は運河に沿って散らばっていく。みんな少しでも遠くへ行けば霧が薄くなると思うからだ。一人の若い女性が発射場に近づき、打ち上げ花火が一本、彼女の足元で爆発する。無実で軽卒な女性はそれで亡くなっている。

二〇〇五年の夏は、私が、自分の意に反して大失敗の原因になった。プティ・トリアノンと名づけられたバラの命名式に、間際になって何か余興を準備するように頼まれた。マリー＝アントワネットに捧げられたバラだったので、私は、王妃のお気に入りだった音楽家に敬意を表して楽団名にしたサッキーニ合奏団に声をかけた。

イタリア人作曲家アントニオ・サッキーニ（一七三〇－一七八六）は、王妃の美しい瞳のために、ソナタやオペラを書いた。宮廷人はマリー＝アントワネットと作曲家の親密ぶりを意地の悪い目で見た。フランス・オペラのデュオがオーストリア人王妃とイタリア人では、礼儀作法からいっても目に余る。王妃はお気に入りの作曲家と別れざるをえなくなり、後ろ髪を引かれる思いでパリに帰った作曲家は、そこで数ヶ月後に亡くなった。私は美しい話、とくに悲しい話が好きだ。それだから、王妃に忠実でありながら捨てられた作曲家に秘かに敬意を表することで王妃を讃えようとした。

しかしその日の暑さは耐えがたく、音楽でさらに耐えられなくなった。猛暑の影響で、演奏家の才能いかんに関係なく、楽器はめちゃくちゃな音を出す。主催者側の会長は苦しい笑いを作り、私を非難めいた視線でじろじろ見る。私はわかっていても何もできない。私たちは黙りこくって耐え、一方の音楽家たちは怖じ気づいているように見える。他の楽団員より高齢の一人のヴァイオリニストは卒中を起こす寸前に見える。一瞬私は、こんなひどい音楽なら雨でも降らせてくれるだろうと希望を持つ……。何も起こらない。猛暑とかん高い和音の間で、バラが一瞬でもしおれなかったのは奇跡だ！　真珠のような光沢の見事な白バラは、それを捧げられた女性より生命力が強かった。大革命以降、マリー＝アントワネットはこれほど激しい苦痛に耐えたことはなかっただろう。

　プティ・トリアノンはヴェルサイユで創作された二本目のバラである。一本目のバラは茎が長く、花束にすると素晴らしい非常に美しい花で、私の配慮でル・ノートルに捧げられた。人は女の子にはバラから生まれたと話して聞かせるが、ではバラはどこから生まれるのだろう？　バラのル・ノートルは面白いいきさつで誕生した。北京で一九九八年、私は江沢民国家主席後援の国際花の展覧会に出席する。日中は、ショーあり講演あり、警官による護衛やら、意味不明な笑いで疲れ果てた。ホテルに帰った私は、中国の夜を探検することにする。こうしてある陰気なバーのカウンターに腰掛けていると、周りはみんな黙りこくり、私を変な者のように見ている。私は他に西洋人が一人だけいることに気づく。ベージュの服を着て、地元のビールを眉をひそめて飲み、私と同じく困っているように見える。

「失礼ですが、フランスの方ですか」と、私は聞いた。

「はい、私はベルナール・デュランです、よろしく」

　このような偶然の出会いでは、それだから私は好きなのだが、これ以上ないほど自由に会話がはずむことが多い。私たちは見知らぬ相手に喜んで心を打ち明ける。これが精神分析が成功する理由の一つだ。私たちは酒を飲み、そのときプロ精神が頭をもたげるのには驚くのだが、アルコールの酔いで私はなんとル・ノートルにいろいろと思いを巡らせ、ヴェルサイユの偉大な庭師が（当時の私はまだル・ノートルを敬愛していた)、まだその名のつくバラを持っていないことを残念がる。もう一杯のビールを頼むか頼まないうちに、その男性が言う。

「そのバラを、私が創作しよう!」

翌日、花の展覧会で、私は昨夜の連れがバラ栽培会社メイアンの代表団の先頭にいるのを見る。二〇〇〇年、暴風雨から数ヶ月後、中国のバーでの午前二時の思いがけない出会いから生まれたバラ、ル・ノートルがヴェルサイユに植えられた。


しかし、ヴェルサイユでもっとも美しい夜はやはり、私が友人たちを招いて楽しんだ夜だ。公式な儀式の装飾がすべて取り払われると、庭園が普段のままになり、不思議な力を秘めながらも簡素な場所になる。この豪華さと親密さが入り混ざった中で、私は自然と、祭りの幸せを見いだす。私の「魔法の歓楽」は壮大でもデカダンでもない。ただ身近な人たちに、ヴェルサイユが隠し持つもっとも美しいもの、庭園を見せてあげることだ。

そのときに想像するのは、庭園の秘密の場所を巡る禁じられたコースだ。夏は、愛の殿堂でアペリティフを飲む、愛と友情に差はないからだ。それから私は招いた人たちを王妃の家まで案内する。ピエール、ジャック、アラン、ウィリー、パトリック、彼らの妻たち、コリーヌと私は、草の上での夕食という贅沢な歓びに身を委ね、私が大好きな田舎ふうの芝生の上で気の利いた言葉のやり取りを楽しみながら、鴨に餌をやる。チーズのために、私たちは王妃の村里の乳処理場へ行く。この「清潔な乳処理場」で、話によると、マリー=アントワネットは羊飼い遊びをして楽しんでいた。

だまし絵の天井と、四頭の大理石の雄羊だけが当時の証人だ。最後はプティ・トリアノンの涼みの館［一八一〇年に壊され、一九八〇年に再建］で、もちろん、私たちはソルベを食べる。

いつの日か、私は通りすがりでしかなかったこの場所の鍵を返すだろう、しかし、この場所をときめかせたことに誇りを持つだろう。いや、それは社交界の派手でうるさいときめきではない、友情を分かち合ったときの、秘かにいつまでも残る微笑みのときめきである。

第11章 赤と黒、そしてバラ色（ピンク）

「一世紀が過ぎたばかりというのに、祝宴で沸き返っていたこれらの木立を賑わせているのは、セミやナイチンゲールだけだ。それだけで大都会のようなこの宮殿、天空に昇っていくようなこれら大理石の階段、彫像、池、森が、今は崩れかけ、苔で覆われ、立ち枯れて、弱っている、にもかかわらず、この王の館がこれ以上荘厳に、寂しくなさ気に見えたことはなかった」。これが、著名な政治家で作家でもあったシャトーブリアン（一七六六－一八四八）が描いた陰鬱なヴェルサイユで、文はこう締めくくられている。「時代が帝国に大打撃を与えたとき、偉大な名のいくつかはその残骸から離れずに、それらを覆っている」（『キリスト教精髄』より）。

ただし、著名な回想録作家がヴェルサイユを訪れたのはそれが最初ではなかった。貴族だったシャトーブリアンは若い頃に一度、王に紹介される光栄に浴していた。そのときの王はおどおどするほど内気で、「生きた心地もなさそうに」登場し、しかし宮殿には感嘆したことを思い出し、「ヴェルサイユの華美を見ずして、真にヴェルサイユを見たことにはならない」と『墓の彼方の回想』で書いている。二つの逸話には二十年ほどの開きがあるのだが、石のほうが人間より年を取ったように見える。大革命から五十年すら経っていないのに、「魔法の島の歓楽」だった素晴らしい宮殿は幽霊の出る、荘厳で、墓の彼方の城になっている。

確かに、ヴェルサイユは不気味な様相を呈することがよくある。城が夜の暗闇に沈むと、過去の亡霊たちがその悲しい運命を住人たちに思い起こさせるのだ。昼間はフランス歴史博物館としてのヴェルサイユの存在に押されていたこの場所は、夕陽が沈む一時間前になると燃えるような荘厳さを取り戻す。庭園から少しずつ人がいなくなり、数えるほどの来訪者が場違いな昼間の賑やかさを感じさせる瞬間が、私は大好きだ。そういう人たちも少しずつ姿を消し、最後の観光バスと車が彼方遠くへ見えなくなる。庭園がおのれ自身に戻り、亡き太陽王にふさわしい夕陽に染まるときだ。オレンジ色の光が庭園に沈んでいき、鏡の間の窓ガラスに反射する。城全体が内部から輝いているようだ。

今夜は舞踏会でもあるのだろうか？　ぴくりともしない塊だけになった宮殿は、夕暮れのこの世のものとも思えない光を受け、何かお祭りを要求しているようだ。しかし、かつてのようにシャンデリアが輝くことはもうすでになく、庭園の住人が宵の太陽を見計らっていくつか儀式をするだけになっている。それには誰も文句を言わない。とくに私は毎日の「夜の巡回」で、昼間とは違う不思議な、それでいて慣れ親しんだ光景に出会うことに無上の歓びを抱いている。

突然、暗闇が訪れ、庭園に誰もいなくなると、動物たちが出てくる。キツネやウサギ、フクロウが人目を忍んで縄張りに戻るのだ。夜のヴェルサイユがゆっくりと起きだしてくる。このときに感じる心の安らぎはなんともいえない。夕暮れの安心感のある華麗な輝き以上に好きなのは、夜の時間帯だ。しんとして、人気がなく、少し恐さを感じるところに、私たちの想像から生まれた王や王妃の影が細長く伸びている。庭園は暗闇に消え、夜警の懐中電灯だけがあちこちでちかちか光る。城内の部屋を順繰りに回っていく光が、通路によって現れたり消えたりするのを見ていると、私には電気の鬼火のように思える。亡霊がそこにいるようだ。マリー＝アントワネットやルイ十四世は毎晩、夜になるとお出ましになる。

　私は超自然現象にはまったく興味がない。普通は、私があの世から呼び出したとしてもまったく気にしないのだが、しかし、ヴェルサイユの夜の魅力はそれ以上、ちくちくするような恐怖の喜びには逆らえない。私は詩的な魂の持ち主で、迷信には囚われない。自分ではまったく信じていないくせに亡霊が好きなのだ。暗闇に白く浮き上がる影像から、見られているはずもない視線を感じ、と思うと、キツネの目がこそこそ何かを探っている。動物たちの動静を知っている私は、蛍のように見えて人が近づくと消えるのは、他でもない、日が暮れると庭園を徘徊する動物たちの目でしかないことがわかっている。

　夜の静けさとともに、動物たちの生が聞き取れるようになる。藪からかさかさ音がしたと思うと、道からはがさごそと、大急ぎで逃げ出すウサギとしか思えない足音が聞こえる。不意に誰か（私であることが多い）が現れて怯えたのだ。かと思うと、夜の鳥たちの獰猛で短い叫び声が聞こえる。

　この孤独で、少し人間離れした雰囲気の中、私は周囲に用心しながらも、すっかり自分自身になり、昼間の楽しみや心配事もどこかへ行って、やっと自分の家にいるようにくつろいだ気分になる。

ある花は花びらを閉じ、鳥たちは嘴《くちばし》を暖かな羽にもぐり込ませている。すべてが動いているのに、支配しているのは休息の雰囲気だ。私には庭園が眠りについたのがわかっている。再び目を覚ますのは、翌日、門が開かれて、最初の観光客が到着するときだろう。庭園を知らない人たちにとっては、このはかり知れない安らぎが恐怖になることもある。

照明がないと、不安と心の安らぎが混ざり合った不思議な気持ちになる。現代に於いて、照明がまったくないことの良さを味わえる場所は珍しい。道路でも、村でも建物の中でも、光はどこかに必ずある。一日が太陽とともに終わった時代を、私たちは失ってしまった。電気が夜を追い出し、結果、夜が真っ暗ということは決してない。パリの夜は赤く、オレロンの海では褐色で、それがアメリカの都会になると金ぴかの明かりになる。今や普通でないのは「ブラックアウト」なのだ。

ヴェルサイユの夜は、底しれないほどの深い暗闇だ。光るものといえば、飛行機が通過するときの赤や緑の光と、素晴らしい夜の流れ星だけだ。そんな特別の夜には、庭園の住人の多くは彗星からの贈りものである夜の祭典を見つめたあと、芝生の上に横たわり、文字通り星空の下で眠る。私はトリアノンからそう遠くない私の家の庭から天体ショーを見るために、友人たちを招く。もう一つ、私が好きな夜の楽しみは、毎日のフクロウとの出会いだ。このフクロウは、プティ・トリアノンの正面の庭園側を住み処にし、毎晩、私が犬と一緒に外へ出るのを待って飛んでいく。

一九九九年の暴風雨で、街の明かりが以前より見えるようになったときも、庭園の多くの場所は真っ暗だった。このようなブラックホールでは、どんな目印も消えてしまう。最悪なのは、感覚が何とも一致しないことだ。葉の茂みから不安げなきーきー声が聞こえても、動くものが何もなければ、何の音かはまったくわからない。何も知らずにいる人にはすべてが不安になり、とくに動物の叫び声は恐いはずだ。勇ましい青鷺は、日中は滑稽でも、夜は、そのかん高い鳴き声と、肉のそげ落ちた姿から、翼手竜《よくしゅりゅう》のような怪物になる！　周りがこうだと、木の枝はすぐに不気味な形の影に変わり、見えなかった彫像が姿を現して、ヴェルサイユはまさに「嵐が丘」だ！

私は霊や、その他のくだらない超自然現象は信じていないが、しかし、庭園はこの種の空想にはうってつけなことは認めなければならない。ヴェルサイユでの年月を通して、一度も亡霊に出会ったことはないが、どうやらそれは私一人のようだ。私は生きていながら霊の世界に入ってしまった多くの人たちと出会い、幽霊の話もたくさん知っている。白状すると、じつは興味津々なのだ！偉大な人物の霊魂が多くこの世に再生する話に加え、ヴェルサイユには、首を斬られたアンシャン・レジームの帝王を讃える団体が山のようにある。いずれも一九〇一年の法律の元、共和国の後援で創設されたものだ。

毎年、ルイ十四世やマリー＝アントワネットの名誉を守る団体が、今は亡き高貴な人々を称賛するためにやってくる。崇拝心もここまでくるとほとんど感動ものだ。王妃が亡くなった日の周年祭には信心家の一群がやってきて、マリー＝アントワネットの洞窟の前に花を手向ける。恒例の短い黙禱のあと、会員の一人による演説が行われ、感動で声を詰まらせながら、団体の名による賛辞が王妃に向けて捧げられる。ここで面白いのは、感嘆と親しみの念が混ざり合っていることだろう。語り手は、「高みから来る」王妃の視線を期待しているのに、丁寧語ではなく、馴れ馴れしい親密語を使っている。高貴な社会の死者は高所にしかいないと信じているところもある！

四、五年前だっただろうか、一匹のリスが祈りの最中に飛び出すという突飛な行動に出た。集まった人たちに、ルイ十四世の魂が輪廻か何かでその動物に宿って現れたと思わせるのに、これ以上の出来事はなかった。肖像画の王の疲れて重々しい顔を見るにつけ、齧歯《げっし》類の尖った顔つきの、俊敏だがおどおどした王を想像するのは難しい……。

しかし、私はただの無神論者、それゆえにこの種の死者の記念祭には招かれたことがない。それらに加えて、ヴェルサイユの若者たちによる悪魔を称える黒ミサがある。こちらは幸いにも処女を犠牲として捧げるのではなく、蠟燭に火をともすだけだ。私にとっては、これらの行事は庭園に被害をもたらさなければ何の問題もない。実は面白いことが多く、ときに悲しいのだが、いずれにしろ、彼らは今どき珍しい熱心な信仰心を持っているということで、人が愛するときは、相手が女性であれ、歴史や場所であれ、理性を失うということは喜んで認めよう。

それでも一度、私の合理主義が頭から欠落したときがあった。あれは夜中の十二時で、妻は寝るために上の階に上がったところだった。私は無性にタバコが吸いたくなり、そのことに漠然と罪悪感を感じていた。それでも居間の窓に煙で渦巻きを作るぐらいはいいだろうと自分に許しを与えた。外は雪で、タバコから煙が出るにつれて、グラン・トリアノンが白い煙にかすんで消えていくのを見ていた。だんだんと、翌日に観光客が思い出に買っていきそうなスノードーム［球形のガラスの中に雪の光景が入っている置物］に似てくる。私にとっては、忘れられないのはこの夜の思い出だ。何かの形が窓ガラスの向こうを通り過ぎていく。私には女性がすすり泣いているように見える。厚手のコートに身を包み、頭を下げているので顔が見えない。泣き声は口からは出ていないようだが、身体じゅうで泣いているように見える。何が彼女を泣かせているのだろう？　こんな夜中に、私の窓辺で？　私を呼んでいるのだろうか？

こんなふうに泣いている女性を見たのは稀にしかないが、そういう女性たちは決まって自殺しようとしているものだ。私はもう一度、窓のほうを見る。青白い、非難めいた顔をガラスに押しつけて、私の名前を呼んでいるのではと思ったのだ。しかし、何もない。雪は降り続け、風が吹いたせいで小さく渦を巻いている。私は再びあの絶望した女性たちと、それから、落ち込んで、夜に庭園の囲いを越えてきた女性たち、夫たちが私たちに探して欲しいと助けを求めてきた、あの女性たちのことを考える。この女性は一線を越えようとしている、絶対にそうだ。私はまた、ただ単に横を通り過ぎるだけでその人の気持ちが晴れ、知らない人でも誰かがいることで、自殺の多くが避けられることを知っている。決心するのにこれ以上の理由はいらない。私は妻に事の次第を話し、心配しなくていいと言うために上の寝室へ行く。

私が肩に手をかけるや否や、恐怖の叫び声をあげた妻は、夢で見た話をする。私は一人で大階段の上におり、その私に死神のような女性が近づいて、突き落とそうとしていたというのだ。夜中に、雪の舞う庭園に出ようとする説明などはあとだ！　私は妻に急いで言い聞かせ、携帯電話を手に家を出る。地面にはすでに数センチの雪が降り積もっている。私の車は何度かエンジンを吹かしたあと動きだし、いざ夜の狩猟に出発する。冷えきって、しんしんとした静けさの中を車で走る。一つのことが気になって、釈然としない。雪に足跡が一個もないのだ。しかし、雪の降り具合は足跡を隠すほど強くはない！　私は庭園で隠れられそうな場所をすべて捜索するのだが、あの女性がいた跡はどこにもない。仕事柄、庭園のことは知り尽くしているうえに、いつもと違うようなことはすべて反射的に気づくようになっている。私がそれぞれの場所に抱いているイメージはあまりにも正確で、少しでも間隔が開いていたり、どんな小さな違いにも、私の目は止まる。幹の後ろに影がある、あるいは茂みが痛んでいたり、木立で小声がするだけで、私の頭は覚醒する。私が見たあの女性は、どうしてこつ然と消えてしまったのだろう？

電話が鳴る。妻のコリーヌが泣きながら、私に帰ってくるように言う。もう英雄気取りでいる時間ではない。翌日はすべてが異常なし、前夜の女性の印はどこにもない。しかし、私は、涙をためた女性が、私の平穏を乱しに来たのを知っている。

もっとも不思議な話はおそらく、一九〇一年八月十日にミス・モバリーとミス・ジョーダンに起きた出来事だろう。そのとき二人のイギリス人女性は、フランスの避暑地でヴェルサイユに行くことを自慢している。外国へ行く際の信用できるガイドブックとしては折り紙付きの『ベデカー』を手に、二人はトリアノンに向かって歩いている。二人とも教師で髪をシニョンにし、メガネをかけて、神経質なところがある。シャーロット・アン・エリザベス・モバリーとエレノア・フランス・ジョーダンは、亡き王妃の住まいを見られるのを楽しみに、教育者らしく落ち着いて行動している。『ベデカー』を見ているにも関わらず、二人の「文学少女」は城とトリアノンの入口の間で迷ってしまう。時間は午後の四時すぎ、気温は高く、糊のついたスカートと、窮屈な襞襟《ひだえり》の服で汗ばんだ二人は暑苦しさを覚えながら、自分たちの生徒が規則を守らないことや、フランス人の態度の悪さを話し合っている。普段歩き慣れない二人は、少し曇天のこの日、ヴェルサイユの長い散歩道を歩く選択をしたことを喜び合い、内心ではトリアノンに喫茶室があればいいと思っている。時間はすぐに五時になる。

　私はこのような八月の日中をよく知っている。空気が重く、少し雲のかかった空が物を密閉する貝殻のような形になる。このような日中は、夏の匂いがいつもより強く発散するので酔ったようになり、閉ざされた部屋の中にいるようで、不安な気分にもなる。野外にいても、外からの自然に閉じこめられ、囚われているような気持ちになる。雲のせいで白くなった強烈な光は、特別にまばゆい。それに加えて、さまざまな虫がぶんぶん飛びまわり、隙あらば白い肌を刺そうとしているし、地面も黄色くなった芝生も乾燥しきって、一部の植物の匂いが充満し、暑さにうんざりした観光客も苛々している。あまりに大きな人波と、多様な国籍のさまざまな言語が飛び交い、城の近辺はバベルの塔か、貧民窟、ごちゃごちゃして、不快なイメージを連想させる。

　しかし、二人のイギリス人教師が神経発作を起こすには、もう少し何かが必要だ。二人はプティ・トリアノンに向かう道で、共通の話題について楽しそうに話している。枝分かれする道にぶつかり、ミス・ジョーダンが案内し、ミス・モバリーが従う。この道の交叉点で、少なくとも文学の上でだが、すべてが一変する。ある建物の玄関口で、一人の女性がテーブルクロスで合図している。付いていくだけのミス・モバリーが驚いたことに、ミス・ジョーダンは乙女のような農婦に道を尋ねようとせず、「まったく人気のない広い緑の道」（モバリーとジョーダンの共著より）を渡り、しっかりした足取りで薄暗い小道に向かって歩く。二人のイギリス人女性は「鏡の向こう側」に入っていく。

しかし、そこは『不思議の国のアリス』の世界ではなく、亡霊に取り憑かれたヴェルサイユ。帽子屋との狂ったお茶会も、ピンクのフラミンゴを道具にした意地悪なハートの女王とのクロッケー遊びも関係ない。その場で息苦しさに襲われた二人の女性は、緑のお仕着せに三本の角のある三角帽（！）をかぶった二人の庭師を見て心を奪われる。緑の長い服を来た二人の男は手に、ミス・モバリーに言わせると鋤、ミス・ジョーダンによると棒を持っている。それを「見た」瞬間、二人の女性は庭師だととらえている。

ルイ十五世の治世下の庭師は緑のお仕着せを着ている。一方、ルイ十六世は、王位に即いて一週間後、プティ・トリアノンの召し使いには王の色——運命は皮肉なことが多い——青、白、赤のお仕着せを着るように命じている。三角帽に関しては、パルマンティエ［既出の著名な農学者］・コレクション所蔵の一枚の版画にそれらしきものが描かれており、王妃とエリザベート王女に付き添う庭師リシャールが、三本の突起がある帽子をこれ見よがしにかぶっている。細かい部分で面食らわされるのは、庭師が手に棒を持っていることだ！

二人のイギリス人女性は、ヴェルサイユにも、その時代にも特別に興味はなかったと断言している。この点で多少の疑問が残るとしても、二人はここを訪問する前に国立古文書館はおろか、パルマンティエ・コレクションにも行ったことがないことは確認されている。

二人の女性はそのとき、突然、押しつぶされるような悲しみに襲われたと断言し、目の前の光景に興味を抱くにつれ漠とした不安が大きくなったと、二人そろって強調する。ミス・ジョーダンは庭師に道を尋ね、二人の男は不愉快なほどぞんざいに真っすぐ行くように答える。その声は、夢の中でよくあるように、顔と一致していないように思える。エレノア・ジョーダンの言葉を借りると、死者の国への旅は次のように続く。

「私たちに示された小道をたどると、私たちがプティ・トリアノンで思い描いていた場所ではないところに行くようで、そこには悲しみと、見捨てられたような雰囲気が漂っていました。私は夢遊病者のように感じ始め、この現実とは思えない重い印象に息苦しくなりました。私たちがついに小道が途切れるところに着くと、正面に、木々に隠れて何本かの円柱に屋根のついた建物が見えました。階段に座っていたのは一人の男性で、肩に黒の重い肩マントをかけ、柔らかい大きな帽子をかぶっていました」

私はヴェルサイユを熟知しており、道順や場所を頭で思い描くことなど簡単にできる。ところで、ミス・ジョーダンが指摘した、愛の殿堂にそう遠くない場所に建物はない。愛の殿堂は小さな島の中央の何もない芝生の上に立っている。建物はないが、しかし、あった可能性はあった。一七七四年の図面によると、フランス庭園からそう遠くないところに小さな東屋を建てることが予定されていた。

帽子の男は何も言わずに二人を見つめる。その肌は黒ずみ、土に覆われているようで、かさぶたがある。女性二人の質問には答えず、歪んだ笑いを浮かべ、不愉快なのか意地悪なのかよくわからない目つきでじっと見つめるだけである。いくら彼女たちが冷静とはいえ、二人は恐怖で震えあがる。後ろで足音が響く。黒い肌で巻き毛の男が奇妙なアクセントで二人に向かって叫ぶ。

「そこのお二人、そこを通ってはならぬ！」

忠告に従い、二人は方向を変え、小さな橋を渡る。それは私もよく知っている、マリー＝アントワネットの洞窟の入口に行きつく橋だ。乱れ茂る草の真ん中で、一人の女性が絵を描いている。手に作品を持ち、腕を伸ばして絵の出来具合を確認しているのだが、そこには――たぶん距離と、光の影響かもしれないが――何も描かれていないように見える。その女性には二人の散策者の音が聞こえないようだが、しかし、二人が横を通っても驚かない。振り向いて、二人を見つめるのだが、その目はぼんやり、おどおどしており、目がくらんだか、あるいは二人を見ていないようだ。

その顔はもう若くなく、とくに表情がない。たっぷりしたブロンドの髪を大きなシニョンにし、その上に大きな白い帽子をかぶっている。服は夏用の軽いモスリンで、肩がドレープになり、襟元が大きく開いている。恐怖と信じられない思いに陥りながらも、二人は細かい部分に衝撃を受けつづける。透けて見える緑の布の肩掛けがずれて、胸も首もあらわになっている。

正確に言うと、ミス・モバリーもミス・ジョーダンもここでお洒落の話をしているのではなく、そういう年齢でもなければ、興味もないのだが、しかし二人とも、白のご夫人が非常に時代遅れに見えた点では一致している。ミス・モバリーは、どこか遠い国の奇妙な服を着ている観光客ではないかと想像している。三人の視線が交わり、ミス・モバリーはすぐに顔を背ける。見たことに呆然とし、言葉にすることもできないでいる。

遠くで、一人の従僕が二人に道を示し、地獄下りは終わる。ここで出会った顔がみんなそうだったように、召し使いは意地悪そうな笑みを浮かべて、最初の二股に分かれた道まで二人を案内する。そのあとミス・モバリーは、ここまでの教え方が下手だったフランスの役人を罵り、ミス・ジョーダンは庭園に標識が足りないことに不平をぶつけている。二人はヴェルサイユのレゼルヴォワール館［別名ポンパドール館］でお茶を飲む。そろそろパリへ帰る時間である。列車の中では沈黙が支配する。二人とも疲れ果て、それぞれお互いに歩きすぎたせいだと思っている。この話が打ち明けられるのはもっとあとになるだろう。

二人のイギリス人女性の「冒険」はあちこちで書き立てられ、彼女たちの生活は一変した。本にしたところ大成功で、まずは友人たちに調査をするよう勧められ、すぐに本格的に探求することになる。二人が「昔に遡る認識力」現象を体験したことを証明するために、国立古文書館でめぼしい資料をあさり、二人が見たことを裏づけるたくさんの要因を見つけ、同時に、異論もそれ以上多く見つける。思い通りのことが容易に見つかると思ったら大間違いだ……。博識者や科学者、心理学者、歴史学者がそれぞれに説明を提供し、あるいはある証拠を示している。そして、我らが二人のイギリス人女性は――誰が疑うだろう？――信じていい人たちだ。推測や議論が飛び交ったが、二人は亡くなるまでマリー＝アントワネットを見たと言いつづけた。

この話は間違いかもしれないのだが、不気味であり、私としては寒気を覚える喜びに逆らえない。二人のイギリス人女性の誠意は疑うべくもないにしても、この冒険話は支離滅裂で、本当らしくない部分がありすぎる。だいたいにおいて、トリアノンで道に迷うなど考えられない。とくに、八月の日中なら、いくら一九〇一年といえども観光客であふれている。

もっと疑わしいのはマリー＝アントワネットがよくわからなかったことだ。ミス・モバリーは、ずっとあとにヴェルサイユ関連の資料を集めたあと、絵を描いていた女性が誰かはわからないと断言している。二人は、ガイドブックの『ベデカー』を手に城を訪れていたのだが、王妃が描かれた絵を見たときに目を上げなかったのだろうか？　私にはマリー＝アントワネットの霊が憤慨していたのがわかる！

冗談は抜きにして、城を訪れたときに特別な注意を払わなかったとしても、つねにやはり王や王妃に関するものを見ているはずで、とくに、ルイ十六世とその王妃の悲劇的な最期を知っていればそうだろう。それでも見たのは王妃の霊だというのは、私にはごまかしに思える。散歩をしていた二人は、絵を描いていた女性の服装から、肩掛けの動きまで、詳細に描写できているのに、その女性の体形的な外観となると、これ以上ないほど曖昧だ。

私自身は視覚的な記憶力が良く、もし私なら、スカーフの縁の色を見たら、掛けている人の顔立ちも見る！　とはいえ、感覚の描写には偽りがなさそうだ。二人の女性によると、暑さに伴って肢体が麻痺し、言葉は重くなり、視覚に障害を覚え、心臓の鼓動が早くなったそうだが、これらは激しい不安の症状だ。庭園はときとして不気味になることがあるので、激しい不安の発作を起こしてもおかしくない。唯一不思議なのは、この症状が二人を同時に襲ったことだ。神経障害のある二人の女性がみた幻覚。私の理性が認めることができるのはこれだけだ。

それでも、二人のイギリス人女性のおかげで、トリアノンが「幽霊の出る」場所になったのは事実である。この種の話にはよくあることだが、証言者は山のようにいる。確認されるところでは、マリー＝アントワネットは十九世紀の終わり頃から定期的に現れている。一八七〇年には、一人の子どもが、派手な飾り紐と三角帽で狩猟に行く騎馬隊が、ブロンドの優雅なご夫人に引率されて通り過ぎるのを見ている。真実は王妃の口で語ってもらうしかないだろう?

一九三九年には、乳処理場の近くに一人でいた若い男性が、不思議なアクセントで話す美しい女性と長く会話をし、魅了されている。その美しさに感動した若者は、どこに住んでいるのかと聞く。

「オーストリア人の亡霊はもうかなり前から両親のところには住んでいない!

「トリアノンに住んでいます」と、美しい女性は答える。

「では、僕たちまた会えるかな?」

「たぶん」

この最初の一歩の成功でのぼせてしまった若者は、消したタバコにまた火をつけるのだが、風もないのに消えてしまった。彼はこの運命の女性にタバコを勧めようとしたのだろうか? その女性は彼の働きかけに簡単に従いそうだ。しかし彼がタバコをあげようと手を差し出したとき、謎の女性は消えていた。

また一九五五年には、ロンドンの訴訟代理人とその妻が、王妃の村里に向かう道で、異様な身なりをした二人の男性に伴われた、黄色いドレスのご夫人と出会っている。男性たちが異様だったのは、長靴下に、銀の大きな輪をつけた靴を履き、なんと、頭に鬘《かつら》をつけていたことだ。ミス・モバリーとミス・ジョーダンもライバルには事欠かず、二〇年代、三〇年代からは、クレール・ホール、エリザベス・ハットン、他にもミセス・ウィルキンソンといった人たちが、マリー=アントワネットとした会話を語るために、競うように雑誌に登場していた。

私自身、八〇年代には、「王妃」と何度も昼食をともにするという、大きな特権に与《あずか》っていた。

最初に王妃に扮した女優はジェーン・シーモアで、このときの撮影ではもっとも美しいポリニャック侯爵夫人と知り合いになることができた。クラウディア・カルディナーレだ。二番目に王妃を演じたのはエマニュエル・ベアールだった……。

もっとも面白い話は、画家のルネ・キュデル（一八八二－一九六二）の身に起こったことだろう。ヴェルサイユ関連の本の挿絵画家に指名された老画家は、農家の前で静かに絵を描いていた。近くで待機していた警備員長が、突然に恐怖のうめき声と、続いて何かが落ちたような音を聞く。画家が、生気を失った蒼い顔をして地面に横たわっていた。なんとか生気を取り戻したキュデルが転倒したいきさつを語る。何か急を知らせる足音がしたので、絵を途中にして目を向けると、目の前に、舞踏会の服を着て、手に自分の頭を持ったマリー＝アントワネットが、つま先立って階段を降りていた。可哀想な画家！　私は今、どの警備員がこんな冗談を思いついたのかと考えている。

私はこの庭園で何度も恐い目に遭ったが、しかし残念ながら、毎回、悲しい現実が理由になっている。ヴェルサイユには毎年、何万という人が訪れる。従って、ときに悲劇や困った出来事が起きるのも当たり前だ。ジョガーは私の日々の心配の種だ。五十歳代や六十歳代の男性たちが、体力維持を口実にグラン・カナルの沿道を消耗するまで走ったあげくの果て、心筋梗塞で倒れたのを見た。ライオンがスポーツをするのを見たことがあるだろうか？　こういう事故がいちばん多く、熟年のアスリートは、なぜ私が心配して彼らを見ているのか、肝に銘じて欲しい……。それに加えて迷子の一群がいる。グループから離れ、方向を見失った子どもたちが、何キロも泣きながら歩いている。かと思うと、庭園の奥で見つける高齢者は、道に迷って不安そうなのに、自分の間違いを隠そうと空しい努力をする。

これに関しては、一つの出来事が心に残っている。私の事務所は庭園内にあるので、救助を求めにくる観光客が多い。少し前、ある家族が私に助けを求めてきた。祖父がいなくなったという。娘は、父は病気で、早く助けなければならないと説明し、祖母は、夫の恐ろしいほどの不注意に半世紀も耐えてきたと言い張り、息子は味方なのか、父が可哀想にもぼけていることを大きな身ぶりで私に理解させようとする。こういう状況に慣れている私は、警備隊員を呼び寄せる。隊員は老人を探しに出発し、私も同行する。なぜなら、迷子になった長老の子孫と一緒にいたくなかったからだ。私には家族という概念がまったくない。

私たちは「行方不明者」が見つかりそうな場所をすべて走りまわる。誰もいない。庭園の隅から隅まで探しても、無駄。夕方になり、私は非常に不安になる。事務所に戻ると、家族は予測される結末を考えて不安を押し殺している。私たちは警察に知らせ、捜索隊を結成することにする。娘の電話が鳴る。祖父が夕食を要求し、日曜日とはいえ、もう散歩から帰っている時間ではないかと言う。高齢の祖父はヴェルサイユで退屈し、家族の目が離れた隙を狙って静かに家へ帰っていたのだった。

庭園では自殺もある。絶望してオランジュリーの上から身を投げる若者から、ある朝、舞踏場の木立の門で首を吊っているのを発見された日本人の観光客まで、ヴェルサイユで命を絶とうとする者は多い。幸いなことに、この不吉な試みは必ずしも達成されない。一度など、いろいろな要素が絡み合って、悲劇が喜劇に終わったこともある。

自殺をしようとしたある女性が、舞台にヴェルサイユを選んだ。大量の薬を飲み込んだ女性は、薬の影響で少しふらふらしながら、死を宣告された重い足取りでグラン・カナルに向かい、最後に一瞥してから、水深一メートル五十センチの汚い水に……飛び込んだ。彼女は運河は大きくても、深いとは限らないことを忘れていたのだ。笑っていいのか泣いていいのかわからない庭師たちは、その場で即、彼女を助けた。私はといえば、彼女を生きたままその家に連れていくことができて幸せだった。

また、ある薄暗い朝に、部下の一人が蒼ざめて私のところに来て、クローバーの池で溺れている女性が発見されたとの報告を受けたことも覚えている。救助はすでに要請済みで、調書のために私の立ち会いが必要だった。悲劇の現場には、慣例の装備一式と、警察、消防士、そして地元紙のジャーナリストがすでにいる。巻き上げ機のアームが池の底でうつ伏せになって横たわる生気のない物体に近づいて引き上げようとする。私は顔を背ける。溺死体はすでに見たことがあり、もう二度と見たくなかった。水中に入り込む巻き上げ機の音と、操作する男たちの声、それから突然、大きな笑い声が聞こえる。水深一メートル、機械のペンチに挟まれていたのは、私たちをじっと見つめるダッチワイフだった。

それからはフラッシュと、このためにわざわざ出向いてきた私服刑事の怒り、そして私のほうは恥をかいた気持ちがどんどん大きくなり、次いで、上司から苦情を言われる。機動隊が移動する際は、象徴的であっても犠牲者が必要で、それが私だった。別のときは、オランジュリーの上から身投げしようとした女性と、一人の消防士の間で数時間にわたってのらりくらりのやり取りが続いた。

会話は長時間続き、カフェでも続いた。犠牲者と救助者はよい友だちになるとも言われている。

おとぎ話の舞台のようなヴェルサイユでも、残念ながら、悲劇は現実としてある。ある朝、会議があって出かけるとき、男性が一人、木の足元に座っているのに気づく。私はこんな朝早くに人がいることに驚く。朝の八時に庭園に来る人は、歩くためで、座るためではない。おまけに、その服装も驚きだ。スーツにネクタイ、アタッシェケースとは、一人で散歩を楽しむ人の持ちものとしては不自然だ。四時間後、昼食に戻ってくると、その男性はまだそこにいる。午後二時頃、再び家を出ると、男性は動いていなかった。私は本当に仕事のない人がいるのだと思い、自分の仕事に取りかかるのだが、なんとなく心配になる。それもあって午後四時頃、謎の男性がまだいるのか確かめるために寄り道をすることにする。警察が木を取りまいている。三十歳ぐらいの男性は、頭に銃弾を撃ち込んでいた。

恐怖はときに滑稽だ。そう高をくくっていた私は、庭園の伐採事業のときに人生最悪の恐怖のシーンを目撃することになる。工事は進まず、搬出するはずの木はなく、損害が生じていた。そこで私は工事を視察に行き、こういう現場ではお定まりとはいえ、朝から一喝することにする。労働者はまだ来ておらず、それもあって悪態をつきながら長々とぶちまけていると、測道に一台の車があるのに気づく。見たところは高級車で、ナンバープレートの登録番号が他の車とは違っている。近近づくと、フロントガラス越しに動かない男性の顔が見える。すぐに考えたのはいちばんありそうなことだ。恋人同士が仕事に出かける前に秘密の逢い引きをしている、またか！　少し困惑しつつ、車の横をこっそり通り過ぎようとするのだが、最後の一瞬、ちらっと見てみたい気持ちに逆らえなくなる。好奇心は持つものではない。その男性を見た私は恐怖で動けなくなる。右目が血だらけの細い繊維にぶら下がって頬に垂れ、頭はどす黒い穴になっている。不幸な男は猟銃を脚に挟んでいる。私はこのシーンを絶対に忘れないだろう。

ヴェルサイユでは、とりわけパリ・コミューン［一八七一年］のときに血が流れた。パリで、コミューンの花形ルイーズ・ミシェル（一八三〇－一九〇五）が、革命歌「インターナショナル」を聞きながらバリケードの上で君臨している間、ヴェルサイユ［一時、臨時政府が置かれる］ではパリ・コミューンに対抗してヴェルサイユ政府軍が立ち上がる。間もなく、コミューンは血まみれの中で弾圧される。ヴェルサイユはパリから比較的離れていたことから、留置場に選ばれる。何百人という共産主義者と、数ではもっと多い容疑者をどこに収容したらいいのだろう？

実際、用心深い耽美主義者のルイ十四世は、理想の宮殿を監獄にすることなど望まなかった。そこで、大オランジュリーが、その大きさから留置所に改造され、軍事裁判が行われているサトリの駐屯地と、隣接する刑務所との間で強制的に通過する場所になる。柑橘類の匂いが、押し込まれた男たちや傷口の鼻をさすような悪臭に代わる。

入口の大きな円形建物が、留置人の受け入れと裁きの場所になる。部屋は明るいが、決定が明快になされたかは大いに懸念すべきだ。「軍事裁判は軍隊音楽と同様に価値がない」。政治家クレマンソー（一八四一－一九二九）の言葉は才気にあふれているが、悲しいかな、本当だ。留置人は三つの部類に分けられてそれぞれ違う区画が与えられる。普通の囚人は集められて大回廊、近くで監視すべき男たちは建物の突出部の光がほとんど入らない狭い廊下に入れられる。最後に、「危険人物」に当てられたのは階段下の半ドーム。太陽が射すことのない、泥と埃の中に主導者が集められ、その場所は「ライオンの墓場」とも言われた。

数ヶ月前まで、パリの春の爽やかな日々にバリケードの上で希望を高く掲げていた男たちは、もう自由に動くこともできない。誰であれ、自由を奪われることさえ厳しいのに、尊厳まで奪われたら残酷そのものだ。パリ・コミューンの共産主義者は暗がりと雑居状態の中で、一日に二人に付きパン一個で生き延びる。水は、警備を担う牢番の厳しい監視のもと、ジョウロで飲まされる。囚人は一日三十分の外出が許され、一行の散歩はヴェルサイユの見せものになり、住民は南花壇まで来て「危険人物組」の苦しみを見物していた。

十月になり、オレンジの木を中に入れなければならない。どうしたらいいのだろう？　囚人は他へ移されるか、処刑される。こうしてオレンジの木は、時の大統領ティエール（一七九七－一八七七）が留置人たちに運ばせた。オレンジの木は元の場所に戻ったが、しかし、壁は血にまみれた時間の思い出を守っている。私は今も、壁の絵を見ながら、誰が描いたのだろうと、同僚に聞いた日のことを覚えている。そのときの私は、一世紀前に理想のために死んだこれらの若者と同じ年齢だった。オランジュリーは彼らにとって最後の段階、自由と、それから命を失った場所だった。私とは正反対、私にとっては自立への入口だった。

私が庭師として仕事を始めたのはオランジュリーでだ。若い共産主義者たちが死ぬのを見たオレンジの木を中へ入れる仕事を、私は何年間もした。歴史の気まぐれな急転で、同じ場所が違う使命を持つことがある。一八七一年に刑務所だった場所が、一九七六年には解放の場所になった。それでも、当事者と背景、状況には不思議と密接な関係がなくもなかった。私も十九歳で、両側を有名な百段階段に囲まれた、ふわふわした形のオランジュリーの前にいた。大きな円形建物に入るとまぶしい光に頭を下げ、そしてやはり「裁判官」（この場合は庭師長のコロン）が私の運命を決めた。

あのときの私はまったく信用されていなかったのだろう、なぜなら、危険分子と同じように、私は半ドームに配属されたからだ。階段を進むにつれ、空間と光は小さくなり、着いたところは薄暗くてむさ苦しい小部屋、かつて囚人が押し込められていたところに、現在はトラクターが置かれている。こんなに暗くて狭い場所からいまいましい機械を外へ出す仕事は、囚人の刑罰のようだった！

私は今でも、胸がむかつくガソリンの匂いと、更衣室になっていた湿気のある小部屋の金属製の戸棚を覚えている。この当時のヴェルサイユは、まだ刑務所の様相を呈していた。仕事の条件も八〇年代以前は進化がなく、言わせてもらうと、とくに庭園のほうはそうだった。というのも、私たち庭師の生活は厳しく、最低限の快適さを与えるのも無意味と思われていたのだ。ヴェルサイユの閉ざされた世界にいる管理当局から見て、私たちはここでは呪われ者だった。

オランジュリーの壁の落書きのいくつかは今でも目で見られる。いちばん多いのは名前やイニシアル、女性を描いた小さなスケッチだ。年とともに、それらは私の身近なものになり、私は勝手に物語を添えている。この若い兵士は自分のイニシアルを急いで書きなぐっているときに、冷酷な鬼軍曹の鞭で中断させられたのではないか？　黒服に長い髭の共産主義者は、自分の名前より思想を残そうと、仲間に説教をしていたのに対し、仲間のほうは、バリケードの上で出会ったマリアンヌ

［フランス共和国を象徴する女性像］の美しさに敬意を表するほうを選んだ。

これらの物語は、今思うと、悲劇を差し引けば、私や私の仲間たちと非常に似ていたことに気づく。美の規準は違っていた。マリアンヌはその後、ブリジッドやマリナという名前になり、大統領はティエールではなくジスカールの失脚を要求していたが、しかし状況はさほど違っていなかった。それだから、これらの落書きが非常に感動的なのだと、私は思う。また同じ理由で、私の木々が下手な彫りもので傷つけられていると即座に罵声を浴びせる私も、それが壁に留まっているときは好意的に見る。

オランジュリーの落書きの中でいちばん美しいのは、円形建物からそう遠くないところにある。それを見ると、湿った石の上に誰かのイニシアルが絡み合って彫られている。中心から離れているのと、場所の暗さで隠れて見えるのだが、自筆の署名はすぐに目を引く。真っすぐに書かれた文字は、驚くほど均整が取れて、抑制されており、来訪者に挑戦しているように見える。その下には、日付けの一八七一年五月二十九日が、同じく確かな手で書かれている。

私は謎の書き手の運命に興味を持った。彼の名前はアドルフ・ピジョンで、一八四九年十一月二十五日、イゼール県［フランス東部］のサスナージュで生まれている。そんな彼がどのようにしてパリまで来たのか？　謎である。それでも、パリ・コミューンに合流し、国民軍の第二百二十九部隊に入隊する。血の一週間のあと、牢獄に入れられるのだが、「危険人物」ではなく、死は免れた。一八七二年四月十日に強制収容を宣告され、三年の刑に減刑される。アドルフは生きて刑を終えるのだが、市民権は剝奪されている。彼の署名は逮捕された日と一致する。たぶん彼は、その日に死ぬのではないかと恐れていたのだろうが、しかし、手は震えていなかった。

ルイ十四世は、フロンドの乱の教訓から、死をもたらす狂気から守るために城の建設を選び、その企ては成功した。大革命で、パリのコンコルド広場や、国中で血が流れたが、ヴェルサイユでは流れなかった。王と王妃は一七八九年十月、パリの住民が「パン屋、パン屋の女将、そしてパン屋の小僧」［それぞれ王、王妃、王太子を指す］を探しに来たときは、宮殿を離れている。ルイ十六世が去るとともに、城には誰もいなくなる。宮廷人は、摂政時代のように王に付いてパリに行くか、より思慮深い者は国を捨てている。それとともに、無用になった召し使いはすべて消えていく。

ヴェルサイユはだんだんと亡霊の街になり、物好きが王の住まいを見に訪れても、この混乱の時代、その数もどんどん減っていく。王の部屋に浮浪者が住みつき、錠前やドアは、革命思想よりは単なる必要から、盗まれた。芸術作品はルーヴルに運ばれ、家具調度品さえヴェルサイユを見捨てている。これらは競売にかけられたのだが、場所はギトリの映画にあったグラン・トリアノンではなく、大厩舎の中庭だ。ヨーロッパの貴族、とくにイギリスの貴族が王の家具調度品の奪い合いをする。競売が終わると、城はもぬけの殻になる。これが城にとって唯一の侮辱である。確かに、それは重い結末だった。現在もなお、家具調度品の遺産の復元は完結にはほど遠く、表からは窺い知れない裏工作の値段で行われることもある。

それでもヴェルサイユは、略奪された何百という教会とは違って、守られた。大惨事は差し迫っていた。国民公会の議員連が城を破壊するよう要求する。それに対し、他の人々が立ち上がる。ヴェルサイユは絶対主義の象徴ではあるが、しかし、何百人というフランスの芸術家、職人の作品でもある。それを考慮すれば、城は保存すべきではないのだろうか。彼らのおかげでヴェルサイユは救われた。ルイ十四世の望みに従い、パリ人の狂騒から離れていたヴェルサイユは、落ち着いて、少し風変わりな場所となった。そしてだんだんと過去のものになり、ほどなくフランス博物館になる［一八三七年、フランス人の王、ルイ・フィリップによる］。

庭園にも危険が迫っていた。国民公会は庭園を小区画に分け、売ることを考えていた。私はこの計画を挿絵にした地図を見た。王妃の山里が一区画で、トリアノンが別の一区画だ。常軌を逸したやり方で区切られ、庭園の形は跡形もなくなっている。こんなふうに分割されたら、死ねと言われているようなものだ。トリアノンの庭師リシャールが、菜園からの収穫を平民のものにするという提案をして災難を妨害する。土地の分割がいいか、飢饉の消滅がいいか——国民公会の決断は早かった。庭園は免れたのだ。アントワーヌ・リシャールは庭園の真の救世主だ。彼はラ・カンティニの宝物を見守り、ヴェルサイユを離れて王の菜園に移るときに、一緒に多くの珍しい植物を持っていき、これらも災難を免れている。実際、興味深いことに、地所の分割だけが脅威ではなかった。革命派が城と同時に庭園の略奪に傾いていたことが確認できるのだ。リシャールの天才的なひらめきが国民公会側に認められ、王の庭園は人民の庭園になったのはいいが、そのあとすぐに革命派は庭園を飾る王の木々を抜いて、自然史博物館に移植したいと言ったのだ。しかしそのときもリシャールは、ヴェルサイユに自由の木を植えることを示唆している。木々を移動させるのは無用、なぜなら庭園は人民のものだからだ。庭園は城とは違う。人々はパリから、権威を失った君主制の贅沢ぶりを見るために城に来て、庭園には散歩に来るのは確かだが、しかし同時に、タンポポやキノコを集めて貧しい時代のつましい食事を改善し、あるいは暖を取るための木を拾いに来るのだ。庭園は城より何倍も役に立つ。庭園をガイド付きで訪問するのが始まったのもこの頃である。改革派の過度な行動のせいで忘れられることがあまりに多いが、啓蒙思想から続くこの時代は科学に捧げられている。庭園は、一旦革命派のものになってしまうと、植物学の分野で最新の進歩の恩恵に浴する。すべての木、とくに外国からの種を持つ木々の事細かな目録が作られる。これら革命的な目録は、現在もなお、私たちがいくつかのテーマの歴史を調べるときに使っている。

庭園は暗澹たる年月も体験している。大革命時の九月虐殺ではない。自然史博物館の庭師長で、一七八九年にパリの第三身分の補充議員になったアンドレ・トゥアンがヴェルサイユへ来たことだ。トゥアンは、たぶん嫉妬からだろう、リシャールが嫌いで、彼の植物に対し敵意をあらわにする。庭園は植物園としての地位を失い、次いで組織的に荒らされる。温室は維持管理がなされずに荒廃する。リシャールは去っていき、庭園は荒れ放題になる。

トリアノンは宿屋に変わり、王の元レモネード製造者はリキュールの密売業者になる一方、モグラ捕りのリニャールは、御年八十歳以上なのに、自分の藁葺きの家をいかがわしい連中のたまり場にしている。みんなそこで踊って、飲み、革命派の新しいトランプで遊ぶ。王と女王の頭が切られ、花や動物の絵に代えられたものだ。礼儀作法や豪華さ、壮大さといったものはすぐに忘却の彼方に行き、王の遊びさえも消えていく。球技場は荒れ果て、かつて王がクロッケー遊びをしたボーリング・グリーンのような芝生は、普通の芝生になる。

露骨に王室を思わせる遊び、チェスも一掃される。まだほんの少し前、マリー＝アントワネットは王妃の家の白と黒のタイル張りの上で「実物大」のゲームを提案していた。「チェスでは、将来を見なければいけないときの予想感覚を学ぶことができる」と、著名なアメリカの政治家ベンジャミン・フランクリンはヴェルサイユを訪れたときに言ったはずだ。しかしルイ十六世は、ゲームに夢中すぎたのだろう、フランクリンの言葉を聞いていなかった。数年も経たずに、ヴェルサイユは怪しげな休息所になり、人々が慎みのない視線から離れて、狩猟や息抜きに来るようになる。

この間、パリでは反ヴェルサイユの批判が盛んになっている。マリー＝アントワネットが大衆の公訴の犠牲になる。「生まれつき、歓びへの抗しがたいほどの愛着があり、［フランスに］到着するや否や、酒色に耽り、破廉恥にも半裸で、ルイ十五世の膝の上で遊ぶ」と、匿名の風刺小冊子の勇ましい著者の一人が発表している。別の著者は次のように言っている。

宮廷はあっという間に流行を取り入れた
どの女性もふしだらで、レズビアンだった
子どもは作らなかった、そのほうが好都合
……は女たらしの指に取って代わった

哀れなルイ十六世もご多分にもれず標的になっている。神々しき聖職者で、真の教会人として影響力があったラパン師は、次のような文を書いている。

各々が小声で尋ね合っている
王はできるのか？　できないのか？
可哀想な王妃は絶望している
ある者は、王は真っすぐに立てられないと言い
別の者は、入り込むことができず
横笛だと言う

正直に言うと、これを読んだときの私の最初の反応は、非難を含む忍び笑いで、とにもかくにも、思春期から私に付きまとっていることでもあるのだが、しかし、本当のところ、こういう卑猥な風説には我慢ができない。最悪なのは、これらの中傷が長く言われ続けていることだ。現在も、放送番組や信頼できる出版社の評伝が、お定まりのように王の性的不能を扱っているのを、私は恥ずべきことだと思っている。当時の小冊子の行間からは、長く続いた抑圧による恨みや中傷を読みとることができるが、現在のドキュメンタリーには、淫らでさもしいことへの貪欲な欲求しかない。私に言わせると、ルイ十六世は、マリー゠アントワネットと同じように、慎み深く、王の些細な震えさえ公にしてしまったしきたりや儀礼にうまく対応できなかっただけだ。現在、どこの誰が、公開での出産や、厳しい監視のもとでの初夜に耐えられるだろう？

革命派の小冊子は、庭園の重要な特徴を強調している。ヴェルサイユには、歓びと権力が何かしら付いてまわっている。権力が雲隠れしても（とはいえ、城は定期的に権力者に提供されている）、

歓びは残っている。ヴェルサイユの木立は甘ったるく、私がここに来てからも、私立探偵以上に愛人たちや恋人たちを驚かせたはずだ。この庭園の原罪を探さなければいけないのだろうか?

事実、ヴェルサイユの歴史は品行スキャンダルから始まっている。当初、領地の所有者だったマルシャル・ド・ロメニーは、カトリーヌ・ド・メディチ［メディチ家出身でアンリ二世王妃］がフィレンツェから連れてきた寵臣の一人、アルベール・ド・ゴンディに土地を売るのを断っている。一五七二年、カトリックとプロテスタントが対立したサン・バルテレミの虐殺の夜、騒動に紛れて厄介な土地の所有者は暗殺によって抹消される。相続人は度重なる説得に負け、ついに土地を売り、ゴンディが新たな所有者になる。ヴェルサイユは毒々しい状況の上に成り立っている。一人の女性が、寵臣ゴンディの浮気を許すことができず、彼を殺してしまうのだ。こうして、罪ある愛人たちの計略の上に建っているのがヴェルサイユである。つまるところ、根底に悪徳があるのだ。

ヴェルサイユは品行スキャンダルに基礎を置くが、しかし、建っているのは心の物語の上である。ルイ十四世は、現代的な言葉遣いをすれば、女好きだった。女性を心から崇拝し、そして何人かを愛した。知っておかなければいけないのは、貴族の娘たちが十八歳の君主に事あるごとに魅力を振りまいていたことで、中には麗しの君を目にするや否や「不意に」ドレスがはだけてしまう娘たちもいた。君主にどうして逆らえようか?

ルイ十四世の歯は全部が虫歯で、頭の形も悪かったのだが、そんなことは関係ない。女性問題ではつねに大変な苦労をする私としては、嫉妬せざるをえない……。栄光は美しい女性を引きつける。これは誘惑の大原則の一つである。現在は女性たちが生活のために美を売る必要がない時代というのに、それでもなお多くの女性は相手が有名か、金持ちというだけで、猫背の背中を見てもぼーっとする。「陛下は、ふしだらな生活をする機会には事欠かなかった」と、あのサン＝シモンもきわどさすれすれの言葉で書いている。

時の権力者で実務の男、マザラン枢機卿は、イタリアから姉の娘たちを呼び寄せ、ルーヴルに住まわせる。六人の姪の中にいたのがマリア＝アンナ、ラウラ、オルテンシア、オリンピア、そしてマリー・マンチーニだ。マリー・マンチーニは美人とは言えず、宮廷人は彼女の縮れ毛と暗褐色の肌、貧弱な足をからかったが、しかし頭のいい女性だった。「貴殿の姪御殿はなんと才気があることか」と、心をとらえられたルイ十四世はマザランに言ったことだろう。

マリーは読書、とくに悲劇的な話や歴史、哲学にしか興味がなく、そらで覚えていた。美しい文学に情熱を傾けていた彼女は、将来のフランス王が芸術や文学を何も知らないのを見て驚く。策略家でもあるルイ十四世は、彼女の気を引くために教えられるままにしようと考える。彼女は自分の愛読書や、涙を流した小説、読んで熱くなった概論、我を忘れた音楽、幸せになった絵などについて話し、王は呆気にとられて聞く。ルイ十四世は戦争の壮大な物語をよく知っているだけでなく、女性をものにするにはその話に耳を傾けるのが確実な方法だということも知っている。「貴女のことを朕に話せよ」と、王は彼女に囁く。努力の甲斐があり、二人はすぐにマリーの愛する騎士道恋愛物語の心ときめく世界に入り込む。

二人の純愛はマザランを不安にする。国家が要求しているのはスペイン王女マリア＝テレサとの結婚で、イタリア人のマリーではない！　二人を別れさせなければならない、なぜなら、ピレネー条約によって王の結婚が一六六〇年春に予定されていたからだ。ルイ十四世はマリーを捨てるよう命じられる。のちに絶対君主と言われる王は、後見人に従い始めた。二人の恋人の別れの舞台となったのはパレ・ロワイヤルのマリーの部屋、一六五九年六月二十一日のことだった。そのときの涙や引き裂かれるような悲しみは部屋からもれることはなかったが、ラシーヌがその話から着想を得て悲劇『ベレニス』を書いたのは知られている。

王は、心ならずも、マリーにパリを離れるよう要求する。賢明なマリーは自ら死を選ばず、大西洋沿岸の小さな港町で、現在は城塞で知られるブルアージュに引きこもる。ブルアージュはオレロン島からそう遠くない。私はその地の人気のない砂丘を歩くとき、見捨てられ、荒れ果てた浜辺に一人でたたずむマリーの苦しみに思いを馳せる。

ルイ十四世は若き日の恋には忠実ではなかったが、しかし、そこから学んだことはすべて大切にしていた。若きイタリア女性マリーがいなければ、ヴェルサイユはおそらくのちに芸術の殿堂にはならなかっただろう。おそらく、獲物の多いこの地域に建つ多くの狩猟館の一つにすぎなかっただろう。ルイ十五世が獲物を追いかけ、鹿を殺したあと休むのに好きだったビュタール館もその一つだ。ビュタール館はフォース＝ルポーズの森の真ん中にひっそりと建っている。起伏に富んだ場所であることから、王の狩猟の成果は確実だった。起伏のおかげで、追いかけられた動物は追跡者を撒いたと信じ、横たわったところへ、もう一方の丘から王とお付きの者たちが現れた。獲物は間違って休んだ［森の名前フォース＝ルポーズは「間違って休む」という意味］ことになり、そして王は簡単に勝利を収めた。

このような動物の生け捕りは一九三〇年代、正確に言うと、ブーローニュの森で最後の雌鹿が捕獲された一九三六年まで続くことになる。市は再開を試みたのだが、西の高速道路から来る車と、ヴェルサイユへ向かう車にはねられて死ぬ動物が多く、獲物が巣を作らなくなったのだ。ルイ十五世がフォース＝ルポーズの森へ来るのは狩猟の楽しみだけではなかった……話によると、ものにした女性たちの乳房の上のイチゴを味わうためにもやってきた。ルイ十五世はこの点でも簡単に勝利を手にしていたことになる。

しかし、ビュタール館が今でも有名なのは、現代になってからの他の理由による。ド・ゴール政権の閣僚、ル・トロケが狩猟館を色事の場所にしたのだ。第一次世界大戦で片手を失っていた男は、館でイタリアの元首相ベルルスコーニの「ブンガ・ブンガ」さながらの「ピンク・バレエ」を開催した。もっともおぞましかったのは、ルイ十五世のよき時代と同じく、母親たち自身が自分の娘を権力者に提供するために来たことだ。どの時代にもそのような権力者はいるものだが、この場合は片手のない閣僚だった。たぶん彼は国家のよき従僕だったのだろうが、ド・ゴールは聞く耳を持たず、即座にル・トロケを解任した。事件はヴェルサイユの小さな世界で大騒ぎになった、なぜなら、ル・トロケは敷地の保存に当たる建築家の一人から館の鍵を手に入れていたからだ。ル・トロケは追放されたが、「共犯者」の建築家はその「国家への貢献」からレジヨヌ・ドヌール勲章を授けられた。

ヴェルサイユで浮かれ騒ぐのは閣僚たちだけではない。木立の影には何百という永遠の誓いと、それ以上の数の楽しげな動作の思い出が残っている。壁にはその跡もまだある。王妃の村里の小さな家の一つ、ブードワール［閨房という意味も］には、この場所で一九一二年にエレーヌがガストンに処女を捧げたことがわかる落書きがあり、洞察力の鋭い観光客ならすぐにわかる。これは庭園の魅力なのか、歴史の重みなのか、それとも王や王妃が愛に耽ったところで同じことをしたいという意思からなのか？

ともかく、もっとも淫らで滑稽なことが行われるのが木立であるのは事実である。心ならずも、観光バスで旅行中の退職者全員に醜態をさらけ出すカップルもいれば、行為に夢中で近づいてきた芝刈り機の音が聞こえず、その場を見られてしまう初心者もいる。さらに、一人の庭師が私の前に連れてきた男は、身体じゅうに草や枝をつけていた。のぞき屋はそれ以上の迷彩服を見つけられなかったのだ！　みんなが王女や王子の物語に憧れている。それだから、王でも王妃でもない者に自由に使える城があれば、子どもじみた空想を実現する場所になる。それに、本当の恋人同士には愛の証しが必要で、庭園で分かち合った秘密はその一つである。つまり、二人の愛に捧げるのに、これ以上に美しい思い出はない！

草の上での恋人たちに、私から次のようなアドバイスを送ろう。まず、それなりにふさわしい服装を選ぶことだ。ヴェルサイユには蚊がたくさんおり、悪意ある虫の突然の来訪に水を差された純愛カップルを、私はよく見た。

そのうえでのお勧めは、散歩のコースを地所の奥の緑の大散歩道にすることだ。空気は他よりきれいで、田舎ふうの風景は恋を語る背景としてはもってこい。また、人も少なく、チャンスに恵まれれば動物に出会うこともある。イノシシや子鹿は、同伴者としてはグラン・カナルの旅行者の一団よりロマンチックだ。とくに、奥の散歩道では長く散歩することになる。二、三キロも歩けば、お互いにもっと詳しく知ることができ、場合によっては、相手の欲望を掻き立て、気持ちを確認することもできる。このあたりにたくさん生えている植物学的な宝物を堪能してみよう。ひなげしゃ矢車草、いぬサフランがあなたの訪れをひたすら待っている。

これら小さな花たちの美しさを楽しむには、近くで横になってみることだ。そこに密生する背丈の高い草は、素晴らしい絨毯になり、少しふしだらになってもいいと思わせてくれる。草の上はつねに暖かく、ばつの悪い視線からも守られる。優しい風が吹き、二人だけの世界になる。空には、サン＝シール飛行クラブの自家用小型機がアラベスク模様を描く。さあ、美しい空の下へ恋人を連れていくのはあなた次第だ！

私自身、独身時代は、庭園が提供する便利な手段を利用し、濫用した。ドン・ジュアンではない私にとって、ヴェルサイユは神の恵みだった。女性の心をそそるものが何もない私は、苦い経験を何度もして、ご夫人を震えさせるには、その前に何か得意なものを身につけなければならないことを学んだ。プールサイドでは、水泳コーチに女性たちは熱を上げる。陽に焼けて筋肉隆々のコーチは、まわりで泳ぐ男たちより上で近づきがたい。ダンスホールでは、軽やかに、息を切らすまでワルツを踊らせてくれる男性に腕を開く。山では、人波をかきわけ、優雅にスラロームで滑るスキーヤーに憧れる。

対して、スキーの腕前はほどほどで、ダンスは好きではなく、塩素の匂いが大嫌いな私にとって、誘惑ゲームは長い間……ご法度だった。それが解禁になったのは、水泳コーチにもスキーヤーにも勝る大きな武器が自分にあることに気づいたときだ、ヴェルサイユである。庭園のおかげで、私はそれまで自分に欠けていた自信を持つことができたと同時に、狙いをつけた女性に普通は行けない場所を案内することができるようになった。ついに私は、庭園の知識で他人の上に立ち、女の子に夢を与えることができるようになったのだ。ある人は媚薬を使い、他の人が才能を使うとしたら、私にはヴェルサイユがあった。

週の初めにこの作戦を開始した。実際、月曜日は休園日で、がっかりした観光客が門の前で立っていた。その中で一人の若い女性が、アジア人が多いのだが、絶望的な顔をしている。無理もない、彼女は何年も前から、みんなが話していた宮殿を見に来るために節約してきたのだ。ついに一週間の休暇が取れ、大陸を横断し、ヴェルサイユだけでなくトリアノンもと駆けつけたところ、城は開かれず、閉まっていることがわかった！　翌日はルーヴルで、次いでロワール渓谷のシャンボール城へ行く予定が決まっている。もう駄目だ。ここは見られないだろう。

そのときこそ私の出番だ。力を発揮するにはもってこいの小道具、地所内の鍵束を手に、おもむろに登場する。ヴェルサイユの鍵は彼女の心も開いてくれるだろう。私が近づいていいかどうかは視線を交わすだけで充分だ。私は同情し、特別な事例として、彼女に場所を案内すると提案する。私にとっては、知識で女性を驚かせる機会だ。私の優しい言葉で、彼女は秘かに夢見ていた王や王妃のおとぎ話の世界へ入り込むことに同意する。彼女は私をハンサムとは思わないだろうが、非常に物知りだとは思うだろう。とくに、私と出会ったことは彼女にとっては何という幸運！　私のおかげで夢を実現できるうえ、特別扱いされている気分も味わえる。一般には閉鎖されているヴェルサイユがすべて彼女のものなのだ。

禁断の果物の魅力は、私のささやかな計略の中で大きな部分を占めている。つまり、誘惑することだが、欲望も計略の中に入っている。彼女の友人たちは、彼女がヴェルサイユを見ただけでなく、独り占めで、おまけにとてもいい人に案内してもらったと聞いて、どんな顔をするだろう？　王妃の部屋に着いてから、私は世界じゅうの言語で「さわっては行けません」と掲示に書かれているベッドの絹織物や、見事な小型化粧台の寄せ木細工に、さわってもいいと彼女に言う。

こうして私たちは広大な鏡の間に二人だけになる。私は彼女の写真を撮り、彼女はうっとりして私にお礼を言う。こんなに広い部屋で、あっという間に言わずともわかり合う関係が出来上がるのを、私は何度も確認した。それからは、すぐに二人とも打ち明け話を始める。私が庭園に住んでいると言うと、彼女は信じない。こんな特別な場所で生活しているとは、何という特権！　もちろん私は、誠意を示すために、自分の質素な部屋へ案内すると言う。他の場所なら、恥ずかしさや警戒心から、彼女は辞退しただろう。しかし、トリアノンの庭師の家を訪問するのなら、断ることでもない。

続きの話は、あったとしたらだが、どんなに楽しかったにしても、ヴェルサイユとは何の関係もない。時間を置くと簡単に冷めた目で見るようになるもので、現在の私には、独身時代の冒険談が情けなく見える。その間に私は変わったのだ。しかし、あの頃は、ヴェルサイユの魅力が女性にも私にもうまく作用し、あの翌日の朝、私は胸が締めつけられる思いで彼女を見送ったのを覚えている。

ヴェルサイユは私にたくさんの歓びと、そして、愛も与えてくれた。数年ほど前、警備員や、何人かの友人、アイスクリーム売りのウィリーなどが、庭園に小さい娘を連れた魅力的な女性がよく散歩にくると、私に話してくれた。ある日、事務所にいた私は、窓の下をうっとりするほど美しい女性と女の子が通り過ぎるのを見た。女の子は可愛く、母親も素敵だ。私は小柄でほっそりした、優しそうで優雅な女性にすっかり見とれ、彼女のはいているピンクのショートパンツにはっとして息を飲む……。当時の私にはそれだけで充分、車に飛び乗って、数メートル先の彼女が歩いてきそうなところに停める。私たちは視線を交わし、私は思春期の少年のように、彼女の輝くような微笑みを褒め称える。その日はそこで終わりで、私は自分で自分を完全に馬鹿だと思う。

翌日、私はその女性を見たい一心で、事務所に釘付けになっている。彼女は期待に背いて現れず、私の目には、黒い雲が近づいて上空に層をなしていく様子しか見えない。風が吹き始め、雷雨が近づいて、私はすっかり諦める。誰がこんな天気の日に散歩になど出るだろう？　失望が決意に代わって車に乗ったのは、雷の音が轟いたときだ。激しい雨が車の屋根を叩き、雨足でよく見えない窓を通して、女性の姿が見える。一人の女性が土砂降りの雨を逃れようと建物の玄関下に急いでいる。私は車を出て、女性を乾いている玄関に入れる。彼女だった。ずぶ濡れで、震えている姿が美しかった。私のヴェルサイユ人生での大きな出来事には、つねに暴風雨が伴っていた。一九九二年、私は雷雨のおかげで後に妻となる女性と出会い、一九九九年、庭園が破壊されたときの試練では、自分がつねに庭師であることを思い知らされた。

第12章 私の好きな季節

私の好きなヴェルサイユは秋だ。かつての祝宴の花火のように、庭園は燃えるように赤くなり、何千種という黄褐色に染まる。庭師にとってはもっとも美しく、力がみなぎる季節である。冬や夏は、寒さや暑さから守らなければならず、春は春で休む暇のないほど仕事に追われ、ゆっくり考えたり、見つめたりする時間もない。冬や夏は、大切な庭園のことを心配する。取り返しのつかない大災害のある季節でもある。一九九九年十二月の暴風雨と、二〇〇三年の猛暑が悲しい証拠だ。庭園にはこの二つの季節を美しくする針葉樹が足りないので、植物も引き立たない。樅の木がなければクリスマスの庭園にはならず、糸杉がなければ地中海の庭園の穏やかさもない。オレンジの木だけが夏の様相を見せてくれるのだが、しかしこれらはひ弱すぎて、数も少なすぎ、撒水《さっすい》が行きわたらずに黄色くなった芝生が否応なく目に入る。

冬の庭園は寂しい。葉が落ちて寒く、眠っているようで、雪や雨に打たれっ放しになる。街がより近くなる季節でもある。葉っぱがなくなるので、近隣の街並みのまがいものの光が見えるようになり、道路を走る車の騒音もうるさく聞こえてくる。動物たちは冬眠のために下草にもぐり込み、庭園にまで出てくることはない。大胆なのか迷ったのかわからない足跡が雪に残っていることもあり、そうして見つけたキツネの赤ん坊を私と妻が引き取ったこともある。チビはミネラルウォーターのボトルより小さく、体じゅうダニだらけだった！　一冬を我が家の台所で過ごし、妻の娘のクララが指先で与えるイチゴジャムに大喜びしていた。

都会の顔になった庭園は私を悲しくさせる。そのときに、枯れた枝の切断や、病気の木を引き抜く決断をしなければならないからなおさらだ。葉がないおかげで、木の健康状態を判断することができ、結果、私には十一月の終わりには冬を越せない木はどれかがわかる。樹皮が黒ずみ、固くなって、ついには剝がれる。こういう光景には胸が痛む、したくもない決断をする印だからだ。

五月から九月の庭園は観光客に引きわたされる。以前の私は夏休みでも少し留まったこともあるが、あれはただマルセル・タサンクール劇団の古典劇を観るためだけだった。この暑い時期に庭園がいちばん役に立つのは、舞台装飾になることだ。何も育たず、花も咲かず、すべてがしおれて、首を垂らしている。夏の自然は秋よりずっと黄色い。私は押し寄せる観光客でごった返す庭園を喜んで離れ、いつ行っても自然が美しいオレロン島に引きこもる。

春は、やることが多すぎて、庭園を気にかけることもなく過ぎていく。作業班を編成し、新しい植え付けを決め、トリアノンからのオレンジの木の搬出を監視し、花壇の調和を考え、再生する庭園を見る時間もないほど忙しい。秋になってやっとゆっくり見ることができる。

私は木々が冬支度をしているのを眺める。人が思っていることとは違い、秋は植物の世界ではとくに活動的な季節で、果物やぶどうの木が熟成する。ヴェルサイユでは、収穫は辛い仕事というよりは遊びである。果樹園でプラムやリンゴ、洋梨を収穫し、私は数年前に自分で植えたぶどうの株を育てて楽しむ。それから十月になり、庭園は難解な変身作業に着手する。葉っぱの色の変化は極めて複雑な現象だ。樹液が枝全体に行き届かず、幹に集中する。樹液が来ないので葉っぱは黄色くなって、縮こまる。品種や他の要因により、それも数行では説明しきれないほど多くの要因、知られたところでは緑の元であるクロロフィルがなくなることなどから、葉っぱにあるさまざまな色素が表に出てくるのである。

秋には、ある意味で、葉っぱの本当の色が出てくるとも言える。ほとんど知られていないが、木々は赤と金色である。この二つは王の色で、十月が来ると、私は王たちが再び君臨することに感嘆する。これぞ庭園の真の王と王妃たちであり、どんな革命でも退位させることはできず、望まれもしないだろう。

私は三つのヴェルサイユを体験した。まず最初は、私が仕事を始めたときの古びた、しかしものすごくきれいだったヴェルサイユ。高く、うっそうと茂る雄大な木がたくさんあり、私は好きだった。初恋の思い出は消えることなく残る。

そんな私が決して忘れることができない庭園は、一九九九年十二月の暴風雨の夜に消えてしまった。荒廃して苦しむヴェルサイユを、私は必死になって治した。あのときの庭園は深く傷つき、私を含む庭師全員の助けを必要としていた。現在、私は暴風雨で生まれ変わったばかりの庭園を残していく。優雅さはあると思うが、まだ魅力を持つには至っていない。美しくなるためには、これからも多くの手入れと、とくに多くの時間が必要だろう。しかし、この若い庭園の将来には期待が持て、私はそれをすでに誇りに思っている。そこに不思議な感情がわいてくる。自分では庭園は現在救われており、私は自分の使命を果たしたことがわかっているのだが、しかし、樹液に満ちた思春期のこの庭園では、私はもう役に立たないと感じている。もう私のものではないと感じている。

過去を振り返ると、有名無名の懐かしい顔が思い起こされる。ヴェルサイユでの私のキャリアに刻まれた人たちだ。何人かは、残念ながら亡くなり、多くは退職か、他の庭園に移り、いずれにしろほとんどの人はヴェルサイユを離れていった。いつの日か私もそうなるだろうが、悲しくはない。ヴェルサイユという宝物は、同じ人間の手の中にあまり長く留まっていてはいけない。

それでも、私には一つの願いがある。できれば、私がここを去る日に、ヴェルサイユを作りながらも歴史に名を留めなかった労働者、土木作業員、彫刻家、そして庭師すべての記念に、一本の木を植えたい。それは槲の木になるだろう。なんのてらいもなく、丈夫で雄大で、フランス中どこにでもあるので俗っぽい木とも言われているが、しかし、本当はかけがえのない非常に大切な木なのである。私の槲の木は、すべての私の仲間と同じように、放っておいても育つだろう。なぜなら、この国の気候では、繁殖させるのに人手を必要としないからだ。私はその木に千年、いやそれ以上生きて欲しいと願っている。

訳者あとがき

ヴェルサイユについて書かれた本は日本でも多い。それだけ、フランスに王がいた頃の華やかな時代への憧憬が、日本人をも含む万人の心のなかに共通してあるのだろう。本書は、そんな多くの人の夢をかき立てるヴェルサイユの大庭園に、職権とはいえ三十年以上も住んでいる現役の庭師長がヴェルサイユについて語るというユニークな内容で、二〇〇六年五月にフランスで出版されるやたちまち読者の心をとらえてベストセラーになった『Le Jardinier de Versailles』(Grasset 刊。原題訳『ヴェルサイユの庭師』)を日本語に翻訳したものである。

本書『庭師が語るヴェルサイユ』では、著者が自分の庭のように知り尽くした庭園の木々や彫刻、木立などから、それらを最初に造らせた太陽王ルイ十四世、それを受け継いで手を加えたルイ十五世、ルイ十六世、さらには王たちを取りまく王妃や愛妾などに思いを馳せ、「歴史の隅をつつく」ような「表に出ない小さな歴史」を紹介していくのだが、これがじつに面白い。学者や学芸員など、いわゆる歴史の専門家と違ってお高くとまっていないところがいいのだ。例えば、庭園の北花壇にある彫像の一つで、ルイ十四世を表している『雄弁』という像は、正面に建つ狩猟の守護神ディアーヌの彫像と目と目で見つめ合っているのだが、この女神の顔の下に隠れているのは数多い王の愛妾のうちのいったい誰なのだろう？　といった具合——。著者自身の個人的な話にからめて脱線することもあれば、フランスの王たちを語るには欠かせない色っぽい話も盛りだくさん。ルイ十四世の専制ぶりなども同様の視点で書かれているので、歴史上の出来事が今そこで展開しているように生き生きと伝わってくる。なかでも、歴史書などでは贅沢で我が儘とされるマリー＝アントワネットを見る目は愛情に満ちて非常に温かく、目からウロコが落ちる人も多いだろう。

さらに、ほかの類書と一線を画しているのが、ヴェルサイユの大庭園が完成するまでに携わった著名な庭師たちはもちろん、その他の名もない庭師たちへのオマージュだ。ル・ノートル、ラ・カンティニ、クロード・リシャールが、庭園のどの部分をどのように造成していったのか。古い史料を読みあさったうえで改めて現在の庭園を観察した著者が、愛憎入り乱れる複雑な人間関係も含めて、これまであまり表に出ることのなかった人たちについて触れる章は圧巻だ。もちろん庭園の歴史も興味深い。そして私たちは、樹齢三百年を越え、現在もなお生きつづけるルイ十四世時代の木や、ルイ十五世、ルイ十六世時代の木が二十本近くあることを知って嬉しくなると同時に、これらの木々もまた激動の歴史を黙って見てきたことを発見する。とにかく、ヴェルサイユに興味のある人にはぜひともお勧めの一冊だ。

ちなみに、フランスでヴェルサイユ関連の本がこれだけ一般に広くヒットしたのは、私のここ十数年の観察では初めてで、本書でいちやく作家として有名になった著者は、その後、精力的に本を出版するようになり、二〇〇九年に出版されてやはりベストセラーになった『ヴェルサイユの女たち』（園山千晶他訳。原題『L'Amour à Versailles』）は、本書と同じく原書房で二〇一三年三月に翻訳出版されているので、こちらもぜひどうぞ！

著者のアラン・バラトン（Alain Baraton）は一九五七年九月十日、ヴェルサイユに近いラ・セル＝サン＝クルー市生まれ。地元の農業高校を卒業した一九七六年、ひょんなことから（詳しくは本を読んでいただくとして）ヴェルサイユ庭園の庭師見習いになり、以来、ヴェルサイユ一筋。一九八二年に、異例の若さでトリアノン国有地とヴェルサイユ大庭園の庭師長に抜擢され、現在に至っている。国立公園運営理事会の委員を務めるほか、フランス農業アカデミーにも属し、声をかけられれば、美しい庭園作りのアドバイザーとして、ほぼ無償で（飛行機代のみ）スイスや中国など世界じゅうを飛び回っている。作家としてまた写真家としての活躍もめざましく、ヴェルサイユや園芸にまつわる本を共著書も含めて現在まで二十冊近く出版。それだけではない。フランスの公共総合ラジオ局フランス・アンテルでは、毎週土曜と日曜の朝、園芸番組のパーソナリティを担当、こちらも人気を博している。今やフランスでもっとも有名な園芸家の一人なのだが、著者自身は、タイトルにもある「庭師」という言葉が好きで使いつづけていることを、あるインタビューで語っている。ところで、著者は本書の中で自分の容貌に自信がないことをしきりと書いているのだが、実際はさにあらず。写真を見ると、確かに頭部は少し薄くなっているものの、それも年相応の魅力に見える素敵な男性である。著者の名誉のためにも、これをひと言加えておこう。

最後に、この本がこうして無事に形になったのは、ひとえに原書房編集部の中村剛さんのおかげである。ヴェルサイユへの思いを共有し、編集段階では、込み入った歴史的事実が読者の方にわかりやすく伝わるよう、理論的で適切なご指摘を数々いただいた。本当に、一冊の本が生まれるにもいろいろな人の力が関わっている。この場を借りて心からのお礼を。ありがとうございました！

鳥取絹子

二〇一四年三月

アラン・バラトン（Alain Baraton）
庭師、作家。フランス、ヴェルサイユの庭園で30年以上働く。数あるヴェルサイユの庭園のなかでも著名な「トリアノンの庭園」の主任庭師を務める。歴史に造詣が深く、ヴェルサイユの庭園に関した書籍を多数出版。ガーデニングをテーマにしたラジオ放送にもたびたび出演する。

鳥取絹子（とっとり・きぬこ）
1947年、富山県生まれ。フランス語翻訳家、ジャーナリスト。訳書に『サン＝テグジュペリ　伝説の愛』『移民と現代フランス』『私はガス室の「特殊任務」をしていた』など多数。

庭師《にわし》が語《かた》るヴェルサイユ

●

2014年 3月20日　第1刷

著者………アラン・バラトン
訳者………鳥取絹子《とっとりきぬこ》
装幀………佐々木正見
発行者………成瀬雅人
発行所………株式会社原書房

〒160-0022　東京都新宿区新宿1-25-13
電話・代表03(3354)0685
振替・00150-6-151594
http://www.harashobo.co.jp

印刷………新灯印刷株式会社
製本………東京美術紙工協業組合

ISBN978-4-562-04990-5 Printed in Japan